Buchführung im Einzelhandel

StD   Waldemar Straube

StD   Rolf Arens

OStD   Hermann-Josef Trappe

unter Mitarbeit von Dipl.-Hdl. Hans Jecht

Neue Rechtschreibung

ISBN 3-8045-**6560**-3

13., überarbeitete und erweiterte Auflage, 1999

**Winklers
Verlag**

**Gebrüder
Grimm**

Darmstadt

65601

Vorwort

Das vorliegende Lehr- und Übungsbuch „Buchführung im Einzelhandel" enthält die gesamten Lerninhalte für Buchführung, die die Lehrpläne der Bundesländer auf der Grundlage des „Rahmenlehrplanes für den Ausbildungsberuf Kaufmann/Kauffrau im Einzelhandel" vom 3. März 1987 ausweisen.

Dem Lehrbuch liegt der Kontenrahmen für den Einzelhandel zugrunde, der Mitte 1990 von der Hauptgemeinschaft des Deutschen Einzelhandels (HDE) verabschiedet wurde und nach den handelsrechtlichen Vorschriften für die Bilanz (§ 266 HGB) und für die Gewinn- und Verlustrechnung (§ 275 HGB) aufgebaut ist.

Die einzelnen Sachgebiete werden unter Berücksichtigung rechtlicher und betriebswirtschaftlicher Grundlagen umfassend, praxisnah und schülergemäß behandelt. Musterbeispiele mit Lösungen, Schaubilder, mehrfarbige Gestaltung sowie einprägsame Merksätze veranschaulichen den Wertefluss und erleichtern das Erfassen der Zusammenhänge.

Vielfältige Übungen mit unterschiedlichem Umfang und Schwierigkeitsgrad sowie Fragen sichern den gewünschten Lernerfolg.

Sofern Aufgaben Umsatzsteuer enthalten, wird mit dem zurzeit gültigen Steuersatz gerechnet.

Zu diesem Lehrbuch liegt ein Arbeitsheft vor (ISBN 3-8045-6562-X), das die Arbeit der Schülerinnen und Schüler wesentlich erleichtert.

Vorwort zur 13. Auflage

Die 13. Auflage wurde überarbeitet und auf den neuesten Stand gebracht. Zahlreiche Belege und ein zusätzlicher Beleggeschäftsgang stellen die Verbindung zur Praxis des Einzelhandelsunternehmens noch stärker heraus. Der Inhalt des Buches ist um das Kapitel „Warenwirtschaft" erweitert worden.

Im Herbst 1998   DIE VERFASSER

 WINKLERS VERLAG · GEBRÜDER GRIMM
64230 Darmstadt · Postfach 11 15 52 · Telefon (0 61 51) 87 68-46 · Telefax (0 61 51) 87 68-61
E-Mail: winklers @t-online.de – Internet: http//www.winklers.de

Inhalt

65604

Anhang

Kontenrahmen für den Einzelhandel

Gliederung der Jahresbilanz (§ 266 HGB)

Gliederung der Gewinn- und Verlustrechnung
(§ 275 HGB)

1   Die Aufgaben der Buchführung

Ein geordnetes kaufmännisches Unternehmen ist ohne Buchführung nicht mehr denkbar. Auch im kleinsten Einzelhandelsgeschäft muss der Kaufmann „anschreiben", was er von seinen Kunden noch zu fordern hat. Umgekehrt ist es natürlich auch wichtig, zu wissen, welche Beträge er seinen Lieferern schuldet.

So ist aus einfachen Aufzeichnungen die Buchführung entstanden, nämlich aus dem Aufschreiben der Forderungen und der Schulden (Verbindlichkeiten).

Je größer das Unternehmen ist, desto umfangreicher werden die **Aufgaben der Buchführung.** Stand und Entwicklung des Unternehmens lassen sich nur dann erkennen und beurteilen, wenn aufgrund der Geschäftsvorfälle **lückenlose, zeitlich und sachlich geordnete Aufzeichnungen über**

Einnahmen und Ausgaben,
Vermögen und Schulden,
Aufwendungen und Erträge

gemacht werden. Geschieht das nicht, so geht der Überblick schnell verloren, und die Geschäftsleitung ist nicht dazu in der Lage, wirtschaftlich sinnvolle Entscheidungen anhand von buchhalterischen Unterlagen zu treffen.

> Es ist Aufgabe der Buchführung, alle Geschäftsvorfälle des Unternehmens, zeitlich und sachlich geordnet, aufzuzeichnen und der Unternehmensleitung Entscheidungshilfen zu geben.

Die **Zahlen der Buchführung werden** im Unternehmen **auch für andere Berechnungen benötigt.** Die **Kalkulation** (Kostenrechnung) kann ohne Aufzeichnungen der Buchführung keine Preisberechnungen aufstellen. **Die Statistik** verarbeitet die Zahlen der Buchführung zu Schaubildern, Diagrammen usw. Jede **Planungsrechnung** ist ohne Buchführung unmöglich.

> Die Buchführung muss rechnerische Unterlagen für die Kostenrechnung, Statistik und Planungsrechnung schaffen.

Die Aufgaben der Buchführung werden aber nicht nur von innerbetrieblichen Zwecken bestimmt. **Auch für Außenstehende ist die Buchführung** des Unternehmens **von Bedeutung.**

Dem Finanzamt gegenüber kann der Kaufmann durch eine ordnungsmäßige Buchführung nachweisen, dass sein Gewinn richtig ermittelt ist. Bei Rechtsstreitigkeiten hat die Buchführung Beweiskraft. Gesellschafter des Unternehmens können sich durch Einsicht in die Buchführung ein Bild vom Stand des Unternehmens machen. Die Sozialversicherungsträger (Krankenkassen usw.) überprüfen die Beitragszahlungen anhand der Buchführung des Unternehmens.

> Die Buchführung ermöglicht den Nachweis, dass das Unternehmen gegenüber Außenstehenden seine Verpflichtungen (Beitragspflicht, Steuerpflicht) erfüllt hat.

Zur Erfüllung dieser vielfältigen Aufgaben muss die Buchführung zweckmäßig organisiert und sorgfältig gehandhabt werden.

65606

2   Die gesetzlichen Grundlagen der Buchführung

Es gibt eine Reihe von gesetzlichen Vorschriften, die dem Kaufmann die Buchführung zur Pflicht machen. Die grundlegenden Vorschriften finden sich im **Handelsgesetzbuch** (§§ 238–263 HGB). Dort heißt es:

„Jeder Kaufmann ist verpflichtet, Bücher zu führen und in diesen seine Handelsgeschäfte und die Lage seines Vermögens nach den Grundsätzen ordnungsmäßiger Buchführung ersichtlich zu machen (§ 238, 1)."

Diese Vorschrift gilt nur für Vollkaufleute, nicht für Minderkaufleute. Kaufleute, die nach § 238 HGB buchführungspflichtig sind, haben diese Pflicht auch im Interesse der Besteuerung nach **§ 140 Abgabenordnung** (AO) zu erfüllen.

Alle anderen Gewerbetreibenden wie Minderkaufleute, Handwerker, Land- und Forstwirte **sind zur Buchführung verpflichtet, wenn sie** gemäß § 141 AO **eine der folgenden Voraussetzungen erfüllen:**

> Umsätze von mehr als 500.000,00 DM (im Kalenderjahr) oder
> Betriebsvermögen von mehr als 125.000,00 DM,
> Gewinn aus Gewerbebetrieb von mehr als 48.000,00 DM (Kalenderjahr).

> Handelsgesetzbuch und Abgabenordnung enthalten die grundlegenden Bestimmungen über die Buchführungspflicht.

Handelsgesetzbuch und Abgabenordnung enthalten außerdem noch wichtige Vorschriften über die Ordnungsmäßigkeit der Buchführung.

Weitere steuerrechtliche Vorschriften zur Buchführung sind im **Einkommensteuergesetz** (ergänzt durch Einkommensteuerrichtlinien), im **Körperschaftsteuergesetz,** im **Umsatzsteuergesetz** und im **Gewerbesteuergesetz** enthalten. Das Handelsgesetzbuch enthält in den §§ 264–335 HGB ergänzende Vorschriften für die Buchführung der Kapitalgesellschaften und in den §§ 336–339 HGB die Vorschriften für Genossenschaften.

Vorschriften für den Jahresabschluss der Aktiengesellschaft findet man im Aktiengesetz. Das GmbH-Gesetz enthält die Bestimmungen für den Jahresabschluss der Gesellschaften, die als Gesellschaft mit beschränkter Haftung geführt werden. Die entsprechenden Vorschriften für die Genossenschaften findet man im Genossenschaftsgesetz.

Unternehmen, die nicht als Gesellschaften betrieben werden, aber trotzdem eine große wirtschaftliche Bedeutung haben, sind durch das **Publizitätsgesetz** zur Veröffentlichung ihres Jahresabschlusses verpflichtet.

> Aktiengesetz, GmbH-Gesetz, Genossenschaftsgesetz, Bilanzrichtlinien-Gesetz und Publizitätsgesetz ergänzen die Buchführungsvorschriften für bestimmte Unternehmensformen.

3   Die Ordnungsmäßigkeit
der Buchführung

Die **Grundsätze ordnungsmäßiger Buchführung** sind **nicht in einem eigenen Gesetz** festgelegt, **sondern** ergeben sich aus dem **HGB**, der **AO**, dem **Aktiengesetz**, den **Einkommensteuerrichtlinien**, den **handels- und steuerrechtlichen Entscheidungen** und aus der **Fachliteratur.** Dadurch wurde die starre Bindung an ein bestimmtes Buchführungssystem vermieden und die Möglichkeit geschaffen, Veränderungen in der Buchführungstechnik und Buchführungsorganisation laufend zu berücksichtigen.

Ordnungsmäßig ist eine Buchführung, wenn sie „einem sachverständigen Dritten innerhalb angemessener Zeit einen Überblick über die Geschäftsvorfälle und über die Lage des Unternehmens vermitteln kann. Die Geschäftsvorfälle müssen sich in ihrer Entstehung und Abwicklung verfolgen lassen." (§ 238 HGB, § 145 AO).

Für die Ordnungsmäßigkeit ist es unerlässlich, dass die gesetzlichen Vorschriften zur Buchführung eingehalten werden. **Nur** eine **ordnungsmäßige Buchführung besitzt Beweiskraft** für Finanzbehörden und Gerichte. Stellen Finanzbehörden Verstöße gegen die Ordnungsmäßigkeit der Buchführung fest, so ermitteln sie die Besteuerungsgrundlage durch Schätzung, die erfahrungsgemäß für den Steuerpflichtigen nicht vorteilhaft ist.

Man unterscheidet zwischen der formellen und der materiellen Ordnungsmäßigkeit:

formell: Die vorgeschriebenen Bücher müssen mit der entsprechenden Sorgfalt geführt werden. Die Buchungen müssen in einer vertretbaren Zeitspanne auffindbar sein.

materiell: Alle Geschäftsvorfälle sind richtig und vollständig zu buchen.

<u>**Wichtige Grundsätze ordnungsmäßiger Buchführung:**</u>

- Alle <u>Aufzeichnungen</u> müssen <u>wahr, klar</u> und <u>übersichtlich</u> sein.

- Die <u>Geschäftsvorfälle</u> sind <u>vollständig, richtig, zeitgerecht</u> und <u>sachlich geordnet zu buchen.</u>

- Für alle Buchungen müssen <u>Belege</u> vorhanden sein (Belegzwang).

- <u>Eintragungen</u> oder Aufzeichnungen dürfen <u>nicht so verändert</u> werden, <u>dass</u> der <u>ursprüngliche Inhalt nicht mehr feststellbar</u> ist.

- Bei der Führung von Handelsbüchern hat sich der Kaufmann einer lebenden Sprache zu bedienen. Werden anstelle eines Textes <u>Symbole</u> verwendet, muss deren Bedeutung <u>eindeutig festliegen</u>.

- Die <u>Eintragungen</u> müssen <u>für die Dauer der Aufbewahrungsfrist lesbar</u> sein.

- Zwischen den Buchungen dürfen <u>keine Leerräume</u> gelassen werden, die man zu späteren Eintragungen verwenden kann.

- <u>Alle Handelsbücher, Inventare und Bilanzen sind 10 Jahre lang aufzubewahren.</u> Die Urschriften der eingehenden sowie die Durchschriften der ausgehenden Handelsbriefe und alle als Buchungsgrundlage dienenden <u>Belege müssen 6 Jahre lang aufbewahrt werden.</u>

65608

4 Die einfache Einnahmen- und Ausgabenrechnung

Private und öffentliche Haushalte erfassen mithilfe dieser Rechnung ihre Einnahmen und Ausgaben. Auch kleine gewerbliche Unternehmen führen zumindest ein Buch über die eingehenden und ausgehenden Zahlungen.

Das Haushaltsbuch der Hausfrau ist nach dem gleichen Prinzip aufgebaut. Es enthält gesonderte Spalten für Einnahmen und Ausgaben, mit denen man den Bestand des Bargeldes ermitteln und überwachen kann.

Die öffentlichen Haushalte verfahren ähnlich. Mit Einnahmen aus Steuern, Abgaben und Gebühren werden die Ausgaben für öffentliche Sicherheit, Schulen, Wohnungs- und Verkehrswesen usw. bestritten. Dabei gilt der Grundsatz: Keine Ausgabe ohne entsprechende Deckung durch Einnahme.

Auszug aus dem Haushaltsplan einer Gemeinde:

Haushaltstitel	Einnahmen	Ausgaben	Zuschuss/ Überschuss
Übertrag	6.993.000,00	10.450.000,00	− 3.457.000,00
Öffentliche Sicherheit	125.000,00	120.000,00	+ 5.000,00
Schulen	287.000,00	1.300.000,00	− 1.013.000,00
Wohnungs- und Verkehrswesen	195.000,00	970.000,00	− 775.000,00
Allgemeine Finanzwirtschaft	6.500.000,00	1.260.000,00	+ 5.240.000,00
	14.100.000,00	14.100.000,00	0,00

Steuerpflichtige, die nicht aufgrund gesetzlicher Vorschriften verpflichtet sind Bücher zu führen und Abschlüsse zu machen, ermitteln den Gewinn als Überschuss der Einnahmen über die Ausgaben. In der einfachsten Form genügt hierzu ein Zweispaltenbuch. Am Schluss des Monats oder des Jahres stellt man die Einnahmen den Ausgaben gegenüber und ermittelt so den Betriebserfolg.

Beispiel einer Einnahmen-Ausgaben-Buchführung (Einzelhandel):

Tag	Monat Januar ..	Beleg Nr.	Einnahmen	Ausgaben
	Übertrag:		4.101,00	2.270,00
29.	Reparatur Weber	E 61	120,00	
	Telefonrechnung Januar	A 20		348,00
30.	Verkauf Elektroherd	E 62	695,00	
31.	Verkauf Küchenmaschine	E 63	64,00	
	Einkauf Büromaterial	A 21		12,00
			4.980,00	2.630,00
	− Ausgaben		2.630,00	
	Reingewinn		2.350,00	

5   Die Inventur

5.1   Das Wesen der Inventur

Nach § 240 HGB (Handelsgesetzbuch) und §§ 140, 141 AO (Abgabenordnung) muss der Kaufmann

1. beim **Beginn seines Handelsgewerbes,**
2. für den **Schluss eines jeden Geschäftsjahres**

Vermögen und Schulden seines Unternehmens **feststellen.**

Die hierzu erforderliche **Tätigkeit** nennt man Bestandsaufnahme oder **Inventur.** Man sagt: Der Kaufmann macht Inventur.

Die Inventur erstreckt sich auf alle Vermögensteile und Schulden, die nach Art, Menge und Wert zu erfassen sind. Sie bezieht sich auf einen bestimmten Tag (Inventurstichtag).

Große **Teile des Vermögens** sind **körperlich vorhanden und lassen sich** durch Messen, Zählen, Wiegen und notfalls Schätzen **mengen- und wertmäßig erfassen.** Diese Art der Inventur bezeichnet man als **körperliche Inventur.**

Die nicht körperlichen Teile des Vermögens wie Forderungen an Kunden und Bankguthaben **sowie alle Schulden sind nur durch Aufzeichnungen** und Belege der Buchhaltung **zu erfassen** und zu belegen. Diesen Teil der Inventur nennt man **Buchinventur.**

> Die Inventur ist die mengen- und wertmäßige Bestandsaufnahme des Vermögens und der Schulden zu einem bestimmten Zeitpunkt (Stichtag).

> Körperliche Wirtschaftsgüter werden durch Messen, Zählen und Wiegen inventarisiert (körperliche Inventur).

> Nicht körperliche Wirtschaftsgüter und Schulden weist man buchhalterisch nach (Buchinventur).

Da die körperliche Bestandsaufnahme mit erheblichem Arbeitsaufwand verbunden ist und der Geschäftsbetrieb möglichst wenig gestört werden soll, ist es notwendig, die Inventur sorgfältig zu planen und vorzubereiten.

Der Inventurstichtag wird im Rahmen der zulässigen Zeitspanne so gewählt, dass er möglichst günstig liegt. Ein Inventurplan legt Verfahren und Ablauf der Bestandsaufnahme fest. Man teilt das Unternehmen in Aufnahmebereiche auf, für die verantwortliche Mitarbeiter eingeteilt werden. Vorbereitete Listen, Vordrucke und Arbeitsanweisungen erleichtern die Arbeit. Durch Stichproben überprüft man die richtige und vollständige Erfassung der Wirtschaftsgüter.

---

1   Stellen Sie fest, in welchen Fällen man die körperliche Inventur durchführen kann und wo man zur Buchinventur übergehen muss.

1. Warenvorräte	5. Bankschulden	9. Darlehnsschulden
2. Forderungen an Kunden	6. Kassenbestand	10. Hypothekenschulden
3. Verbindlichkeiten an Lieferer	7. Postbankguthaben	11. Geschäftsausstattung
4. Fahrzeuge	8. Bankguthaben	12. Personalcomputer

656010

5.2   Die Verfahren der Inventur

Die **körperliche Aufnahme** muss **mindestens einmal im Laufe des Geschäftsjahres** durchgeführt werden. Das braucht nicht am Abschlusstag des Geschäftsjahres zu sein, sondern ist innerhalb bestimmter Fristen zulässig. Nach dem Zeitpunkt der Inventur unterscheidet man drei Verfahren. Der Kaufmann wählt daraus das Verfahren aus, durch das der Geschäftsbetrieb am Abschluss-Stichtag am wenigsten beeinträchtigt wird.

1. Stichtagsinventur

Man führt die Inventur **innerhalb einer Frist von 10 Tagen vor oder nach dem Abschluss-Stichtag** durch. In dieser Frist werden alle Vermögens- und Schuldteile inventarisiert. Die **Bestände am Abschluss-Stichtag** können **durch wert- und mengenmäßige Fortschreibung bzw. Rückrechnung ermittelt** werden. Man bezeichnet sie daher auch als ausgeweitete Stichtagsinventur.

Abschluss-Stichtag: 30. Juni (Fortschreibung)				
Inventurbestand	am 25. Juni	250 Stück		25.000,00 DM
− Verkäufe	bis 30. Juni	100 Stück	je 100,00 DM 10.000,00 DM	
+ Einkäufe	bis 30. Juni	80 Stück	8.000,00 DM	− 2.000,00 DM
Inventurbestand	am 30. Juni	230 Stück		23.000,00 DM

Abschluss-Stichtag: 30. Sept. (Rückrechnung)				
Inventurbestand	am 10. Okt.	400 Stück		20.000,00 DM
+ Verkäufe	ab 30. Sept.	250 Stück	je 50,00 DM 12.500,00 DM	
− Einkäufe	ab 30. Sept.	150 Stück	7.500,00 DM	+ 5.000,00 DM
Inventurbestand	am 30. Sept.	500 Stück		25.000,00 DM

2. Verlegte Inventur

Die **körperliche Bestandsaufnahme** erfolgt an einem Tag, der **innerhalb der letzten drei Monate vor oder innerhalb der beiden Monate nach dem Abschluss-Stichtag** liegt. Der am Inventurtag ermittelte Bestand wird **wertmäßig auf den Abschluss-Stichtag fortgeschrieben oder zurückgerechnet.**

3. Permanente Inventur

Sie bietet dem Kaufmann den größten Spielraum für die körperliche Erfassung. Wichtige **Voraussetzung** dieses Verfahrens **ist eine Lagerkartei**, aus der der Bestand nach Art und Menge jederzeit entnommen werden kann. **Einmal im Laufe des Geschäftsjahres muss durch Inventur die Stichhaltigkeit der Lagerkartei überprüft werden.**

---

2   Ein Einzelhandelsunternehmen hat als Abschluss-Stichtag den 31. März.

   a) Nennen Sie mögliche Inventurtage für die Stichtagsinventur.

   b) Nennen Sie mögliche Inventurtage für die verlegte Inventur.

---

3   Ein Einzelhandelsunternehmen wendet die Stichtagsinventur an, Abschluss-Stichtag 31. Dezember. Ermitteln Sie den Inventurbestand zum 31. Dezember.

Inventurbestände	am	5. Januar	700 Stück	
Einkäufe	vom	2. Januar–4. Januar	600 Stück	(je 200,00 DM)
Verkäufe	vom	2. Januar–4. Januar	200 Stück	

---

6   Das Inventar

Das Ergebnis der Bestandsaufnahme trägt man in Listen ein, die geordnet und nummeriert werden. Je nach Größe des Unternehmens können diese Aufzeichnungen den Umfang eines Buches annehmen. Sie bieten einen detaillierten Einblick in Vermögen und Schulden des Unternehmens.

Alle Ergebnisse fasst man in einem besonderen Verzeichnis, dem Inventar, zusammen.

> Das Inventar ist ein ausführliches Verzeichnis des Vermögens und der Schulden eines Unternehmens nach Art, Menge und Wert zum Abschluss-Stichtag.

> Inventur = Bestandsaufnahme   Inventar = Bestandsverzeichnis

Darstellung im Inventar:

A. Das Vermögen

Die **Gesamtheit aller im Unternehmen eingesetzten Werte** fasst man unter dem Begriff Vermögen zusammen. Im Inventar wird das Vermögen **nach der Flüssigkeit geordnet,** wobei man mit den am wenigsten flüssigen Mitteln beginnt. Daher werden an erster Stelle die Vermögenswerte aufgeführt, die langfristig im Unternehmen genutzt werden und erst nach langer Zeit wieder zu flüssigen Mitteln werden. Das Vermögen gliedert man in:

1. Anlagevermögen. Hierzu gehören alle **Vermögensbestandteile, die langfristig an das Unternehmen gebunden** sind, wie Grundstücke und Gebäude, Maschinen, Fahrzeuge, Betriebs- und Geschäftsausstattung usw.

Das Anlagevermögen ist für die Aufrechterhaltung des Unternehmens notwendig, weil es die Grundlage für die ganze Geschäftstätigkeit bildet.

2. Umlaufvermögen. Umlaufvermögen sind alle **Vermögensbestandteile, die nur kurzfristig im Betrieb bleiben,** die umlaufen und umgesetzt werden. Zum Umlaufvermögen gehören: Warenvorräte, Forderungen, Bargeld, Postbank-, Bank-, Sparkassenguthaben usw.

Das Umlaufvermögen unterliegt einem ständigen Umwandlungsprozess, es ändert Form und Zusammensetzung kurzfristig. Durch den Warenverkauf entstehen Forderungen, diese werden beim Ausgleich der Rechnungen zu Zahlungsmitteln, die wieder zum Einkauf von Waren verwendet werden.

> Das Vermögen gliedert man in Anlage- und Umlaufvermögen, und zwar in der Reihenfolge zunehmender Flüssigkeit (Liquidität). Am Anfang der Vermögensaufstellung stehen die am wenigsten flüssigen (illiquiden), am Ende die flüssigen (liquiden) Bestandteile.

---

1   Ordnen Sie folgende Vermögensbestandteile dem Anlage- bzw. Umlaufvermögen zu:

Einzelhandels- *unternehmen:*		*Großhandels-* *unternehmen:*	
	Lagerregale		Waren
	Bankguthaben		Kasse
	Personenkraftwagen		Postbankguthaben
	Forderungen		Gebäude
	Waren		Lagerhalle
	Kasse		Lastkraftwagen

656012

B. Die Schulden

Neben den Vermögensbestandteilen muss der Kaufmann auch seine Schulden erfassen. **Schulden werden** im Inventar **nach der Fälligkeit** bzw. Dringlichkeit der Zahlung **gegliedert**. Man unterscheidet:

1. **Langfristige Schulden**, wie Hypotheken- und Darlehnsschulden;
2. **Kurzfristige Schulden**, wie Bank- und Liefererschulden.

Schulden entstehen dadurch, dass Außenstehende Kredit gewähren. Die **Schulden sind** daher das im Unternehmen arbeitende **Fremdkapital**. Im Gegensatz dazu steht das **Eigenkapital** (siehe unten).

> Die Schulden gliedert man in langfristige und kurzfristige Schulden, und zwar in der Reihenfolge steigender Fälligkeit.

C. Die Ermittlung des Reinvermögens

Aus dem Unterschied zwischen der Summe des Vermögens und der Summe der Schulden kann der Kaufmann erkennen, wie hoch sein Reinvermögen ist. Die Summe des Vermögens wird mit der Summe der Schulden verglichen. Je niedriger die Summe der Schulden im Vergleich zur Summe des Vermögens ist, desto höher ist der Anteil des Reinvermögens (Eigenkapital). Das Reinvermögen ermittelt man:

> Summe des Vermögens
> − Summe der Schulden
> _____
> = Reinvermögen = Eigenkapital

Das Inventar besteht daher aus drei Teilen:

> A. Vermögen
>   I. Anlagevermögen
>   II. Umlaufvermögen
> B. Schulden
>   I. Langfristige Schulden
>   II. Kurzfristige Schulden
> C. Ermittlung des Reinvermögens

Da das Inventar dem Nachweis der in der Bilanz (vgl. Seite 17 ff.) aufgeführten und bewerteten Wirtschaftsgüter dient, bezieht sich die Unterschrift unter der Bilanz auch auf die ihr zugrunde liegende Inventarisierung.

---

2 Unterscheiden Sie Anlage- und Umlaufvermögen. Nennen Sie Beispiele dazu.
Unterscheiden Sie Eigen- und Fremdkapital. Führen Sie Beispiele dazu an.

Welche Bestände müssen durch eine Buchinventur festgestellt werden?
Welche Bestände eignen sich für eine körperliche Bestandsaufnahme?
Nennen Sie die wesentlichen Kennzeichen der permanenten Inventur.

---

3 Für welchen Teil des Inventars gilt die Gliederung nach der Liquidität?
Für welchen Teil des Inventars gilt die Gliederung nach der Fälligkeit?

Inventar
der Weinhandlung Peter Schulz, Osnabrück,
für den 31. Dezember ..

	DM	DM
A. Vermögen		
I. Anlagevermögen		
1. Gebäude, Turmstraße 39		126.000,00
2. Ladenausstattung lt. bes. Verzeichnis, Anlage 1		7.200,00
3. Fuhrpark lt. bes. Verz., Anlage 2		32.500,00
II. Umlaufvermögen		
1. Waren lt. bes. Verz., Anl. 3-8		
4 580 Flaschen Rhein-, Pfalz- und Naheweine	18.400,00	
5 130 Flaschen Mosel-, Saar- und Ruwerweine	25.700,00	
560 Flaschen Frankenweine	2.800,00	
350 Flaschen Badische Weine	1.600,00	
1 310 Flaschen Franz. Rotweine	7.900,00	
870 Flaschen Deutscher Sekt	5.200,00	61.600,00
2. Forderungen aus Lieferungen		
Herbert Möller, Osnabrück	3.730,00	
Thomas Kisters, Lengerich	2.850,00	
Otmar Diebisch, Tecklenburg	2.310,00	8.890,00
3. Kassenbestand		3.140,00
4. Bankguthaben		
Deutsche Bank, Zweigst. Osnabrück	7.800,00	
Stadtsparkasse Osnabrück	4.900,00	12.700,00
Summe des Vermögens		252.030,00
B. Schulden		
I. Langfristige Schulden		
Hypothekenschulden bei der Stadtsparkasse Osnabrück		32.600,00
II. Kurzfristige Schulden		
Verbindlichkeiten aus Lieferungen		
Paul Schmidt, Nierstein	4.450,00	
Gerhard Krüger & Co., Rüdesheim	5.770,00	
Bernhard Pauly, Bernkastel-Kues	7.560,00	17.780,00
Summe der Schulden		50.380,00
C. Ermittlung des Reinvermögens		
Summe des Vermögens		252.030,00
- Summe der Schulden		50.380,00
= Reinvermögen (Eigenkapital)		201.650,00

14

Stellen Sie in den folgenden Übungen die Inventare auf. Beachten Sie dabei die auf der Seite 14 angegebene Gliederung.

---

4 Walter Körner, Krefeld, hat in seinem Schuheinzelhandelsgeschäft zum 31. Dezember .. Inventur gemacht und folgende Vermögensbestände und Schulden festgestellt:

Gebäude, Ostwall 95		185.000,00
Ladenausstattung lt. bes. Verzeichnis		17.000,00
Herrenschuhe	12.320,00	
Damenschuhe	17.670,00	
Kinderschuhe	5.460,00	
Hausschuhe	1.940,00	
Sonstige Waren	2.180,00	39.570,00
Forderungen aus Lieferungen:		
Peter Flören, Krefeld, Rheinstraße 8	69,00	
Anni Meesters, Krefeld, Königstraße 34	54,00	
Kurt Braun, Krefeld, Hochstraße 67	112,00	235,00
Bargeld		1.280,00
Guthaben bei der Dresdner Bank, Filiale Krefeld		5.760,00
Hypothekenschulden bei der Westdeutschen Hypothekenbank AG, Düsseldorf		68.600,00
Verbindlichkeiten aus Lieferungen:		
Johannes Müller & Sohn, Tuttlingen	7.370,00	
Schuhfabrik Palatia AG, Pirmasens	10.120,00	
Kinderschuhfabrik Karl Rütter, Kleve	2.860,00	20.350,00

---

5 Helmut Seeger, Nürnberg, hat in seinem Haushaltswarengeschäft zum 31. Dez. .. Inventur gemacht und dabei ermittelt:

Ladenausstattung lt. bes. Verzeichnis		14.170,00
Personenkraftwagen		10.700,00
Waren laut Warenliste:		
Gartengeräte	8.970,00	
Geschenkartikel	9.230,00	
Haushaltsgeräte	70.420,00	
Werkzeuge	21.380,00	110.000,00
Forderungen aus Lieferungen:		
Ernst Kirschner, Nürnberg	720,00	
Betty Weiß, Fürth	410,00	
Margot Halfer, Nürnberg	370,00	1.500,00

Kassenbestand 1.450,00

Bankguthaben, Stadtsparkasse Nürnberg 480,00

Bankschulden, Dresdner Bank AG, Nürnberg 14.260,00

Verbindlichkeiten aus Lieferungen:

    Bayerische Metallfabriken, Nürnberg 33.770,00

    Gerätewerke Fuchs, Pegnitz 4.020,00

    Porzellan AG, Selb 3.360,00

    Werner Weiß, Fürth . . . . <u>9.650,00</u>   50.800,00

6   Der Lebensmitteleinzelhändler Helmut Reimann, Karlsruhe, hat zum 31. Dezember .. Inventur gemacht und folgende Werte festgestellt:

Gebäude, Hauptstraße 68 . . . . 120.000,00 ✓

Waren lt. Warenlisten:

    Fette und Molkereierzeugnisse 7.900,00

    Fleisch- und Wurstwaren 15.100,00

    Zucker und Zuckerwaren 11.800,00

    Getreideerzeugnisse 17.200,00

    Brot- und Backwaren 2.400,00

    Obstkonserven 12.300,00

    Gemüsekonserven 15.500,00

Kassenbestand . . . . 2.760,00 ✓

Forderungen aus Lieferungen:

    Ludwig Prellenthin, Pforzheim 2.310,00

    Hans Böckstein, Bruchsal 3.080,00

    Paul Wottke, Ettlingen 4.620,00

Verbindlichkeiten aus Lieferungen:

    Günter Schell & Co., Stuttgart 6.160,00

    Gebr. Krause, Köln 5.280,00

    Hartmut Petersen, Hamburg 9.835,00

Ladenausstattung lt. bes. Verzeichnis 18.000,00

Fuhrpark lt. bes. Verzeichnis 75.000,00

Darlehnsschulden bei Wilhelm Reimann, Karlsruhe 45.000,00

Guthaben bei der Postbank, Karlsruhe 3.180,00

Guthaben bei der

    Commerzbank, Karlsruhe 4.175,00

    Sparkasse der Stadt Karlsruhe, Karlsruhe 8.340,00

656016

7   Die Bilanz

7.1   Die Bilanz und ihre Gliederung

Der junge Einzelhandelskaufmann Oskar Krüger hat ein Bankguthaben von 100.000,00 DM und bares Geld 40.000,00 DM. Damit gründet er ein Geschäft.

① Krüger hat 100.000,00 DM Bankguthaben und 40.000,00 DM Bargeld.

VERMÖGENS-WERTE	QUELLEN
Kasse 40.000,00	Eigene Mittel 140.000,00
Bank 100.000,00	

② Er kauft für 80.000,00 DM Waren gegen einen Bankscheck.

VERMÖGENS-WERTE	QUELLEN
Waren 80.000,00	Eigene Mittel 140.000,00
Kasse 40.000,00	
Bank 20.000,00	

③ Dann kauft er eine Ladenausstattung gegen 10.000,00 DM Barzahlung.

VERMÖGENS-WERTE	QUELLEN
Ladenausstattung 10.000,00	Eigene Mittel 140.000,00
Waren 80.000,00	
Kasse 30.000,00	
Bank 20.000,00	

④ Er kauft noch für 60.000,00 DM Waren hinzu, und zwar auf Kredit.

VERMÖGENS-WERTE	QUELLEN
Ladenausstattung 10.000,00	Eigene Mittel 140.000,00
Waren 140.000,00	
Kasse 30.000,00	Fremde Mittel 60.000,00
Bank 20.000,00	

656017

Krüger stellt die Vermögenswerte und die Vermögensquellen **in Kontenform dar.** Auf die **linke Seite** schreibt er die **Werte,** auf die **rechte Seite** schreibt er die **Quellen,** aus denen das Vermögen geflossen ist. Die 4. Aufstellung sieht bei ihm so aus:

Aktiva *(Vermögenswerte)*		Bilanz	*(Vermögensquellen)* Passiva	
I. Anlagevermögen		I. Eigenkapital	140.000,00	=
Ladenausstattung ...	10.000,00			
II. Umlaufvermögen		II. Fremdkapital		
1. Waren	140.000,00	Liefererschulden	60.000,00	−
2. Kasse[1]	30.000,00			
3. Bank[1]	20.000,00			
	200.000,00		200.000,00	

Sein Eigenkapital kann Krüger auch unabhängig von der Ermittlung des Reinvermögens im Inventar feststellen. Er zieht von der Summe des Vermögens das Fremdkapital ab.

Da jeder Vermögenswert entweder durch eigenes oder durch fremdes Kapital finanziert worden ist, müssen beide Seiten dieser Aufstellung gleich groß sein. Weil die Endsummen gleich sind, nennt man diese Gegenüberstellung **Bilanz** (italienisch: bilancia = Waage). Die Vermögenswerte werden als Aktiva, die Vermögensquellen als Passiva bezeichnet.

Während im Inventar die Vermögensteile und die Schulden nach Art, Menge und Wert sehr detailliert ausgewiesen werden, fasst man **in der Bilanz Vermögen und Schulden gruppenweise** zusammen **und verzichtet auf alle Mengenangaben.** § 242 HGB verlangt neben der regelmäßigen Aufstellung des Inventars auch die Erstellung der Bilanz. Der **Unternehmer muss die Bilanz unter Angabe des Datums persönlich unterschreiben.** Damit zwingt der Gesetzgeber ihn, vom Stand des Vermögens und der Höhe der Schulden Kenntnis zu nehmen und die Richtigkeit zu bestätigen.

Eine umfangreichere Bilanz ergibt sich aus dem Inventar von Seite 14:

Aktiva		Bilanz	Passiva	
I. Anlagevermögen		I. Eigenkapital	201.650,00	
1. Gebäude	126.000,00	II. Fremdkapital		
2. Ladenausstattung	7.200,00	1. Hypothekenschulden ..	32.600,00	
3. Fuhrpark	32.500,00	2. Verbindlichkeiten	17.780,00	
II. Umlaufvermögen				
1. Waren	61.600,00			
2. Forderungen	8.890,00			
3. Kasse	3.140,00			
4. Bank	12.700,00			
	252.030,00		252.030,00	

Osnabrück, 8. Januar ..   *Peter Schulz*

---

1 Laut § 266 HGB werden Kassenbestand und Bankguthaben bei Kreditinstituten zu einer Position zusammengefasst. Aus methodischen Gründen bleiben sie hier getrennt.

656018

1 Vergleichen Sie, in welcher Anordnung die Vermögenswerte (Aktiva) und die Vermögensquellen (Passiva) im Inventar und in der Bilanz dargestellt sind.

> Die Bilanz ist die kurz gefasste Gegenüberstellung von Vermögenswerten und Vermögensquellen.
>
> Die Bilanz ist vom Unternehmer unter Angabe des Datums persönlich zu unterschreiben.
>
> Summe der Aktiva = Summe der Passiva

Die Summengleichheit von Aktiv- und Passivseite der Bilanz kommt auch in folgenden Bilanzgleichungen zum Ausdruck:

Vermögen	=	Kapital
Vermögen	=	Eigenkapital + Fremdkapital
Eigenkapital	=	Vermögen − Fremdkapital
Fremdkapital	=	Vermögen − Eigenkapital

Die Bilanz zeigt auf der

Aktivseite	Passivseite
die Verwendung der Mittel	die Herkunft der Mittel
die Formen des Vermögens	die Quellen des Kapitals
die Art der Investierung	die Art der Finanzierung
Anlagevermögen + Umlaufvermögen	Eigenkapital + Fremdkapital
= Vermögen	= Kapital

Beide Seiten der Bilanz sind gleich; denn das Eigenkapital ist der Unterschied zwischen dem Vermögen und dem Fremdkapital.

---

2 Stellen Sie die Bilanzen nach den Inventaren der Aufgaben 4–6 (Kapitel 6) auf und stellen Sie für die Aufgaben 3–5 ebenfalls die Bilanzen auf.

---

3 Haushaltswarengeschäft Max Göbel KG, Leipzig.

Das Geschäftsjahr endet am 31. Dezember

Bankschulden	70.000,00
Darlehnsschulden	110.000,00
Forderungen	97.000,00
Fuhrpark	10.000,00
Kasse	5.000,00
Ladenausstattung	175.000,00
Postbankguthaben	18.000,00
Verbindlichkeiten	120.000,00
Waren	145.000,00

4 Heimwerkerabholmarkt Otto Gerlacher, Dresden.

Das Geschäftsjahr endet am 30. Juni

Bankguthaben	91.000,00
Darlehnsschulden	120.000,00
Forderungen	1.000,00
Gebäude	560.000,00
Hypothekenschulden	220.000,00
Kasse	4.000,00
Ladenausstattung	190.000,00
Postbankguthaben	5.000,00
Verbindlichkeiten	110.000,00
Waren	220.000,00

5 Textilgeschäft Hans Bülow, Hildesheim.

Das Geschäftsjahr endet am 31. März

Bankguthaben	46.000,00
Darlehnsschulden	175.000,00
Forderungen	15.000,00
Fuhrpark	79.000,00
Kasse	3.000,00
Ladenausstattung	114.000,00
Näh- und Steppmaschinen	8.000,00
Postbankschuld	500,00
Verbindlichkeiten	89.000,00
Waren	97.000,00

7.2   Die Auswertung der Bilanz

Eine Bilanz ist schneller auszuwerten, wenn man ihre Zahlen vereinfacht. Man weist **auf der Aktivseite nur noch die Sammelbegriffe Anlagevermögen** und **Umlaufvermögen** aus und **auf der Passivseite nur noch** die **Summen des Eigenkapitals und des Fremd-kapitals.**

Aktiva		Bilanz	Passiva
Anlagevermögen	800.000,00	Eigenkapital	900.000,00
Umlaufvermögen	400.000,00	Fremdkapital ...	300.000,00
	1.200.000,00		1.200.000,00

Aussagen dieser Bilanz:

Das Kapital stammt mit 900.000,00 DM aus eigenen Mitteln,
mit 300.000,00 DM aus fremden Mitteln.

Das Vermögen ist zu 800.000,00 DM im Anlagevermögen investiert,
zu 400.000,00 DM im Umlaufvermögen investiert.

656020

Die **vereinfachte Darstellung der Bilanz** von Seite 20 **zeigt** den Aufbau **(die Struktur) des Vermögens und des Kapitals.**

Ein sehr großer Teil des Vermögens ist im Anlagevermögen langfristig an das Unternehmen gebunden. Beruhigend ist die gute Ausstattung des Unternehmens mit Eigenkapital und der nur geringe Anteil des Fremdkapitals.

Es ist ein Zeichen solider Finanzierung, dass das gesamte Anlagevermögen mit Eigenkapital finanziert wurde. Darüber hinaus ist sogar ein Teil des Umlaufvermögens durch Eigenkapital abgedeckt.

Die Struktur der Bilanz wird noch stärker sichtbar, wenn man die absoluten Zahlen dieser Bilanz in relative Zahlen (%) umrechnet.

Aktiva			**Bilanz**		Passiva
Anlagevermögen ..	800.000,00	$66\frac{2}{3}$ %	Eigenkapital	900.000,00	75 %
Umlaufvermögen ..	400.000,00	$33\frac{1}{3}$ %	Fremdkapital	300.000,00	25 %
	1.200.000,00	100 %		1.200.000,00	100 %

---

6   Erstellen Sie aus den folgenden Anfangsbeständen eine Bilanz. Vereinfachen Sie diese wie auf Seite 20 und berechnen Sie den prozentualen Anteil des Anlage- und des Umlaufvermögens am Gesamtvermögen. Stellen Sie ebenfalls fest, wie hoch der prozentuale Anteil des Eigen- und des Fremdkapitals am Gesamtkapital ist.

Anfangsbestände:	Jahr 01	Jahr 02
Gebäude	520.000,00	500.000,00
Ladenausstattung	110.000,00	90.000,00
Fuhrpark	70.000,00	60.000,00
Waren	980.000,00	920.000,00
Forderungen	310.000,00	280.000,00
Kasse	6.000,00	7.000,00
Postbankguthaben	4.000,00	3.000,00
Hypothekenschulden	390.000,00	360.000,00
Bankschulden	220.000,00	180.000,00
Verbindlichkeiten	590.000,00	480.000,00

Beantworten Sie für beide Jahre die folgenden Fragen:

Wie hoch ist der prozentuale Anteil vom Anlage- und Umlaufvermögen am Gesamtkapital?

Wie hoch ist der prozentuale Anteil des Eigen- und Fremdkapitals am Gesamtkapital?

Wieweit ist das Anlagevermögen durch Eigenkapital finanziert?

Worin liegen die wichtigsten Unterschiede zwischen den Bilanzen der beiden Jahre?

7.3   Inventar und Bilanz

Inventar- und Bilanzwerte ergeben sich aus der Inventur. Sie zeigen beide den Stand des Vermögens und der Schulden einer Unternehmung. Sie gelten für den gleichen Zeitpunkt, den Abschluss-Stichtag. Zu beiden Aufstellungen ist der Kaufmann gesetzlich verpflichtet. Die Art der Darstellung unterscheidet sich jedoch. Das ist auf die unterschiedliche Zwecksetzung der beiden Abschlüsse zurückzuführen.

Das **Inventar entspricht** dem Bedürfnis nach **detaillierter Information** über Art, Menge und Wert aller Vermögens- und Schuldbestandteile. Es ist daher sehr umfangreich und tief gegliedert und vermittelt einen Einblick in die Einzelheiten.

Die **Bilanz enthält einen kurz gefassten Überblick** über Vermögen und Kapital. Einzelpositionen des Inventars werden in der Bilanz gruppenweise zusammengefasst und ohne Mengenangaben dargestellt. Die Bilanz verschafft einen groben Einblick in die Vermögens- und Kapitalstruktur eines Unternehmens.

Inventar und Bilanz unterscheiden sich auch **in der Form**. Die Vermögens- und Schuldbestandteile stehen im **Inventar listenförmig** untereinander. In der **Bilanz** stehen Vermögen und Kapital einander **kontenmäßig gegenüber**.

Die folgende Übersicht verdeutlicht die Unterschiede zwischen Inventar und Bilanz:

Inventur	Inventar		Bilanz
Messen Zählen Wiegen	Detailliertes Verzeichnis aller Vermögens- und Schuldbestandteile mit Ermittlung des Reinvermögens.	**Komprimierung**	Komprimiertes Verzeichnis der gruppenweise zusammengefassten Aktiva (Vermögen) und Passiva (Kapital) ohne Mengenangaben.
	● Ausführliche Darstellung der einzelnen Vermögens- und Schuldteile.		● Kurz gefasste, überschaubare Darstellung des Vermögens und des Kapitals.
	● Angabe der Mengen, der Einzelwerte und der Gesamtwerte.		● Angabe der Gesamtwerte der Aktiva und Passiva (Bilanzposten).
	● Darstellung des Vermögens, der Schulden und des Reinvermögens in Listenform.		● Darstellung der Aktiva und der Passiva nebeneinander in Kontenform.

§ 257 HGB: Inventare und Bilanzen sind 10 Jahre lang im Inventar- und Bilanzbuch aufzubewahren.

656022

8 Die Veränderung der Bilanzposten

Tauschvorgänge

Wir können uns die Bilanz auch in Form einer Waage vorstellen:

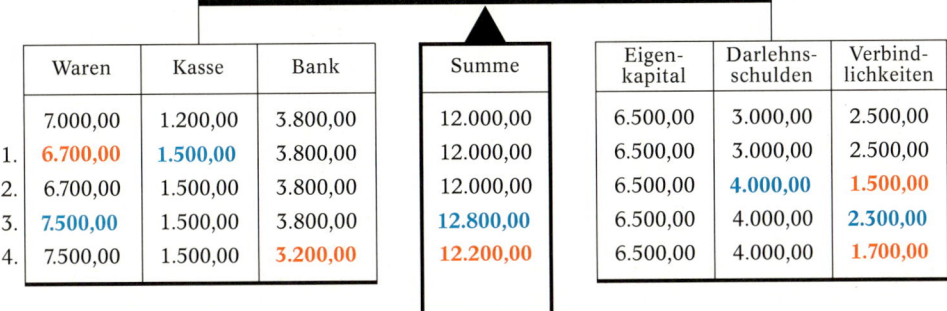

	Waren	Kasse	Bank	Summe	Eigen-kapital	Darlehns-schulden	Verbind-lichkeiten
	7.000,00	1.200,00	3.800,00	12.000,00	6.500,00	3.000,00	2.500,00
1.	6.700,00	1.500,00	3.800,00	12.000,00	6.500,00	3.000,00	2.500,00
2.	6.700,00	1.500,00	3.800,00	12.000,00	6.500,00	4.000,00	1.500,00
3.	7.500,00	1.500,00	3.800,00	12.800,00	6.500,00	4.000,00	2.300,00
4.	7.500,00	1.500,00	3.200,00	12.200,00	6.500,00	4.000,00	1.700,00

Jeder Geschäftsvorfall verändert die Bilanz, und zwar in doppelter Weise. Dabei sind vier verschiedenartige Veränderungen der Bilanz möglich.

1. Aktivtausch
Wir verkaufen Waren gegen bar .... 300,00 DM

W	K	B		E	D	V
	+					
—			0			

Der Aktivposten Kasse nimmt zu,
der Aktivposten Waren nimmt ab,
die Bilanzsumme ändert sich nicht.

2. Passivtausch
Eine Liefererschuld wird in eine Darlehnsschuld umgewandelt 1.000,00 DM

W	K	B		E	D	V
					+	
			0			—

Der Passivposten Darlehnsschuld nimmt zu,
der Passivposten Verbindlichkeiten nimmt ab,
die Bilanzsumme ändert sich nicht.

3. Aktiv-, Passivmehrung
Wir kaufen Waren auf Ziel .... 800,00 DM

W	K	B		E	D	V
+						
						+
			+			

Der Aktivposten Waren nimmt zu,
der Passivposten Verbindlichkeiten nimmt auch zu,
die Bilanzsumme wird größer.

4. Aktiv-, Passivminderung
Wir überweisen einem Lieferer durch die Bank .... 600,00 DM

W	K	B		E	D	V
	—					
						—
			—			

Der Aktivposten Bank nimmt ab,
der Passivposten Verbindlichkeiten nimmt auch ab,
die Bilanzsumme wird kleiner.

656023

23

Jeder Geschäftsvorfall verändert zwei Posten der Bilanz.

Bei der Veränderung auf **einer** Bilanzseite gibt es einen

– Aktivtausch ⎫
  oder   ⎬ = Mehrung eines Postens und Minderung eines ande-
– Passivtausch ⎭   ren ohne Veränderung der Bilanzsumme

Bei der Veränderung auf **beiden** Bilanzseiten gibt es eine

– Aktiv-, Passivmehrung = Zunahme beider Bilanzseiten
  oder
– Aktiv-, Passivminderung = Abnahme beider Bilanzseiten.

Das Gleichgewicht beider Seiten der Bilanz bleibt stets erhalten.

---

1 Zeichnen Sie eine Bilanzwaage und tragen Sie die Veränderungen ein.

Fragen Sie stets: – Welche Posten der Bilanz werden berührt?
– Handelt es sich um Aktiv- oder / und Passivposten?
– Wie verändert der Geschäftsvorfall die Bilanzposten?
– Welche der vier Arten der Bilanzveränderung liegt vor?

Aktiva: Waren 14.400,00 DM, Forderungen 2.500,00 DM, Kasse 1.800,00 DM, Bank 3.200,00 DM.
Passiva: Eigenkapital 12.800,00 DM, Darlehnsschulden 5.000,00 DM, Verbindlichkeiten 4.100,00 DM.

1. Ein Kunde zahlt bar 300,00
2. Eine Liefererschuld wird in eine Darlehnsschuld umgewandelt 1.200,00
3. Wir kaufen Waren auf Ziel 800,00
4. Ein Lieferer erhält durch Banküberweisung 600,00
5. Wir verkaufen Waren auf Ziel 200,00
6. Wir tilgen einen Teil der Darlehnsschuld bar 1.500,00

---

2 *Aktiva:* Geschäftsausstattung 31.800,00 DM, Waren 24.500,00 DM, Forderungen 12.200,00 DM, Kasse 1.600,00 DM, Sparkasse 21.700,00 DM.
Passiva: Eigenkapital 57.500,00 DM, Darlehnsschulden 11.400,00 DM, Verbindlichkeiten 22.900,00 DM.

1. Wir verkaufen Waren gegen bar 4.000,00
2. Wir überweisen an den Lieferer durch die Sparkasse 7.500,00
3. Eine Liefererschuld wird in eine Darlehnsschuld umgewandelt 2.900,00
4. Wir kaufen Waren auf Kredit 11.400,00
5. Wir bringen Geld zur Sparkasse 5.000,00
6. Wir überweisen einen Teil des Darlehns durch die Sparkasse 3.500,00
7. Wir verkaufen Waren auf Kredit 2.700,00
8. Wir kaufen einen Vervielfältiger gegen Sparkassenüberweisung 1.400,00

9. Erstellen Sie eine ordnungsgemäße Bilanz.

---

3 **Fragen:**

1. Auf welche Weise kann die Mehrung eines Aktivpostens durch die Veränderung eines anderen Bilanzpostens ausgeglichen werden?
2. In welcher Weise kann sich die Minderung eines Passivpostens bei einem anderen Bilanzposten auswirken?
3. Welche Aussage können Sie über das Bilanzgleichgewicht machen?

656024

9   Die Auflösung der Bilanz in Konten

Wollte man jede Veränderung, die ein Geschäftsvorfall hervorruft, in der Bilanzform darstellen, so würde viel überflüssige Schreibarbeit zu leisten sein. Denn es verändern sich nur zwei Posten; die anderen müssten genauso übernommen werden, wie sie vorher schon dastanden. Außerdem benötigt man für jeden Bilanzposten eine genaue und übersichtliche Einzelabrechnung.

Daher löst man die Bilanz in Konten auf. Für jeden Bilanzposten wird **ein** entsprechendes **Konto** eingerichtet.

Man unterscheidet – entsprechend den Seiten der Bilanz – **Aktiv- und Passivkonten.** Sie nehmen aus der Bilanz am Anfang eines Geschäftsjahres, der Eröffnungsbilanz, die Bestände auf (AB) und erfassen die Veränderungen aufgrund der Geschäftsvorfälle. Daher werden sie **aktive und passive Bestandskonten** genannt.

Bei allen Konten wird die linke Seite mit „**Soll**" (S) und die rechte Seite mit „**Haben**" (H) bezeichnet.

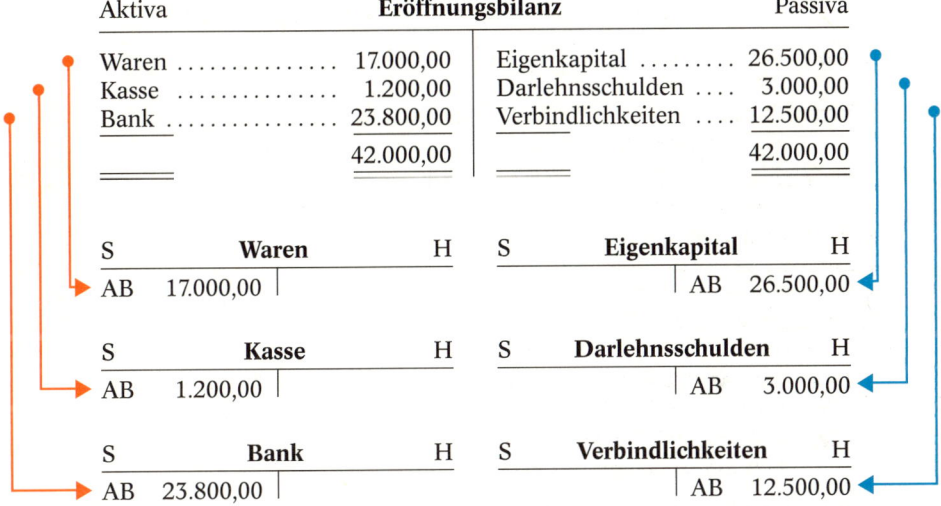

Aktiva	Eröffnungsbilanz		Passiva
Waren	17.000,00	Eigenkapital	26.500,00
Kasse	1.200,00	Darlehnsschulden	3.000,00
Bank	23.800,00	Verbindlichkeiten	12.500,00
	42.000,00		42.000,00

S	Waren	H	S	Eigenkapital	H
AB	17.000,00			AB	26.500,00

S	Kasse	H	S	Darlehnsschulden	H
AB	1.200,00			AB	3.000,00

S	Bank	H	S	Verbindlichkeiten	H
AB	23.800,00			AB	12.500,00

Die **Aktivkonten** nehmen die Anfangsbestände **auf der linken Seite** (Sollseite) auf, weil sie auch in der Bilanz auf der linken Seite stehen.

Die **Passivkonten** nehmen die Anfangsbestände **auf der rechten Seite** (Habenseite) auf, weil sie auch in der Bilanz auf der rechten Seite stehen.

---

1   Stellen Sie eine Eröffnungsbilanz auf und lösen Sie diese in Konten auf.

	DM		DM
Geschäftsausstattung	17.200,00	Eigenkapital	?
Waren	20.600,00	Darlehnsschulden	15.000,00
Forderungen	6.400,00	Verbindlichkeiten	9.700,00
Kasse	800,00		
Bank	12.300,00		

Auswirkungen von Geschäftsvorfällen in den Konten:

Zugänge *vermehren* die Anfangsbestände.

Abgänge *verringern* die Anfangsbestände.

Bei Aktivkonten: Zugänge im Soll

Abgänge im Haben

Bei Passivkonten: Zugänge im Haben

Abgänge im Soll

Muster eines aktiven Bestandskontos:

Soll		Kasse	Haben	
Jan. 1. Anfangsbestand	680,00	Jan. 4. Zahlg. an F. Meyer	550,00
3. Zahlung v. G. Stein	330,00	5. Bürobedarf	66,00
5. Barverk. v. Waren	154,00	6. Bankeinzahlung	800,00
6. Zahlg. v. W. Gross	495,00	6. Bahn- und Hausfracht ..	19,80
		6. Saldo (Schlussbest.)	223,20
	1.659,00		1.659,00

Soll	Kasse	Haben
Jan. 7. Saldovortrag	223,20	

Beim **Abschluss eines Kontos** geht man so vor:

1. **Feststellen, welche Seite stärker ist.**
2. **Auf der schwächeren Seite (wenn nötig) eine Zeile frei lassen.**
3. **Abschlussstriche auf beiden Seiten ziehen.**
4. **Die stärkere Seite addieren.**
5. **Die Summe auch auf der schwächeren Seite einsetzen.**
6. **Auf der schwächeren Seite die Differenz (den Saldo) ergänzen.**
7. **Wenn nötig, Leerraum durch Schrägstriche entwerten.**

---

2 Führen Sie ein Kassenkonto für die Woche vom 26. bis 31. März.

März 26.	Anfangsbestand (Saldovortrag)	325,85
26.	Zahlung von B. Mohn	187,00
27.	Zahlung für Bahn- und Hausfracht.......................	16,50
28.	Privatentnahme des Inhabers	200,00
29.	Bareinlage durch Abhebung vom Bankkonto	2.000,00
29.	Zahlung an W. Poth	352,00
30.	Zahlung für Dekorationsmaterial	480,00
30.	Zahlung von A. Berg	264,00
30.	Zahlung an den Fensterputzer	42,00
31.	Ladeneinnahme vom 26.–31. März	1.925,00
31.	Gehaltsabschlagszahlung an die Verkäuferin	1.320,00
31.	Einzahlung auf Bankkonto	1.200,00

656026

3 Tragen Sie folgende Vorgänge auf dem Bankkonto ein.

Juli 1. Anfangsbestand (Saldovortrag, Guthaben) 780,00
     3. Unsere Einzahlung 1.400,00
     4. Überweisung an das Finanzamt 280,00
     6. Überweisung an den Lieferer P. Brauer 979,00
     7. Zahlung des Kunden H. Prinz 154,00
     9. Barabhebung 500,00
    12. Lastschrift der Bank für Fernsprechgebühren 182,00
    15. Überweisung des Kunden G. Kremer 473,00

Schließen Sie das Konto zum 15. Juli ab. Tragen Sie den Saldo wieder vor.

4 Führen Sie ein Konto Forderungen (aus Lieferungen).

Juni 1. Anfangsbestand (Saldovortrag) 5.368,00
     2. Zielverkäufe lt. AR (Ausgangsrechnung) 195–197 935,00
     3. Barzahlung eines Kunden 209,00
     5. Banküberweisung eines Kunden 341,00
     7. Zielverkäufe lt. AR 198–202 .... 1.573,00
     8. Postbanküberweisungen von Kunden 1.397,00
    10. Zielverkauf lt. AR 203 405,00

Schließen Sie das Konto zum 10. Juni ab und tragen Sie den Saldo vor.

Erhalten wir von unseren Lieferern Waren auf Ziel, so buchen wir im Konto **Verbindlichkeiten** (aus Lieferungen). Das Konto Verbindlichkeiten ist ein **passives Bestandskonto**. Die Ansprüche der Lieferer kommen ins Haben, unsere Zahlungen an die Lieferer ins Soll.

Soll		Verbindlichkeiten		Haben
Juli 19. Postbanküberw. (ER 275)	4.560,00	Juli 1. Saldovortrag		9.348,00
26. Banküberw. (ER 276) ...	1.368,00	8. Zieleinkauf (ER 279) .		5.700,00
31. Saldo	9.120,00			
	15.048,00			15.048,00

5 Stellen Sie ein Konto Verbindlichkeiten (aus Lieferungen) nach folgenden Angaben auf. Schließen Sie das Konto zum 30. September ab und tragen Sie den Saldo vor.

Sept. 1. Anfangsbestand (Saldovortrag) 9.636,00
      3. Zieleinkauf lt. ER (Eingangsrechnung) 372 .... 1.353,00
      5. Banküberweisung für ER 366 .... 1.375,00
      8. Zieleinkauf lt. ER 373 .... 1.539,00
     12. Banküberweisung für ER 368 .... 1.078,00
     15. Ausgleich der ER 367 durch Bankscheck 2.140,00
     17. Warenrücksendung betr. ER 370 572,00
     22. Postbanküberweisung für ER 371 913,00
     28. Zieleinkauf lt. ER 374 858,00
     29. Barzahlung für ER 369 452,00
     30. Zieleinkauf lt. ER 375 .... 2.670,00

10   Das Buchen in Bestandskonten und der Kontenabschluss

Eröffnung der Konten: Zuerst wird die Eröffnungsbilanz in Aktiv- und Passivkonten aufgelöst und der Anfangsbestand jedes Kontos vorgetragen.

Laufende Buchungen: Anschließend werden die Geschäftsvorfälle aufgrund der vorhandenen Belege (z. B. Bankauszüge, Ein- und Ausgangsrechnungen) in den entsprechenden Aktiv- bzw. Passivkonten gebucht.

Jeder Geschäftsvorfall bewirkt Veränderungen auf zwei Konten. **Fragen Sie:**

> 1. **Welche Konten werden berührt?**
> 2. **Handelt es sich um Aktiv- oder Passivkonten?**
> 3. **Wie verändert der Geschäftsvorfall die Bestände?**

Bei den Aktivkonten stehen auf der Sollseite der Anfangsbestand und die Zugänge (+), auf der Habenseite die Abgänge (−).

Soll	**Aktivkonten**	Haben
Anfangsbestand **+ Zugänge**		**− Abgänge**

Bei den Passivkonten ist es umgekehrt. Hier stehen Anfangsbestand und Zugänge auf der Habenseite (+), die Abgänge auf der Sollseite (−).

Soll	**Passivkonten**	Haben
− Abgänge		Anfangsbestand **+ Zugänge**

Wie aus den folgenden Beispielen hervorgeht, wird jeder Geschäftsvorfall **doppelt** gebucht, einmal im **Soll** und einmal im **Haben**.

Erst Soll – dann Haben!

Beispiele:

		Buchung
Aktivtausch	*Wir verkaufen Waren gegen bar.*	
	Der Kassenbestand vermehrt sich,	(+) Soll
	der Warenbestand vermindert sich.	(−) Haben
Passivtausch	*Eine Liefererschuld wird in eine Darlehnsschuld umgewandelt.*	
	Die Verbindlichkeiten vermindern sich,	(−) Soll
	die Darlehnsschulden vermehren sich.	(+) Haben
Aktiv-, Passivmehrung	*Wir kaufen Waren auf Ziel.*	
	Der Warenbestand vermehrt sich,	(+) Soll
	die Verbindlichkeiten vermehren sich auch.	(+) Haben
Aktiv-, Passivminderung	*Wir überweisen einem Lieferer durch die Bank.*	
	Die Verbindlichkeiten vermindern sich,	(−) Soll
	das Bankguthaben vermindert sich auch.	(−) Haben

656028

Prägen Sie sich folgendes Schaubild ein!

	Aktivkonten		Passivkonten	
	Soll	Haben	Soll	Haben
1. Aktivtausch	+	−		
2. Passivtausch			−	+
3. Aktiv- und Passivzunahme	+			+
4. Aktiv- und Passivabnahme		−	−	

Wir buchen diese Geschäftsvorfälle in den Konten:

1. Wir verkaufen Waren gegen bar 200,00

      Kasse + (Soll)   Waren − (Haben)

2. Eine Liefererschuld wird in eine Darlehnsschuld umgewandelt 1.000,00

      Verbindlichkeiten − (Soll)   Darlehnsschulden + (Haben)

3. Wir kaufen Waren auf Ziel 1.400,00

      Waren + (Soll)   Verbindlichkeiten + (Haben)

4. Wir überweisen an einen Lieferer durch die Bank 600,00

      Verbindlichkeiten − (Soll)   Bank − (Haben)

Jeder Geschäftsvorfall wird doppelt gebucht:

zuerst im Soll – dann im Haben.

Abschluss der Bestandskonten: Nach dem Buchen der Geschäftsvorfälle werden am Jahresende alle Konten abgeschlossen, indem man den Schlussbestand (Saldo) errechnet und jeweils auf der schwächeren Seite einsetzt. Die errechneten Schlussbestände müssen mit den am Jahresende durch die Inventur ermittelten Beständen übereinstimmen.

Die Schlussbestände der Aktivkonten stehen im Haben,
die Schlussbestände der Passivkonten stehen im Soll.

Die **Schlussbilanz** wird aufgestellt, indem die Schlussbestände der Aktivkonten auf die Aktivseite der Schlussbilanz und die der Passivkonten auf die Passivseite der Schlussbilanz übertragen werden.

Aktivkonten:	Anfangsbestand + Zugänge	**Soll**
	Abgänge + Schlussbestand	**Haben**
Passivkonten:	Anfangsbestand + Zugänge	**Haben**
	Abgänge + Schlussbestand	**Soll**

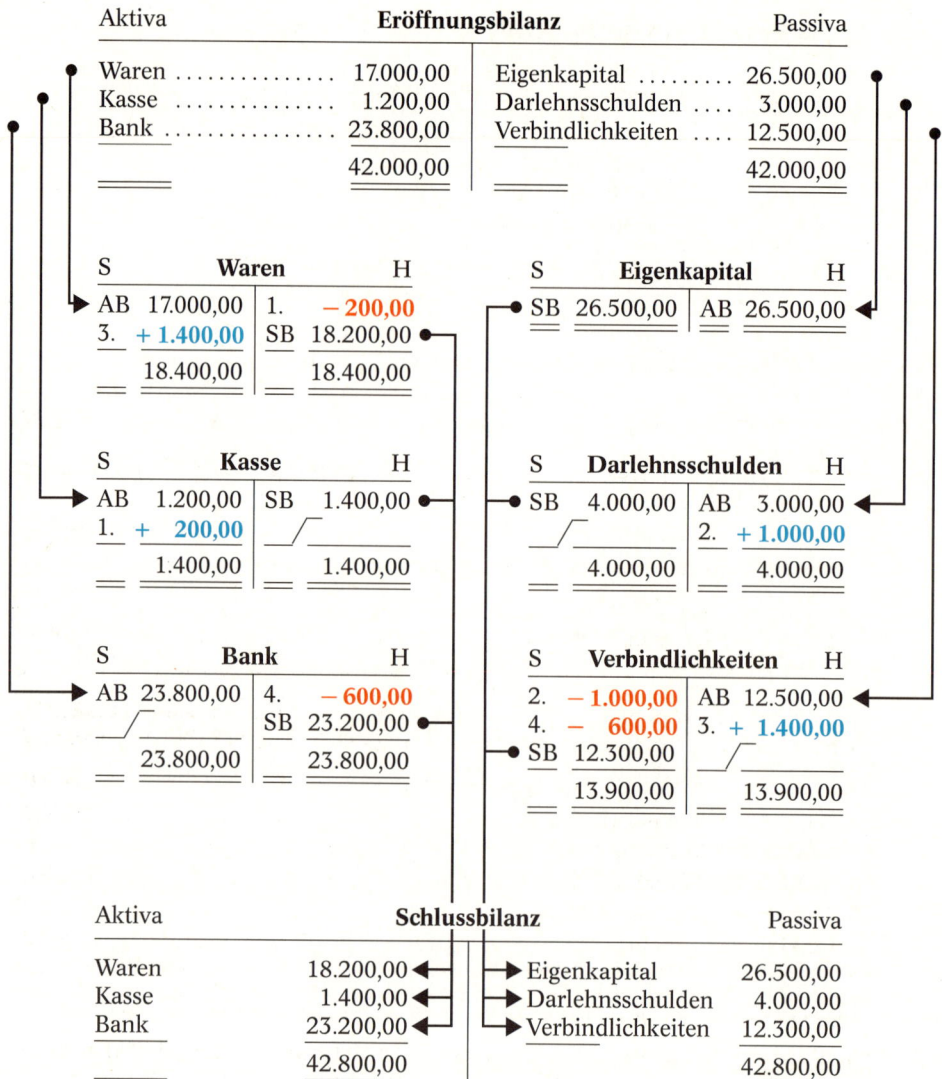

Aktiva | Eröffnungsbilanz | Passiva

Aktiva		Passiva	
Waren	17.000,00	Eigenkapital	26.500,00
Kasse	1.200,00	Darlehnsschulden	3.000,00
Bank	23.800,00	Verbindlichkeiten	12.500,00
	42.000,00		42.000,00

S Waren H

AB 17.000,00	1. − 200,00
3. + 1.400,00	SB 18.200,00
18.400,00	18.400,00

S Eigenkapital H

SB 26.500,00	AB 26.500,00

S Kasse H

AB 1.200,00	SB 1.400,00
1. + 200,00	
1.400,00	1.400,00

S Darlehnsschulden H

SB 4.000,00	AB 3.000,00
	2. + 1.000,00
4.000,00	4.000,00

S Bank H

AB 23.800,00	4. − 600,00
	SB 23.200,00
23.800,00	23.800,00

S Verbindlichkeiten H

2. − 1.000,00	AB 12.500,00
4. − 600,00	3. + 1.400,00
SB 12.300,00	
13.900,00	13.900,00

Aktiva | Schlussbilanz | Passiva

Aktiva		Passiva	
Waren	18.200,00	Eigenkapital	26.500,00
Kasse	1.400,00	Darlehnsschulden	4.000,00
Bank	23.200,00	Verbindlichkeiten	12.300,00
	42.800,00		42.800,00

Die Soll- und Habenseite jedes Kontos weist die gleiche Summe aus, da der Schlussbestand immer auf der wertmäßig schwächeren Seite eingesetzt wird.

Die Schlussbestände der Aktiv- und Passivkonten müssen mit den am Jahresende durch die Inventur ermittelten Beständen übereinstimmen.

Die Summen der Aktiv- und Passivseite der Schlussbilanz sind gleich, da jeder Geschäftsvorfall auf den Konten mit dem gleichen Betrag einmal im Soll und einmal im Haben gebucht wird.

656030

---

1   Anfangsbestände: Waren 12.400,00 DM, Forderungen 1.500,00 DM, Kasse 600,00 DM; Verbindlichkeiten 5.900,00 DM, Eigenkapital?

1. Verkauf von Waren gegen bar 1.300,00
2. Barzahlung eines Kunden 200,00
3. Wareneinkauf auf Ziel 2.700,00
4. Barzahlung an einen Lieferer 500,00

---

2   Benno Krause, Dortmund, hat am 1. Okt. .. folgende Anfangsbestände: Geschäftsausstg. 10.000,00 DM, Waren 8.000,00 DM, bares Geld 2.000,00 DM, Eigenkapital?

1. Kauf einer Registrierkasse gegen Barzahlung 600,00
2. Kauf von Waren auf Ziel 1.500,00
3. Verkauf von Waren gegen bar 500,00
4. Verkauf von Waren auf Ziel 1.000,00
5. Barzahlung eines Kunden 700,00
6. Bareinkauf von Waren 800,00
7. Barzahlung an einen Lieferer 1.500,00

---

3   Die Firma Biederstein & Co., Köln, eröffnet am 1. Januar .. mit folgenden Anfangsbeständen: Geschäftsausstattung 8.500,00 DM, Waren 5.000,00 DM, bares Geld 1.400,00 DM; Verbindlichkeiten 2.000,00 DM, Eigenkapital?

1. Barverkauf von Waren 1.000,00
2. Warenverkauf auf Ziel 800,00
3. Zahlung an einen Lieferer bar 1.200,00
4. Wareneinkauf auf Ziel 500,00
5. Barzahlung eines Kunden 400,00
6. Wareneinkauf gegen bar 1.100,00
7. Warenverkauf auf Ziel 600,00
8. Kauf eines Telefaxgerätes gegen Barzahlung 400,00
9. Warenverkauf gegen bar 900,00
10. Einzahlung auf Bankkonto 700,00

---

4   **Anfangsbestände:**

Gebäude	230.000,00	Eigenkapital	?
Geschäftsausstattung	40.000,00	Hypothekenschulden	160.000,00
Waren	54.700,00	Darlehnsschulden	21.400,00
Forderungen	21.500,00	Verbindlichkeiten	32.000,00
Kasse	4.800,00		
Bank	31.000,00		

Geschäftsvorfälle:

1. Verkauf von Waren auf Ziel	3.400,00
2. Banküberweisung zur Tilgung einer Darlehnsschuld	2.500,00
3. Kauf von Waren auf Ziel	5.800,00
4. Banküberweisung an einen Lieferer	2.600,00
5. Barzahlung eines Kunden	300,00
6. Eröffnung eines Postbankkontos durch Bareinzahlung	1.000,00
7. Umwandlung einer Liefererschuld in eine Darlehnsschuld	1.700,00
8. Warenverkauf gegen bar	900,00
9. Postbanküberweisung eines Kunden	100,00
10. Wareneinkauf auf Ziel	4.100,00
11. Banküberweisung für Hypothekenrückzahlung	10.000,00
12. Kauf eines Personalcomputers gegen Bankscheck	8.400,00

5
6

Aktiva		Eröffnungsbilanz	Passiva
Geschäftsausstattung	5.800,00	Eigenkapital	16.100,00
Waren	12.600,00	Darlehnsschulden	6.000,00
Forderungen	3.200,00	Verbindlichkeiten	4.700,00
Kasse	1.040,00		
Bank	4.160,00		
	26.800,00		26.800,00

Geschäftsvorfälle:

	5	6
1. Wareneinkauf auf Ziel	1.200,00	1.500,00
2. Barzahlung eines Kunden	300,00	400,00
3. Teilrückzahlung des Darlehns durch Banküberweisung ...	2.000,00	2.500,00
4. Verkauf einer Ausstellungsvitrine gegen bar	400,00	300,00
5. Warenverkauf auf Ziel	580,00	620,00
6. Banküberweisung an einen Lieferer	960,00	840,00
7. Wareneinkauf bar	850,00	1.050,00
8. Einzahlung auf Bankkonto	600,00	500,00
9. Warenverkäufe bar	1.230,00	1.170,00
10. Banküberweisung eines Kunden	420,00	380,00
11. Barzahlung an einen Lieferer	1.040,00	960,00
12. Kauf eines Rollschrankes gegen Bankscheck	790,00	710,00

656032

11   Der Buchungssatz

11.1   Einfache Buchungssätze

Nach den Grundsätzen ordnungsmäßiger Buchführung müssen für alle Buchungen **Belege** vorhanden sein (Belegzwang). Die Wichtigkeit des Beleges dokumentiert der Grundsatz:

Keine Buchung ohne Beleg.

Buchungsbelege können sein

- Originale der eingegangenen Schriftstücke
  (z. B. Eingangsrechnungen, Briefe, Auszüge der Bank, der Sparkasse oder der Postbank),
- Durchschriften der ausgegangenen Schriftstücke
  (z. B. Ausgangsrechnungen, Briefe),
- innerbetrieblich angefertigte Belege
  (z. B. Kassenbelege, Quittungen, Lohn- und Gehaltslisten).

Der Beleg ist das Bindeglied zwischen dem Geschäftsvorfall und der Buchung. Die Verbindung ergibt sich dadurch, dass vor dem Buchen die Belege artgemäß fortlaufend nummeriert und mit einem Buchungsvermerk (meist Kontierungsstempel) versehen werden.

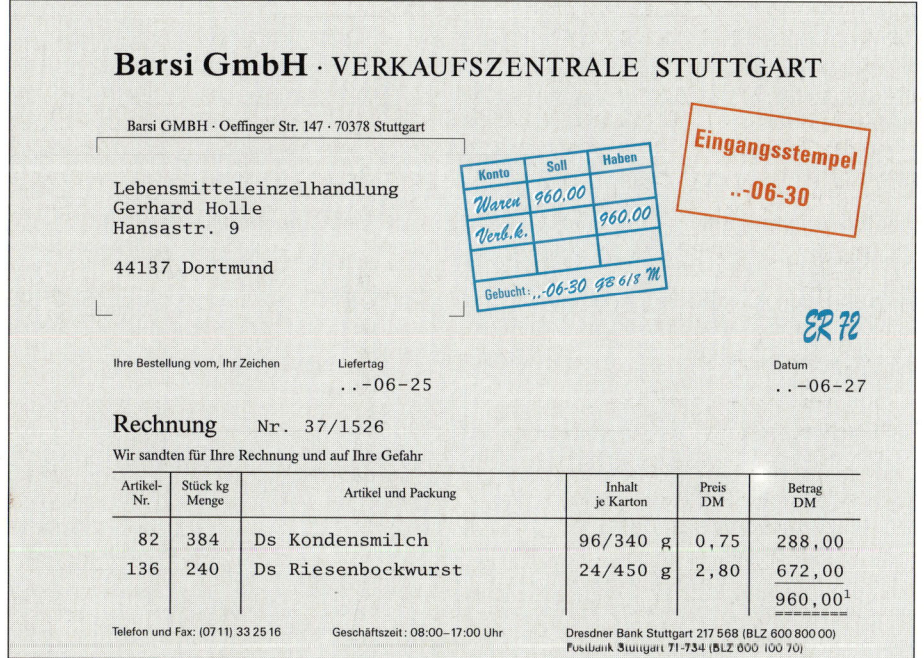

Aus diesem Beleg lässt sich folgender **Geschäftsvorfall** (Buchungstext) ablesen:

Wareneinkauf auf Ziel lt. ER 72 . . . . 960,00 DM

---

1   Die Umsatzsteuer bleibt aus methodischen Gründen noch unberücksichtigt.

Jeder Geschäftsvorfall wird doppelt gebucht. Die Buchungsarbeit wird in der Praxis im Allgemeinen durch die **Kontierung** auf dem Beleg vorbereitet, d. h., es wird zuerst das Konto mit der Sollbuchung, dann das Konto mit der Habenbuchung genannt:

Buchung: **Waren**   **Soll** **960,00**

                     Verbindlichkeiten   **Haben** **960,00**

Bevor die Buchung auf den entsprechenden Konten erfolgt, werden alle Geschäftsvorfälle in zeitlicher (chronologischer) Reihenfolge im **Grundbuch** mit Tag, Belegangabe, Buchungstext, Kontierung und Betrag festgehalten.

Grundbuch

Monat: Juni   Seite 8

Tag	Beleg	Buchungstext	Kontierung		Beträge	
			Soll	Haben	Soll	Haben
06-30	ER 72	Zielkauf von Barsi	Waren	Verbindl.	960,00	960,00

Nach der Eintragung im Grundbuch nimmt der Buchhalter auf dem Beleg im Kontierungsstempel seinen Buchungsvermerk vor. Dieser enthält das Buchungsdatum, die Nr. (Monat) und die Seite des Grundbuches sowie das Namenszeichen.

Für die Kontierung hat sich eine bestimmte Form der Darstellung entwickelt: **der Buchungssatz.** Im Buchungssatz wird immer zuerst das Konto mit der Sollbuchung genannt, dann das Konto mit der Habenbuchung. Beide Konten werden durch das Wort „an" verbunden.

Buchungssatz: **Waren** an **Verbindlichkeiten** **960,00**

Eine **Sollbuchung** nennt man auch **Lastschrift**, eine **Habenbuchung Gutschrift.**

Aufgrund der Angaben im Grundbuch werden nun die Geschäftsvorfälle im Soll und Haben der entsprechenden Konten gebucht. Alle Konten sind im **Hauptbuch** enthalten. Hier sind die Geschäftsvorfälle nach ihrer sachlichen Zusammengehörigkeit angeordnet (z. B. Waren, Kasse, Bank).

Die **Buchung auf den Konten** im Hauptbuch sieht folgendermaßen aus:

S	Waren	H		S	Verbindlichkeiten	H
AB	15.400,00				AB	12.300,00
06-30 Verb.	960,00				06-30 Waren	960,00

Bei der Lastschrift im Warenkonto Soll wird vermerkt „Verbindlichkeiten", d. h., die Gegenbuchung (Gutschrift) ist im Haben des Kontos Verbindlichkeiten zu finden. Bei der Gutschrift im Konto Verbindlichkeiten Haben wird vermerkt „Waren", d. h., die Gegenbuchung (Lastschrift) muss im Soll des Warenkontos stehen.

Durch die Eintragung des Gegenkontos erkennt man auf einem der beiden Konten bereits den zugrunde liegenden Geschäftsvorfall. Gleichzeitig ist die Buchung dadurch jederzeit leicht nachzuprüfen.

656034

Der **Buchungssatz** nennt die Konten, auf denen ein Geschäftsvorfall gebucht werden muss.

Zuerst wird das Konto mit der Sollbuchung (Lastschrift) genannt; es folgt das Wort „an" und dann das Konto mit der Habenbuchung (Gutschrift).

Das **Grundbuch** nimmt die Geschäftsvorfälle in zeitlicher Reihenfolge auf.

Das **Hauptbuch** enthält die Buchungen nach sachlicher Zusammengehörigkeit.

---

1 Bilden Sie die Buchungssätze für die folgenden Geschäftsvorfälle.
Nennen Sie auch den der Buchung zugrunde liegenden Beleg.

1. Wareneinkauf gegen bar 1.200,00
2. Zielverkauf von Waren 340,00
3. Banküberweisung an einen Lieferer 1.870,00
4. Barabhebung vom Postbankkonto 1.500,00
5. Kauf eines Tintenstrahldruckers gegen Bankscheck 820,00
6. Aufnahme eines Darlehns bar 4.000,00
7. Ausgleich einer Kundenrechnung durch Banküberweisung 560,00
8. Wareneinkauf auf Ziel 2.900,00
9. Überweisung vom Postbankkonto auf das Bankkonto 1.000,00
10. Umwandlung einer Liefererschuld in ein Darlehn 2.400,00
11. Einzahlung auf unser Bankkonto 1.600,00
12. Tilgung einer Hypothekenschuld durch Banküberweisung 3.000,00
13. Barverkauf eines gebrauchten Warenregals 130,00
14. Zahlung eines Kunden durch Bankscheck 480,00
15. Warenverkauf gegen bar 210,00
16. Barzahlung an einen Lieferer 1.150,00
17. Kauf eines Grundstücks gegen Bankscheck 65.000,00
18. Warenrücksendung an einen Lieferer 390,00
19. Barabhebung vom Bankkonto 1.200,00
20. Barzahlung eines Kunden 170,00

---

2 Nennen Sie die Geschäftsvorfälle zu den folgenden Buchungssätzen.

1. Kasse an Bank
2. Waren an Verbindlichkeiten
3. Postbank an Kasse
4. Darlehnsschulden an Bank
5. Forderungen an Waren
6. Verbindlichkeiten an Sparkasse
7. Kasse an Geschäftsausstattung
8. Bank an Postbank
9. Kasse an Forderungen
10. Kasse an Waren
11. Fuhrpark an Bank
12. Bank an Forderungen
13. Waren an Kasse
14. Beb. Grundstücke an Bank
15. Bank an Darlehnsschulden
16. Geschäftsausstattung an Kasse

---

3 Als Buchhalter/in im Modehaus Elfriede Blum, Köln, liegen Ihnen die folgenden Belege zur Buchung vor.

1. Welche Geschäftsvorfälle liegen den Belegen zugrunde?
2. Nennen Sie die Buchungssätze und tragen Sie diese in das Grundbuch ein (siehe Muster auf S. 34).

Beleg 1 – Buchungstag: 11. April ..

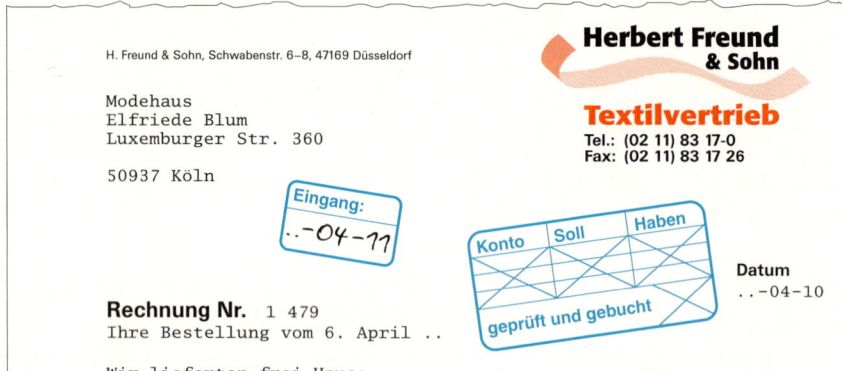

Beleg 2 – Buchungstag: 19. April ..

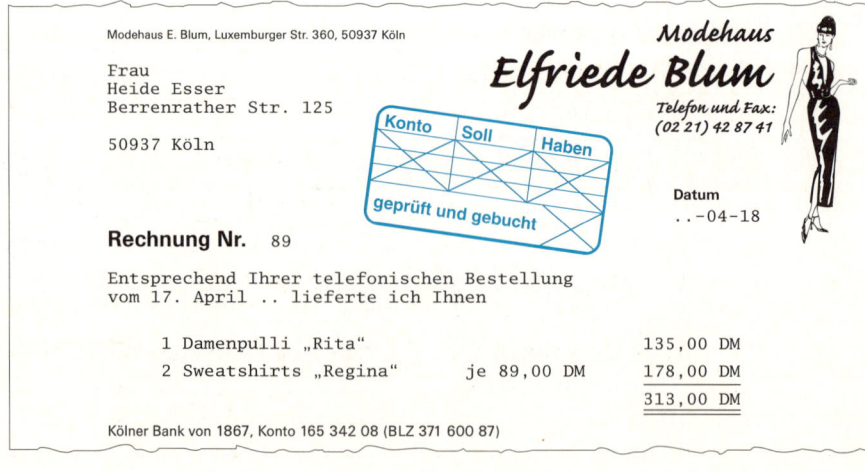

656036

Beleg 3 —
Buchungstag: 19. April ..

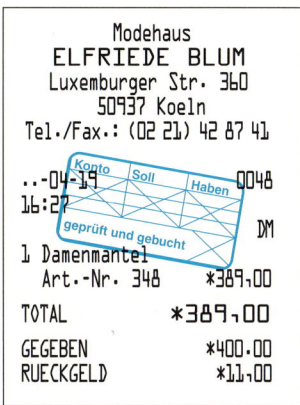

```
          Modehaus
     ELFRIEDE BLUM
    Luxemburger Str. 360
        50937 Koeln
  Tel./Fax.: (02 21) 42 87 41

..-04-19                    0048
16:27                        DM

1 Damenmantel
   Art.-Nr. 348       *389,00

TOTAL                 *389,00

GEGEBEN               *400.00
RUECKGELD              *11,00
```

Beleg 4 —
Buchungstag: 30. April ..

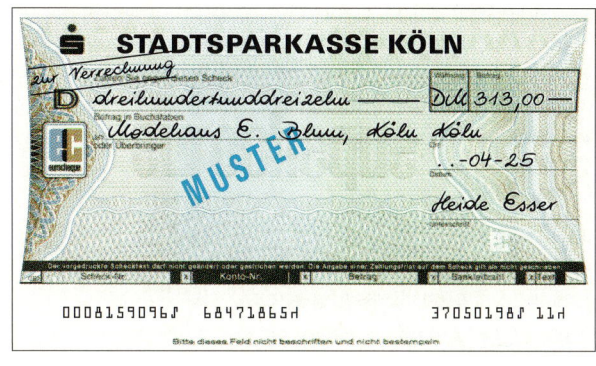

Beleg 5 —
Buchungstag: 30. April ..

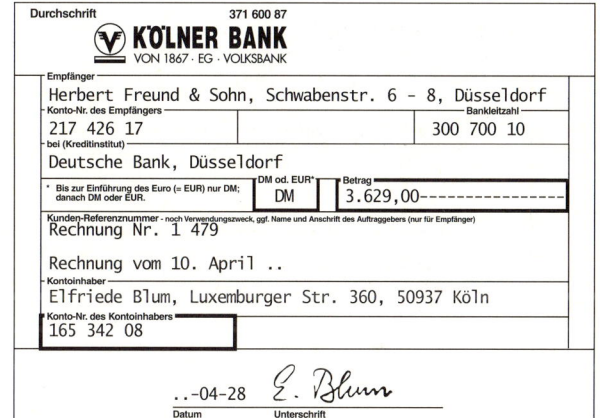

Beleg 6 — Buchungstag: 30. April ..

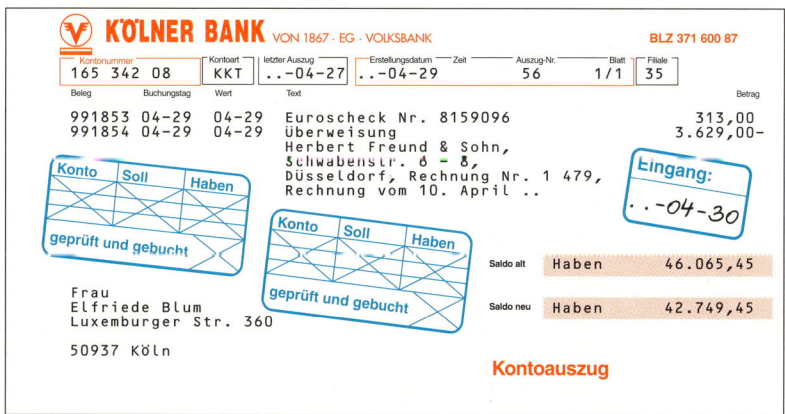

11.2   Zusammengesetzte Buchungssätze

Bei den bisherigen Geschäftsvorfällen wurden jeweils zwei Konten berührt. Einer Buchung im Soll (Lastschrift) stand immer eine Buchung im Haben (Gutschrift) gegenüber. Dadurch entstanden einfache Buchungssätze.

Werden durch einen Geschäftsvorfall **mehr als zwei Konten** berührt, so entstehen **zusammengesetzte Buchungssätze.**

1. Beispiel:

Wir begleichen die Rechnung eines Lieferers		
durch Barzahlung (KB 67)	200,00	
durch Banküberweisung (BA 42)	1.000,00	1.200,00

Buchungssatz:	Soll	Haben
Verbindlichkeiten	1.200,00	
an Kasse		200,00
an Bank		1.000,00

1 Sollbuchung	an	**2 Habenbuchungen**
oder		
1 Lastschrift	an	**2 Gutschriften**

Buchungen auf den Konten:

S	Verbindlichkeiten		H
Kasse u. Bank	1.200,00	AB	17.300,00

S	Kasse		H
AB	2.400,00	Verbind-lichkeiten	200,00

S	Bank		H
AB	15.600,00	Verbind-lichkeiten	1.000,00

2. Beispiel:

Ein Kunde kauft Waren		
gegen bar (KB 68)	500,00	
und auf Kredit (auf Ziel) (AR 217)	820,00	1.320,00

Buchungssatz:	Soll	Haben
Kasse	500,00	
Forderungen	820,00	
an Waren		1.320,00

2 Sollbuchungen	an	**1 Habenbuchung**
oder		
2 Lastschriften	an	**1 Gutschrift**

Bei allen (einfachen wie zusammengesetzten) Buchungssätzen gilt immer:
Summe der Sollbuchung(en) = Summe der Habenbuchung(en)
Summe der Lastschrift(en)   = Summe der Gutschrift(en)

656038

Im **Grundbuch** sehen beide Geschäftsvorfälle folgendermaßen aus:

Tag	Beleg	Buchungstext	Kontierung		Beträge	
			Soll	Haben	Soll	Haben
1.	KB 67	Rg.-Ausgl. an Lief. bar	Verb.	Kasse	1.200,00	200,00
	BA 42	u. durch Banküberw.		Bank		1.000,00
2.	KB 68	Warenverkauf bar	Kasse		500,00	
	AR 217	und auf Ziel	Ford.	Waren	820,00	1.320,00

Erläutern Sie die Belegangaben.

---

4 Bilden Sie die zusammengesetzten Buchungssätze.

1. Zahlung eines Kunden
   durch Banküberweisung 1.200,00
   durch Postbanküberweisung 185,00   1.385,00

2. Warenverkauf
   gegen bar 180,00
   auf Kredit 900,00   1.080,00

3. Kauf eines Personenwagens
   gegen Barzahlung 5.000,00
   gegen Bankscheck 14.000,00
   gegen Postbankscheck 12.375,00   31.375,00

4. Verkauf eines gebrauchten Kopiergerätes
   gegen Barzahlung 290,00
   gegen Bankscheck 600,00   890,00

5. Wareneinkauf
   gegen Bankscheck 1.500,00
   auf Ziel 3.000,00   4.500,00

6. Ausgleich einer Liefererrechnung
   durch Banküberweisung 1.600,00
   durch Postbankscheck 700,00   2.300,00

7. Kauf eines Lagerhauses
   gegen Bankscheck 180.000,00
   gegen Übernahme einer Hypothekenschuld 140.000,00   320.000,00

8. Tilgung einer Darlehnsschuld
   durch Banküberweisung 2.000,00
   durch Postbanküberweisung 1.400,00   3.400,00

---

5 Welche Geschäftsvorfälle liegen den folgenden Buchungssätzen zugrunde?

1. Verbindlichkeiten
   an Bank
   an Postbank

2. Kasse
   Forderungen
   an Waren

3. Kasse
   Bank
   an Geschäftsausstattung

4. Waren
   an Kasse
   an Verbindlichkeiten

5. Kasse
   Bank
   Postbank
   an Forderungen

6. Darlehnsschulden
   an Bank
   an Postbank

---

12 Das Eröffnungsbilanzkonto und das Schlussbilanzkonto

12.1 Das Eröffnungsbilanzkonto

Die Buchführung eines Geschäftsjahres beginnt mit der Eröffnungsbilanz, die in allen Positionen der Schlussbilanz des Vorjahres entsprechen muss. Diese Bilanzidentität ist ein wichtiger Grundsatz ordnungsmäßiger Buchführung.

Um die laufenden Geschäftsvorfälle buchen zu können, muss man die Anfangsbestände in die Aktiv- und Passivkonten eintragen. Die Bestände der Aktivkonten wurden ins Soll, die der Passivkonten ins Haben der entsprechenden Konten übernommen. Dieses Vorgehen widerspricht aber dem Grundsatz der doppelten Buchführung, wonach jeder Sollbuchung eine Habenbuchung gegenüberstehen muss. Aus diesem Grunde richtet man **für die Eröffnung der Konten** zusätzlich ein Hilfskonto ein,

> **das Eröffnungsbilanzkonto (EBK),**

das die Aktivposten im Haben und die Passivposten im Soll aufnimmt.

Da in der Bilanz mehrere Konten zu einem Posten zusammengefasst werden (vgl. § 266 HGB), in der Buchhaltung jedoch alle Einzelbestände des Vorjahres wieder übernommen werden, ist das Eröffnungsbilanzkonto ein Spiegelbild des Schlussbilanzkontos des Vorjahres.

Die Buchungssätze bei der Eröffnung der Bestandskonten lauten:

> **Aktivkonten an EBK**
> **EBK   an Passivkonten**

> Das Eröffnungsbilanzkonto ist das Gegenkonto für das Buchen der Anfangsbestände in den Bestandskonten.
> Es ist das Spiegelbild des Schlussbilanzkontos des Vorjahres.

12.2 Das Schlussbilanzkonto

Am Schluss des Geschäftsjahres werden die Konten des Hauptbuches abgeschlossen. Zunächst errechnet man die Schlussbestände (Salden) der Aktiv- und Passivkonten. Ergeben sich Differenzen zwischen den in den Konten errechneten Beständen und den laut Inventur vorhandenen Beständen, so sind sie vor dem Abschluss in den Konten auszugleichen. Damit stimmen die Werte in den Konten mit denen der Schlussbilanz überein.

Beim **Kontenabschluss** wird als Gegenkonto **für die** Eintragung bzw. **Buchung der Schlussbestände**

> **das Schlussbilanzkonto (SBK)**

benutzt. Die Salden der Aktivkonten stehen im Soll des Schlussbilanzkontos und im Haben der Aktivkonten. Die Salden der Passivkonten erscheinen dagegen im Soll der Passivkonten und im Haben des Schlussbilanzkontos.

Die Buchungssätze beim Abschluss der Bestandskonten lauten:

> **SBK   an Aktivkonten**
> **Passivkonten an SBK**

Die **Schlussbilanz** wird aufgrund der tatsächlich vorhandenen Bestände (Istbestände) des Inventars aufgestellt. Sie wird in das Bilanzbuch eingetragen.

> Das Schlussbilanzkonto ist das Gegenkonto
> für das Buchen der Endbestände in den Bestandskonten.

656040

Bilanzbuch

Inventur → Inventar → Schlussbilanz → Eröffnungsbilanz

Aktiva	Eröffnungsbilanz		Passiva
Waren	22.000,00	Eigenkapital	20.000,00
Forderungen	6.000,00	Darlehen	3.000,00
Kasse	5.000,00	Verbindlichk.	10.000,00
	33.000,00		33.000,00
Ort, Datum			Unterschrift

Grundbuch

I. Eröffnungsbuchungen:

Waren	an	EBK	22.000,00
Forderungen	an	EBK	6.000,00
Kasse	an	EBK	5.000,00
EBK	an	Eigenkapital	20.000,00
EBK	an	Darlehen	3.000,00
EBK	an	Verbindlichk.	10.000,00

II. Laufende Buchungen:

1.	Waren	an	Verbindlichk.	2.000,00
2.	Kasse	an	Forderungen	500,00
3.	Verbindl.	an	Darlehen	1.000,00
4.	Verbindl.	an	Kasse	1.200,00

III. Vorbereitende Abschlussbuchungen

IV. Abschlussbuchungen:

SBK	an	Waren	24.000,00
SBK	an	Forderungen	5.500,00
SBK	an	Kasse	4.300,00
Eigenkapital	an	SBK	20.000,00
Darlehen	an	SBK	4.000,00
Verbindl.	an	SBK	9.800,00

Bilanzbuch

Aktiva	Schlussbilanz		Passiva
Waren	24.000,00	Eigenkapital	20.000,00
Forderungen	5.500,00	Darlehen	4.000,00
Kasse	4.300,00	Verbindlichk.	9.800,00
	33.800,00		33.800,00
Ort, Datum			

Inventar ↑ Inventur

Hauptbuch

Eröffnungsbilanzkonto

Soll			Haben
Eigenkapital	20.000,00	Waren	22.000,00
Darlehen	3.000,00	Forderungen	6.000,00
Verbindlichkeiten	10.000,00	Kasse	5.000,00
	33.000,00		33.000,00

Waren

S			H
AB	22.000,00	SBK	24.000,00
1. Verb.	2.000,00		
	24.000,00		24.000,00

Eigenkapital

S			H
SBK	20.000,00	AB	20.000,00

Forderungen

S			H
AB	6.000,00	2. Ka.	500,00
		SBK	5.500,00
	6.000,00		6.000,00

Darlehen

S			H
SBK	4.000,00	AB	3.000,00
		3. Verb.	1.000,00
	4.000,00		4.000,00

Kasse

S			H
AB	5.000,00	4. Verb.	1.200,00
2. Ford.	500,00	SBK	4.300,00
	5.500,00		5.500,00

Verbindlichkeiten

S			H
3. Darl.	1.000,00	AB	10.000,00
4. Ka.	1.200,00	1. Wa.	2.000,00
SBK	9.800,00		
	12.000,00		12.000,00

Schlussbilanzkonto

Soll			Haben
Waren	24.000,00	Eigenkapital	20.000,00
Forderungen	5.500,00	Darlehen	4.000,00
Kasse	4.300,00	Verbindlichk.	9.800,00
	33.800,00		33.800,00

Wie lauten die Geschäftsvorfälle, die den Buchungen 1.–4. auf den Konten des Hauptbuches zugrunde liegen?

Eröffnungsbilanz	= identisch mit der Schlussbilanz des letzten Jahres
Eröffnungsbilanzkonto	= Eröffnungskonto im Hauptbuch, Spiegelbild des SBK (Vorjahr)
Schlussbilanzkonto	= Abschlusskonto im Hauptbuch
Schlussbilanz	= ergibt sich aus dem Inventar

Arbeitsanweisungen:

1. Stellen Sie aufgrund der Anfangsbestände eine Eröffnungsbilanz auf.
2. Eröffnen Sie die Konten und schalten Sie das Eröffnungsbilanzkonto ein.
3. Buchen Sie die Geschäftsvorfälle in den Konten.
4. Schließen Sie die Konten ab und stellen Sie das Schlussbilanzkonto auf.

1
2

Anfangsbestände:	1	2		1	2
Geschäftsausst. ..	18.000,00	12.000,00	Bankguthaben .	3.720,00	2.640,00
Waren	24.000,00	16.000,00	Eigenkapital ...	35.500,00	23.600,00
Forderungen	6.000,00	4.000,00	Darlehnsschulden	8.000,00	6.000,00
Kasse	980,00	760,00	Verbindlichkeiten	9.200,00	5.800,00

Geschäftsvorfälle:		1	2
1. Warenverkauf gegen bar		1.200,00	800,00
2. Ausgleich einer Kundenrechnung durch Banküberweisung		970,00	710,00
3. Teilweise Tilgung des Darlehns durch Banküberweisung ..		2.000,00	1.500,00
4. Wareneinkauf auf Ziel		1.700,00	1.100,00
5. Banküberweisung an einen Lieferer		1.480,00	960,00
6. Kauf eines Büroschreibtisches bar		920,00	880,00

Abschlussangabe:

Die Schlussbestände auf den Konten entsprechen den Inventurwerten.

3

Anfangsbestände:			
Fuhrpark	60.000,00	Postbankguthaben	3.700,00
Geschäftsausstattung	45.000,00	Bankguthaben	24.600,00
Waren	32.000,00	Eigenkapital	?
Forderungen	18.000,00	Darlehnsschulden	40.000,00
Kasse	1.200,00	Verbindlichkeiten	38.000,00

Geschäftsvorfälle:		
1. Zahlungen von Kunden durch Banküberweisung	2.400,00	
durch Postbanküberweisung	1.800,00	4.200,00
2. Barverkauf eines gebrauchten Personenwagens		4.900,00
3. Warenverkäufe auf Ziel lt. AR 307–310		7.450,00
4. Aufnahme eines weiteren Darlehns bei der Bank		8.000,00
5. Zahlungen an Lieferer durch Postbankscheck	2.100,00	
durch Banküberweisung	16.300,00	18.400,00
6. Wareneinkäufe auf Kredit lt. ER 126–127		4.700,00
7. Bareinzahlung aufs Bankkonto		5.000,00

Abschlussangabe:

Die Schlussbestände auf den Konten entsprechen den Inventurwerten.

4   **Fragen:**

1. Wodurch unterscheiden sich Eröffnungsbilanz und Eröffnungsbilanzkonto?

2. Wodurch unterscheiden sich Schlussbilanzkonto und Schlussbilanz?

3. Wie erklärt es sich, dass die in den Konten errechneten Sollbestände nicht immer mit den Istbeständen der Schlussbilanz übereinstimmen? Denken Sie besonders an den Kassen-, Waren- und Forderungsbestand.

4. Welche Aussagen können Sie über Grundbuch, Hauptbuch, Bilanzbuch machen?

656042

13 Die Erfolgskonten

13.1 Kapitalveränderung durch Aufwendungen und Erträge

Die bisherigen Geschäftsvorfälle wurden nur auf Bestandskonten gebucht, d. h., es veränderten sich die Vermögenswerte und das Fremdkapital. Das Eigenkapital blieb unberührt, da diese Geschäftsvorfälle keinen Einfluss auf den Erfolg (Gewinn oder Verlust) des Unternehmens hatten.

Die Buchführung ist aber nicht nur eine Bestandsrechnung, sondern **auch eine Erfolgsrechnung**. Besonders aus dem **Einkauf von Waren,** der **Lagerhaltung** und dem **Warenverkauf** ergeben sich Geschäftsvorfälle, die Auswirkungen auf den Erfolg des Unternehmens haben; sie **beeinflussen und verändern** damit **das Eigenkapital.**

Der Unternehmer will sein eingesetztes Kapital vermehren. Durch den Verkauf von Waren oder durch Dienstleistungen erzielt er **Erträge.** Hierfür müssen aber zunächst Waren eingekauft und Arbeitskräfte, Maschinen, Energie u. a. eingesetzt werden = **Aufwendungen.**

Aufwendungen entstehen durch den Gebrauch oder Verbrauch von Gütern und Dienstleistungen. Hierzu zählen die Nutzung der Anlagegüter, der Wareneinsatz (= Wert der eingekauften und weiterveräußerten Waren), die Aufwendungen für Löhne, Gehälter, Sozialabgaben, Mieten, Betriebssteuern, Werbung, Verwaltung usw. Das heißt, es werden Werte (Anlagen, Geld) verzehrt, ohne dass ein unmittelbarer Vermögenszuwachs vorliegt oder eine Verringerung der Schulden eintritt. **Aufwendungen vermindern das Eigenkapital.**

> Aufwendungen sind Werteverzehr an Gütern und Dienstleistungen.
> Aufwendungen vermindern das Eigenkapital.

Erträge erzielt das Unternehmen dadurch, dass es Güter verkauft oder Leistungen erbringt. Der Hauptertrag ergibt sich aus dem Verkauf der Waren (Umsatzerlöse). Sie sollten sowohl die Aufwendungen abdecken als auch einen angemessenen Gewinn bringen. Weitere Erträge können anfallen aus Vermietung und Verpachtung, Kapitalausleihe u. a. **Erträge vermehren das Eigenkapital.**

> Erträge sind Wertezuflüsse durch unternehmerische Leistung.
> Erträge vermehren das Eigenkapital.

Die Differenz zwischen den **Erträgen** und den **Aufwendungen** innerhalb einer Rechnungsperiode **ist der Erfolg** (Gewinn oder Verlust) eines Unternehmens.

Beispiel einer Aufwendung:

Wir zahlen Miete für die Geschäftsräume bar 1.400,00

Durch diesen Geschäftsvorfall verringert sich unser Kassenbestand. Es vermehrt sich aber weder ein anderer Aktivposten, noch vermindert sich das Fremdkapital. Es handelt sich hier um eine Aufwendung, die das Eigenkapital vermindert. Sie wirkt sich ungünstig auf den Erfolg aus.

Buchung: **Eigenkapital** an **Kasse** 1.400,00

Beispiel eines Ertrages:

Die Bank schreibt uns Zinsen gut .... 264,00 DM

Dieser Vorgang vermehrt unser Bankguthaben. Es verringert sich aber weder ein anderer Aktivposten, noch vermehrt sich das Fremdkapital. Hier liegt ein Ertrag vor, der das Eigenkapital vermehrt. Er wirkt sich günstig auf den Erfolg aus.

Buchung: **Bank** an **Eigenkapital** **264,00**

Erfolge sind

Aufwendungen	*oder* **Erträge**
Aufwendungen für Wareneinkäufe[1], bezogenes Material, Löhne, Gehälter, Mieten, Büromaterial, Werbung, Steuern u. a.	Erträge aus Warenverkäufen[1], Mieterträge, Zinserträge, Provisionserträge u. a.

S	Eigenkapital	H
− **Aufwendungen**		Anfangsbestand + **Erträge**

Erträge > Aufwendungen = Kapitalmehrung
Erträge < Aufwendungen = Kapitalminderung

---

1 Führen Sie auch ein Eröffnungs- und Schlussbilanzkonto.

Anfangsbestände: Kasse 1.000,00 DM, Bank 14.000,00 DM, Eigenkapital ? DM.

1. Bareinnahmen für Provision 6.600,00
2. Banküberweisung für Geschäftsmiete 2.980,00
3. Gutschrift der Bank für Zinsen 190,00
4. Banküberweisung für Löhne 3.640,00

13.2 Buchen auf Erfolgskonten

Das Buchen der verschiedenen Aufwendungen und Erträge unmittelbar auf dem Eigenkapitalkonto hat erhebliche Nachteile. Das Eigenkapitalkonto wird unübersichtlich, da

- nicht zu erkennen ist, durch welche Aufwendungen und Erträge die Kapitalveränderung entstanden ist;
- die Höhe der unterschiedlichen Aufwands- und Ertragsarten sich nicht aus dem Eigenkapitalkonto ablesen lässt.

Es ist jedoch Aufgabe der Buchführung, alle Arten von Aufwendungen und Erträgen so klar auszuweisen, dass die **Quellen des Erfolges** zu erkennen sind und der Kaufmann eine Erfolgskontrolle vornehmen kann.

Deshalb werden die Aufwendungen und Erträge auf besonderen **Aufwands-** und **Ertragskonten** erfasst. Diese **Erfolgskonten sind Unterkonten des Eigenkapitalkontos.** Sie nehmen daher die Aufwendungen im Soll und die Erträge im Haben auf.

Alle Aufwendungen und Erträge werden auf Einzelkonten erfasst:
Aufwendungen im Soll
Erträge   im Haben
Die Erfolgskonten sind Unterkonten des Eigenkapitalkontos.

---

1 Aufwendungen für Waren und Umsatzerlöse werden auf S. 58 ff. behandelt.

Erfolgskonten

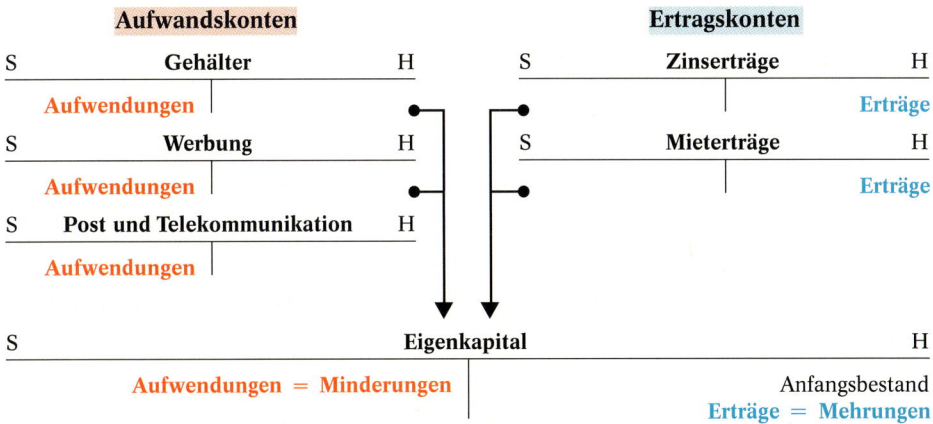

Aufwandskonten — **Ertragskonten**

| S | Gehälter | H | | S | Zinserträge | H |
| Aufwendungen | | | | | | Erträge |

| S | Werbung | H | | S | Mieterträge | H |
| Aufwendungen | | | | | | Erträge |

| S | Post und Telekommunikation | H |
| Aufwendungen | | |

S	Eigenkapital	H
Aufwendungen = Minderungen		Anfangsbestand
		Erträge = Mehrungen

Beispiele für das Buchen von Aufwendungen und Erträgen:

Anfangsbestände: Bankguthaben 42.500,00 DM, Eigenkapital 42.500,00 DM.

Geschäftsvorfälle:

1. Wir zahlen Gehalt durch Banküberweisung 2.600,00
2. Die Bank schreibt uns Zinsen gut 90,00
3. Wir zahlen für eine Werbeanzeige durch Bankscheck 400,00
4. Wir bezahlen eine Telefonrechnung durch Banküberweisung 210,00
5. Wir erhalten Miete (für ein Geschäftshaus) durch Bankscheck 4.000,00

Buchung auf Aufwandskonten:

1. Gehälter   an Bank 2.600,00
3. Werbung   an Bank 400,00
4. Post und Telekommunikation
     an Bank 210,00

Buchung auf Ertragskonten:

2. Bank an Zinserträge 90,00
5. Bank an Mieterträge 4.000,00

| S | Gehälter | H | | S | Zinserträge | H |
| 1. Bank | 2.600,00 | | | | 2. Bank | 90,00 |

| S | Werbung | H | | S | Mieterträge | H |
| 3. Bank | 400,00 | | | | 5. Bank | 4.000,00 |

| S | Post und Telekommunikation | H |
| 4. Bank | 210,00 | |

S	Bank	H
AB 42.500,00	1. Gehälter 2.600,00
2. Zinserträge 90,00	3. Werbung 400,00
5. Mieterträge 4.000,00	4. Post und Telekommunikation ... 210,00

Aufwands- und Ertragskonten   =   Erfolgskonten
Aktiv- und Passivkonten   =   Bestandskonten

13.3   Abschluss der Erfolgskonten

Em Ende des Geschäftsjahres wird der Erfolg (Gewinn oder Verlust) des Unternehmens durch die Gegenüberstellung aller Aufwendungen und Erträge ermittelt. Dazu schließt man die Erfolgskonten ab, überträgt die **Salden** jedoch nicht auf das Eigenkapitalkonto, sondern **auf** ein Erfolgssammelkonto, das

Gewinn- und Verlustkonto.

Die <u>Abschlussbuchungen</u> dazu lauten:

Gewinn- und Verlustkonto   an   **Aufwandskonten**
Ertragskonten   an   **Gewinn- und Verlustkonto**

Das **Gewinn- und Verlustkonto** weist somit im Soll alle Aufwendungen und im Haben alle Erträge aus. Der Saldo **zeigt den Unternehmenserfolg** (den Gewinn oder den Verlust).

> Erträge > Aufwendungen = Gewinn
> Erträge < Aufwendungen = Verlust

Das **Gewinn- und Verlustkonto** ist ein Unterkonto des Eigenkapitalkontos. Daher wird der **Saldo auf das Eigenkapitalkonto** übertragen.

Die <u>Abschlussbuchungen</u> lauten:

bei Gewinn: **Gewinn- und Verlustkonto**   an   **Eigenkapital**
bei Verlust: **Eigenkapital**   an   **Gewinn- und Verlustkonto**

> Der Gewinn erhöht das Eigenkapital.
> Der Verlust mindert das Eigenkapital.

Abschluss der Erfolgskonten mit Gewinn

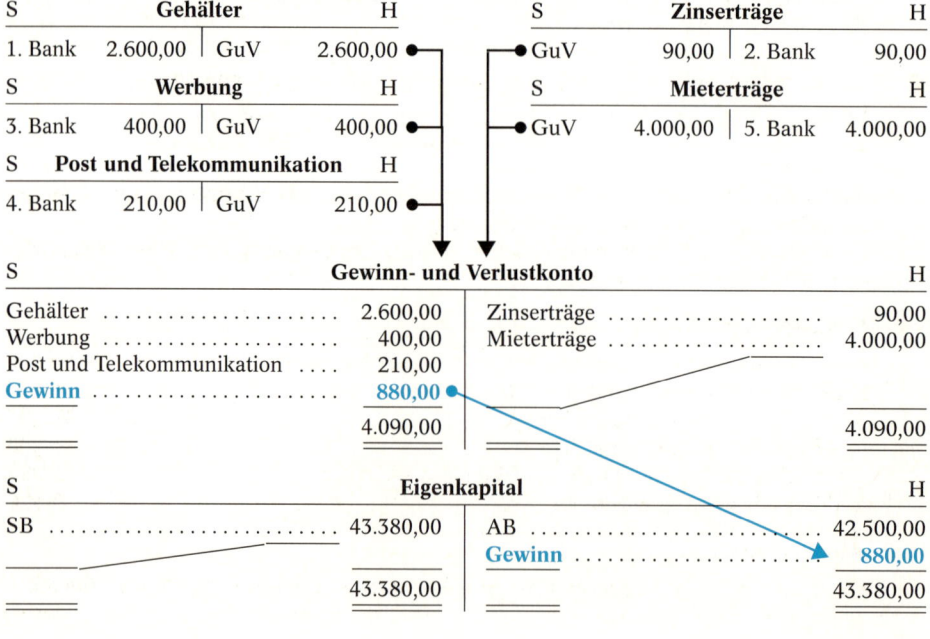

656046

Abschluss der Erfolgskonten mit Verlust

Ist die Summe der Aufwendungen größer als die der Erträge, dann ergibt sich ein Verlust. Der Verlust erscheint im Gewinn- und Verlustkonto als Saldo auf der Habenseite.

Die **Abschlussbuchung** **lautet:** **Eigenkapital** **an** **Gewinn- und Verlustkonto**

S	Gewinn- und Verlustkonto		H
Mieten	1.500,00	Provisionserträge	2.700,00
Steuern	900,00	Verlust	460,00
Instandhaltung	760,00		
	3.160,00		3.160,00

S	Eigenkapital		H
Verlust	460,00	AB	42.500,00
SB	42.040,00		
	42.500,00		42.500,00

Die Salden der Aufwands- und Ertragskonten werden im Gewinn- und Verlustkonto gesammelt (Aufwendungen im Soll − Erträge im Haben).

Der Saldo des Gewinn- und Verlustkontos zeigt den Erfolg der Rechnungsperiode (den Gewinn oder den Verlust).

Das Gewinn- und Verlustkonto ist das Unterkonto des Eigenkapitalkontos. Daher wird der Gewinn oder der Verlust auf das Eigenkapitalkonto übertragen.

Aufgaben mit Bestands- und Erfolgskonten

2 Lösen Sie die Aufgabe 1 noch einmal, buchen Sie jetzt die Aufwendungen auf den Aufwandskonten Mieten und Löhne und die Erträge auf den Ertragskonten Provisionserträge und Zinserträge.

3 **Aktiva:** Gebäude 80.000,00 DM, Kasse 800,00 DM, Bank 6.400,00 DM.
Passiva: Darlehnsschulden 4.000,00 DM, Eigenkapital ? DM.

Kontenplan:

Außer den oben genannten Bestandskonten sowie den Eröffnungs- und Schlussbilanzkonten sind noch einzurichten die
Erfolgskonten: Löhne, Büromaterial, Post und Telekommunikation, Zinsaufwendungen, Mieterträge, Zinserträge, Gewinn und Verlust.

Geschäftsvorfälle:

1. Wir zahlen Lohn an den Lagerarbeiter durch Banküberweisung	1.900,00
2. Ein Mieter überweist auf unser Bankkonto	1.800,00
3. Die Bank schreibt uns Zinsen gut	100,00
4. Wir kaufen Büromaterial bar	50,00
5. Wir überweisen dem Darlehnsgläubiger für Zinsen	160,00
6. Wir kaufen Briefmarken bar	30,00

Abschlussangabe:

Die Buchwerte auf den Bestandskonten stimmen mit den Inventurwerten überein.

4 Sie sind Angestellte(r) des Einzelhändlers Heinz Mohr, Kleve, und sollen die folgenden Belege buchen.

1. Welche Geschäftsvorfälle liegen den Belegen zugrunde?
2. Nennen Sie die Buchungssätze und tragen Sie diese in das Grundbuch ein.

Beleg 1:

Beleg 2:

Beleg 3:

656048

Beleg 4:

DEKO-STUDIO
exklusive Dekostoffe, Gardinen,
Teppichböden, Sonnenschutz

Kirchweg 16 • 47533 Kleve • Tel. u. Fax: (0 28 21) 26 44 37

HEINZ MOHR, KLEVE

Konto | Soll | Haben
geprüft und gebucht

Datum ..-08-01   Preis

Anzahl	Gegenstand	DM	Pf
	VERSCHIEDENE DEKORATIONS- STOFFE	340,	00
	Betrag dankend erhalten		

Verkäufer

000 621-09

Bei Irrtum oder Umtausch bitte diesen Zettel vorlegen.

Beleg 5:

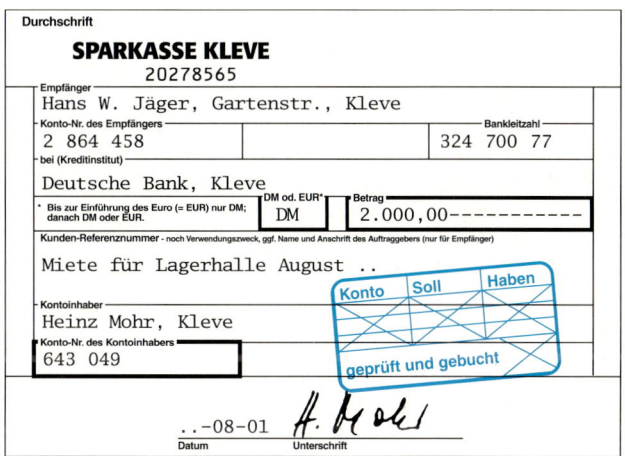

Durchschrift

SPARKASSE KLEVE
20278565

Empfänger
Hans W. Jäger, Gartenstr., Kleve

Konto-Nr. des Empfängers
2 864 458   Bankleitzahl
                             324 700 77

bei (Kreditinstitut)
Deutsche Bank, Kleve

* Bis zur Einführung des Euro (= EUR) nur DM; danach DM oder EUR.

DM od. EUR*
DM   Betrag
           2.000,00-----------

Kunden-Referenznummer - noch Verwendungszweck, ggf. Name und Anschrift des Auftraggebers (nur für Empfänger)
Miete für Lagerhalle August ..

Kontoinhaber
Heinz Mohr, Kleve

Konto-Nr. des Kontoinhabers
643 049

Konto | Soll | Haben
geprüft und gebucht

..-08-01   H. Mohr
Datum   Unterschrift

Beleg 6:

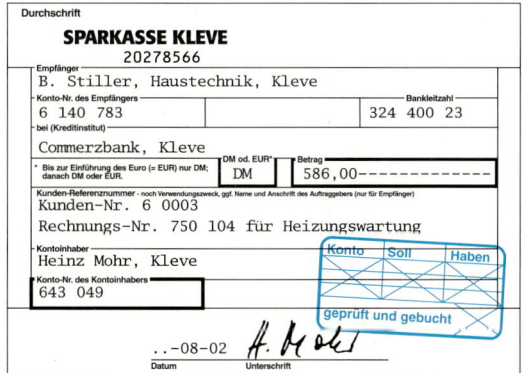

Durchschrift

SPARKASSE KLEVE
20278566

Empfänger
B. Stiller, Haustechnik, Kleve

Konto-Nr. des Empfängers
6 140 783   Bankleitzahl
                             324 400 23

bei (Kreditinstitut)
Commerzbank, Kleve

* Bis zur Einführung des Euro (= EUR) nur DM; danach DM oder EUR.

DM od. EUR*
DM   Betrag
           586,00-----------

Kunden-Referenznummer - noch Verwendungszweck, ggf. Name und Anschrift des Auftraggebers (nur für Empfänger)
Kunden-Nr. 6 0003
Rechnungs-Nr. 750 104 für Heizungswartung

Kontoinhaber
Heinz Mohr, Kleve

Konto-Nr. des Kontoinhabers
643 049

Konto | Soll | Haben
geprüft und gebucht

..-08-02   H. Mohr
Datum   Unterschrift

5–8

Eröffnen Sie die Bestandskonten über das EBK, bilden Sie die Buchungssätze, buchen Sie auf den Bestands- und Erfolgskonten und schließen Sie die Konten ab.
Die Schlussbestände auf den Bestandskonten entsprechen den Inventurwerten.

5 **Anfangsbestände:**

Gebäude	95.000,00	Kasse	400,00
Geschäftsausstattung	6.000,00	Bankguthaben	5.000,00
Waren	24.000,00	Eigenkapital	?
Forderungen	7.000,00	Verbindlichkeiten	11.000,00

Kontenplan: Außer den o. a. Bestandskonten sowie dem Eröffnungs- und Schlussbilanzkonto sind zu führen die
Erfolgskonten: Aufwendungen für Reinigungsmaterial, Löhne, Grundsteuer, Mieterträge, Zinserträge, Provisionserträge, Gewinn und Verlust.

Geschäftsvorfälle:

1. Wir verkaufen Waren auf Ziel	1.000,00
2. Die Bank schreibt uns Zinsen gut	30,00
3. Wir zahlen Grundsteuer bar	160,00
4. Wir kaufen Waren auf Ziel	1.500,00
5. Für Miete werden uns überwiesen	620,00
6. Wir erhalten Provision bar	750,00
7. Wir zahlen Lohn an den Kraftwagenfahrer durch die Bank	2.490,00
8. Ein Kunde zahlt bar	600,00
9. Wir bringen Geld zur Bank	800,00
10. Wir überweisen für Reinigungsmaterial durch die Bank	180,00

6
7 **Anfangsbestände:**

Gebäude	73.000,00	Bankguthaben	7.300,00
Geschäftsausstattung	10.000,00	Eigenkapital	?
Waren	30.000,00	Darlehnsschulden	25.000,00
Forderungen	5.000,00	Verbindlichkeiten	12.700,00
Kasse	1.500,00		

Kontenplan: Außer den o. a. Bestandskonten sowie dem Eröffnungs- und Schlussbilanzkonto sind zu führen die
Erfolgskonten: Aufwendungen für Energie, Gehälter, Zinsaufwendungen, Mieterträge, Zinserträge, Provisionserträge, Gewinn und Verlust.

Geschäftsvorfälle:

	6	7
1. Wir begleichen die Stromrechnung d. Banküberweisung	200,00	300,00
2. Wir verkaufen Waren auf Ziel	700,00	1.100,00
3. Ein Kunde zahlt bar	100,00	200,00
4. Wir kaufen einen Aktenschrank gegen Bankscheck	350,00	460,00
5. Die Bank schreibt uns Zinsen gut	170,00	250,00
6. Wir erhalten Provision bar	1.800,00	2.000,00
7. Wir kaufen Waren auf Ziel	1.900,00	2.100,00
8. Für Miete werden uns überwiesen	1.400,00	1.500,00
9. Ein Lieferer erhält durch Banküberweisung	600,00	800,00
10. Wir zahlen Gehalt durch Banküberweisung	3.120,00	3.280,00
11. Wir überweisen Darlehnszinsen durch die Bank	500,00	550,00

656050

14   Das Privatkonto

Zu seinem Lebensunterhalt nimmt der Geschäftsinhaber Bargeld oder Waren[1] aus seinem Betrieb. Auch lässt er Überweisungen für private Zwecke über die Finanzkonten des Betriebes ausführen, z. B. Zahlungen für Versicherungen, Einkommen- und Kirchensteuer, Arztrechnungen, Miete für die Privatwohnung u. a. Diese Geschäftsvorfälle sind nicht betrieblich bedingt. Sie sind **Privatentnahmen** und **vermindern das Eigenkapital.** Privatentnahmen stellen einen Vorgriff auf den zu erwartenden Gewinn des laufenden Geschäftsjahres dar.

Der Geschäftsinhaber kann auch neue Mittel (Geld oder Sachwerte) in das Unternehmen einbringen. Diese **Privateinlagen** (Kapitaleinlagen) **vermehren das Eigenkapital.**

Für die Buchungen der Entnahmen und Einlagen sind stets **Belege** auszustellen.

Private Entnahmen werden wegen der Übersichtlichkeit nicht direkt dem Kapitalkonto, sondern **dem Privatkonto belastet.** Als Unterkonto des Kapitalkontos wird das Privatkonto **über das Eigenkapitalkonto abgeschlossen.**

Ein Privatkonto wird nur bei Einzelunternehmen und Personengesellschaften geführt. Es zeigt alle Veränderungen des Eigenkapitals, die durch die Beziehungen zwischen privatem Bereich und Betrieb verursacht werden.

> 1. Der Inhaber entnimmt der Geschäftskasse für seinen Haushalt bar . . . .   2.000,00 DM.
> 2. Er lässt für seine Lebensversicherung durch die Bank überweisen . . . . .   3.400,00 DM.

Buchungen:

	Geschäftsvorfälle:	1. Privat	an Kasse	2.000,00
		2. Privat	an Bank	3.400,00
	Vorbereitende Abschlussbuchung:	Eigenkapital	an Privat	5.400,00

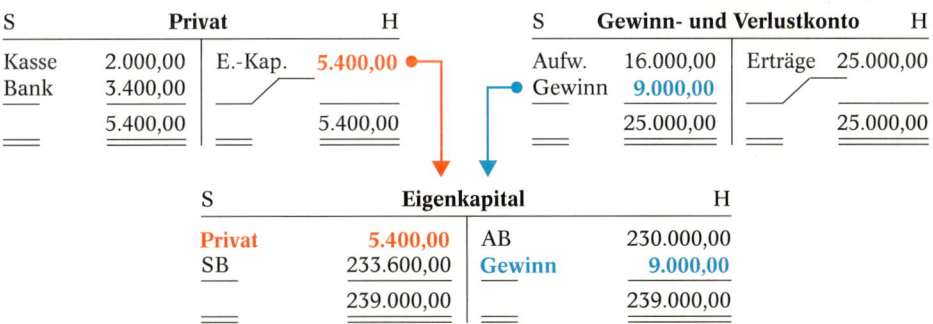

> Das Privatkonto erfasst alle Entnahmen für private Zwecke.
> Das Privatkonto wird über das Eigenkapitalkonto abgeschlossen.

Aus den vorstehenden Konten wird klar ersichtlich, dass zwischen „Betrieb" und „privatem Bereich" getrennt wird. Das Eigenkapitalkonto weist am Ende der Rechnungsperiode den Betriebserfolg und die privaten Entnahmen gesondert aus.
Die Privatentnahmen des laufenden Jahres sollten nicht höher sein als der Jahresgewinn, da sonst ein Teil des Eigenkapitals verzehrt wird (Substanzverlust).

---

1   Die Privatentnahme von Waren wird aus methodischen Gründen später behandelt.

Neue Einlagen des Geschäftsinhabers **(Privateinlagen)** sind kein Ausgleich für private Entnahmen. Sie **werden** deshalb nicht auf dem Privatkonto gebucht, sondern **direkt dem Eigenkapitalkonto gutgeschrieben.**

Der Geschäftsinhaber bringt ein bisher privat genutztes Grundstück im Wert von 148.000,00 DM in das Anlagevermögen seines Betriebes ein.

Buchung: Grundstücke an **Eigenkapital** **148.000,00**

Privateinlagen werden direkt dem Eigenkapitalkonto gutgeschrieben.

Das Eigenkapital
vermehrt sich durch Gewinn und Einlagen,
vermindert sich durch Verlust und private Entnahmen.

---

1 Bilden Sie die Buchungssätze.

1. Banküberweisung	für die Geschäftsmiete	2.500,00
	für die Wohnung des Geschäftsinhabers	1.860,00
2. Postbanküberweisung	für Lebensversicherung	1.500,00
	für Feuerversicherung (Geschäft)	1.210,00
	für Hausratversicherung (Wohnung)	180,00
3. Einlage des Inhabers auf Bankkonto		5.000,00
4. Barentnahme	für eine Geschäftsreise	1.450,00
	für eine Urlaubsreise	2.800,00
5. Banküberweisung	für eine Arztrechnung	135,00
	für die Einkommensteuervorauszahlung	1 800,00
	für die Kirchensteuervorauszahlung	160,00
6. Barzahlung des Lohns an die Hausgehilfin		2.400,00
7. Banküberweisung des Lohns an einen Lagerarbeiter		2.500,00

2
3 Führen Sie nur die Konten Privat, Gewinn und Verlust, Eigenkapital.

	2	3
Anfangskapital	42.600,00	51.700,00
Privatentnahmen bar	9.900,00	10.800,00
Überweisungen für private Zwecke	2.770,00	3.690,00
Aufwendungen	17.300,00	24.500,00
Erträge	32.900,00	36.800,00

Schließen Sie die Konten ab und ermitteln Sie den Erfolg. Nehmen Sie auch einen Vergleich vor zwischen Anfangs- und Endkapital.

---

4 **Fragen:**
1. Wie wirken sich private Entnahmen und private Einlagen auf das Geschäftskapital aus?
2. Warum wird jeder strebsame Kaufmann bemüht sein das Geschäftskapital von Jahr zu Jahr zu vermehren?
Mit welchen Mitteln kann er dieses Ziel erreichen?
3. Welche Höchstgrenze sollten die Privatentnahmen im Allgemeinen nicht überschreiten?
4. Woran kann es liegen, dass es trotz bescheidener Privatentnahmen des Inhabers nicht gelingt, den Kapitalbestand zu erhalten? (Substanzverlust)

656052

5 Sie sollen die folgenden Belege im Einzelhandelsunternehmen Josef Abel, Köln, buchen.

1. Welche Geschäftsvorfälle liegen den Belegen zugrunde?
2. Nennen Sie die Buchungssätze.

Beleg 1:

Beleg 2:

Beleg 3:

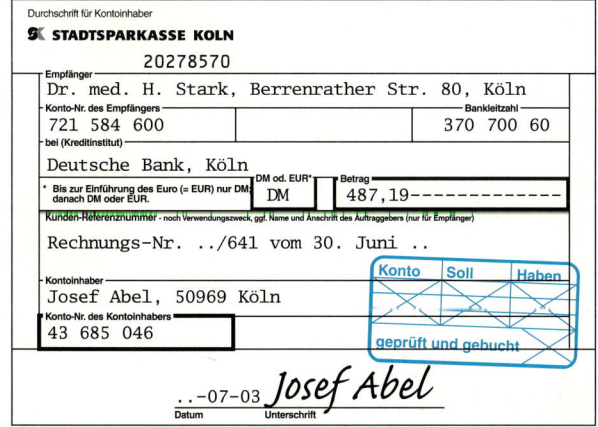

6
7

	Anfangsbestände:	6	7		6	7
	Gebäude	82.000,00	96.000,00	Postbankguthaben	2.280,00	2.340,00
	Fuhrpark	17.500,00	21.600,00	Bankguthaben ...	5.400,00	6.200,00
	Geschäftsausst.	10.500,00	12.300,00	Eigenkapital	?	?
	Waren	35.300,00	38.400,00	Hyp.-Schulden ..	12.000,00	15.000,00
	Forderungen ..	17.600,00	26.900,00	Verbindlichk.	13.160,00	24.850,00
	Kasse	900,00	1.100,00			

Kontenplan: Außer den o. a. Bestandskonten einschließlich Eröffnungsbilanz- und Schlussbilanzkonto sind folgende Konten zu führen: Aufwendungen für Reinigungsmaterial, Löhne, Werbung, Provisionserträge, Gewinn und Verlust, Privat.

Geschäftsvorfälle:		6	7
1. Wir überweisen an einen Lieferer durch die Bank		2.800,00	3.200,00
2. Wir verkaufen Waren auf Ziel		14.200,00	15.600,00
3. Der Geschäftsinhaber entnimmt der Kasse f. d. Haushalt		400,00	500,00
4. Ein Kunde überweist auf Postbankkonto		1.930,00	2.140,00
5. Wir kaufen Waren auf Ziel		3.260,00	4.780,00
6. Wir zahlen Lohn durch Banküberweisung		2.450,00	2.510,00
7. Der Inhaber überweist vom Postbankkonto für			
Hausratversicherung		175,00	190,00
Wohnhausrenovierung (Malerrechnung)		1.420,00	1.450,00
8. Banküberweisung für einen Werbeauftrag		440,00	460,00
9. Bankgutschrift für eine weitere Hypothek		8.000,00	10.000,00
10. Wir kaufen Reinigungsmaterial gegen Bankscheck		80,00	90,00
11. Provisionseingang auf Postbankkonto		4.300,00	2.800,00
12. Der Inhaber zahlt eine Erbschaft auf Bankkonto ein		30.000,00	20.000,00

Abschlussangabe: Die Buchwerte stimmen mit den Inventurbeständen überein.

15 Die Wege der Erfolgsermittlung

Eine der wichtigsten Aufgaben der Buchführung besteht darin, den Erfolg (Gewinn oder Verlust) einer Rechnungsperiode (eines Geschäftsjahres) festzustellen. Dies lässt sich auf zwei Arten durchführen: einmal durch einen Aufwands- und Ertragsvergleich, zum anderen durch einen Kapitalvergleich.

15.1 Erfolgsermittlung durch Aufwands- und Ertragsvergleich

Viele Geschäftsvorfälle bewirken nicht nur eine Umschichtung von Bilanzposten, sondern auch eine Veränderung des Eigenkapitals (Rein- oder Betriebsvermögens).

Wir haben den Werteverzehr durch den Betrieb als **Aufwand** bezeichnet (z. B. Aufwendungen für Waren, Löhne, Gehälter, Betriebsteuern, Werbung und Verwaltung). **Aufwendungen vermindern das Eigenkapital.**

Einen Wertezufluss in den Betrieb haben wir **Ertrag** genannt (z. B. Umsatzerlöse, Miet-, Zins- und Provisionserträge). **Erträge erhöhen das Eigenkapital.**

656054

Der Erfolg lässt sich durch eine Gegenüberstellung von Aufwendungen und Erträgen ermitteln. Der Erfolg kann positiv (ein Gewinn) oder negativ (ein Verlust) sein.

S	Eigenkapital A	H
Aufwendungen 150.000,00		
	Anfangsbestand 400.000,00	
Schlussbestand 500.000,00		
	Erträge 250.000,00	
650.000,00	650.000,00	

S	Eigenkapital B	H
Aufwendungen 150.000,00		
	Anfangsbestand 400.000,00	
Schlussbestand 350.000,00		
	Erträge 100.000,00	
500.000,00	500.000,00	

Aufwands-Ertrags-Vergleich

Erträge	....	250.000,00
− Aufwendungen	....	150.000,00
= Gewinn	....	100.000,00

Aufwands-Ertrags-Vergleich

Aufwendungen	....	150.000,00
− Erträge	....	100.000,00
= Verlust	....	50.000,00

Erträge > Aufwendungen = Gewinn
Erträge < Aufwendungen = Verlust

15.2 Erfolgsermittlung durch Kapitalvergleich

Ein Kapitalvergleich, bei dem das Eigenkapital am Ende des Geschäftsjahres dem Eigenkapital am Anfang des Geschäftsjahres gegenübergestellt wird, führt zu demselben Ergebnis wie der Aufwands- und Ertragsvergleich.

Kapitalvergleich <u>ohne</u> private Entnahmen und Einlagen

	A	B
Eigenkapital am Ende des Geschäftsjahres	500.000,00	350.000,00
− Eigenkapital am Anfang des Geschäftsjahres	400.000,00	400.000,00
= Erfolg = Kapitalmehrung bzw. Kapitalminderung	100.000,00	50.000,00
Gewinn	100.000,00	
Verlust		50.000,00

Die Kapitalmehrung bei A bzw. die Kapitalminderung bei B kann nur dann als Gewinn bzw. Verlust des Unternehmens angesehen werden, wenn keine privaten Geschäftsvorfälle über den Betrieb abgewickelt worden sind.

Falls im Laufe des Geschäftsjahres jedoch auch **private Entnahmen** und/oder **Einlagen** gebucht wurden, dann haben sie sich auf das Eigenkapitalkonto ausgewirkt; denn Privatentnahmen mindern das Eigenkapital und Privateinlagen erhöhen es. Der Erfolg kann in diesem Falle nur ermittelt werden, wenn die Auswirkungen der privaten Entnahmen und Einlagen auf das Eigenkapital rückgängig gemacht werden. Das heißt:

- Private Entnahmen vermindern zwar das Eigenkapital,
  stellen aber keinen betrieblichen Werteverzehr dar;
  sie müssen der Kapitalveränderung zugezählt werden.

- Private Einlagen erhöhen zwar das Eigenkapital,
  sind aber kein betrieblicher Wertezufluss;
  sie müssen von der Kapitalveränderung abgezogen werden.

Kapitalvergleich mit privaten Entnahmen und Einlagen

S	Eigenkapital A	H
Aufwendungen 150.000,00		
P.-Entn. 36.000,00	Anfangsbestand 400.000,00	
Schlussbestand 514.000,00		
	Erträge 250.000,00	
	P.-Einl. 50.000,00	
700.000,00	**700.000,00**	

S	Eigenkapital B	H
Aufwendungen 150.000,00		
P.-Entn. 20.000,00	Anfangsbestand 400.000,00	
Schlussbestand 370.000,00		
	Erträge 100.000,00	
	P.-Einl. 40.000,00	
540.000,00	**540.000,00**	

Kapital am Jahresende ...	514.000,00
− Kapital am Jahresanfang..	400.000,00
= **Kapitalmehrung**	**114.000,00**
+ Privatentnahmen	+ 36.000,00
	+ 150.000,00
− Privateinlagen	− 50.000,00
= **Gewinn**	**100.000,00**

Kapital am Jahresende	370.000,00
− Kapital am Jahresanfang .	400.000,00
= **Kapitalminderung**	− **30.000,00**
+ Privatentnahmen	+ 20.000,00
	− 10.000,00
− Privateinlagen	− 40.000,00
= **Verlust**	**50.000,00**

Privatentnahmen:	bei Kapitalmehrung und Kapitalminderung = zuzählen
Privateinlagen:	bei Kapitalmehrung und Kapitalminderung = abziehen

656056

Die Erfolgsermittlung durch Kapitalvergleich wird im Steuerrecht (§ 5 EStG) „Gewinnermittlung durch Betriebsvermögensvergleich" genannt. Eine Erfolgsermittlung unter Berücksichtigung von Privatentnahmen und Einlagen kann nur bei Einzelunternehmen und Personengesellschaften durchgeführt werden; denn bei Kapitalgesellschaften (AG, GmbH) gibt es keine privaten Geschäftsvorgänge.

> Gewinn ist der Unterschied zwischen dem Eigenkapital am Ende und am Anfang des Geschäftsjahres, vermehrt um die Privatentnahmen und verringert um die Privateinlagen.

1
2
Tragen Sie die folgenden Beträge in ein Eigenkapitalkonto ein und schließen Sie es ab.

	1	2
Anfangsbestand	200.000,00	300.000,00
Aufwendungen	120.000,00	160.000,00
Erträge	180.000,00	140.000,00
Privatentnahmen	45.000,00	40.000,00
Privateinlagen	20.000,00	35.000,00

Ermitteln Sie den Geschäftserfolg (Gewinn oder Verlust) durch einen Aufwands- und Ertragsvergleich sowie durch einen Kapitalvergleich.

3
4
Anfangsbestände:

	3	4		3	4
Gebäude	80.000,00	90.000,00	Kasse	1.000,00	1.200,00
Geschäftsausst.	25.000,00	30.000,00	Bankguthaben	26.000,00	30.000,00
Waren	32.000,00	35.000,00	Eigenkapital	?	?
Forderungen	12.000,00	14.000,00	Verbindlichk.	42.000,00	45.000,00

Kontenplan:

Eröffnungsbilanzkonto, Gebäude, Geschäftsausstattung, Waren, Forderungen, Kasse, Bank, Verbindlichkeiten, Mieterträge, Instandhaltung, Gehälter, Grundsteuer, Gewinn und Verlust, Privat, Eigenkapital, Schlussbilanzkonto.

Geschäftsvorfälle:

	3	4
1. Wareneinkauf auf Ziel	4.500,00	5.000,00
2. Barabhebung bei der Bank	4.000,00	4.500,00
3. Banküberweisung für Reparatur des Monitors	420,00	460,00
für Kfz-Inspektion (Inhaber)	180,00	200,00
4. Privatentnahme bar	1.500,00	1.800,00
5. Banküberweisung für Gehalt	2.400,00	2.700,00
6. Banküberweisung der Grundsteuer	300,00	320,00
der Miete für die Privatwohnung	800,00	850,00
7. Mieteinnahmen durch Bankscheck	5.000,00	3.000,00
8. Banküberweisung von Kunden	4.100,00	4.700,00

Aufgaben:

1. Eröffnen Sie die Bestandskonten über das Eröffnungsbilanzkonto, bilden Sie die Buchungssätze, buchen Sie auf den Bestands- und Erfolgskonten (Reihenfolge wie im Kontenplan angegeben) und schließen Sie die Konten ab (Buchwerte entsprechen den Inventurbeständen).
2. Ermitteln Sie den Erfolg durch einen Aufwands- und Ertragsvergleich sowie durch einen Kapitalvergleich.

---

16   Die Konten des Warenverkehrs

Die Hauptaufgabe eines Einzelhandelsbetriebes besteht im Ein- und Verkauf von Waren. Daher muss der Gewinn des Unternehmens in erster Linie aus dieser Tätigkeit herrühren.

Bislang wurden die Waren immer zum Einkaufspreis verkauft. Deshalb konnte aus den Warengeschäften weder Gewinn noch Verlust entstehen. In Wirklichkeit schlägt der Händler dem Einkaufspreis die Kosten des Einkaufs, der Lagerung und des Verkaufs hinzu, rechnet eine angemessene Verzinsung seines Kapitals ein und versucht einen Verkaufspreis zu erzielen, der ihm außerdem noch einen Gewinn einbringt. Der Verkaufspreis liegt höher als der Einkaufspreis. Es kommt allerdings auch vor, dass Waren in besonderen Fällen mit Verlust verkauft werden müssen.

Wollte man die eingekauften Waren zum Einkaufspreis und die verkauften Waren zum Verkaufspreis auf unserem bisherigen Warenkonto verrechnen, so würde dieses Konto wegen der unterschiedlichen Preise unübersichtlich.

Daher bucht man die Einkäufe in einem Konto „Aufwendungen für Waren", die Verkäufe in einem Konto „Umsatzerlöse für Waren". Beide Konten sind Erfolgskonten. Das Konto „Aufwendungen für Waren" (Aufwandskonto) zeigt den Verkehr mit unseren Lieferanten, das Konto „Umsatzerlöse für Waren" (Ertragskonto) den Verkehr mit unseren Kunden.

16.1   Wareneinkauf als Aufwand

Auf die Sollseite des Kontos „Aufwendungen für Waren" kommen die Einkäufe zu Einkaufspreisen (EP). Die Habenseite bleibt vorerst frei.

Ein Einzelhändler bezieht von einem Großhändler Waren auf Ziel (EP) .. 4.000,00 DM

Buchung: **Aufwendungen für Waren** **4.000,00**
            an **Verbindlichkeiten** **4.000,00**

S	Aufwendungen für Waren	H	S	Verbindlichkeiten	H
	4.000,00				4.000,00

16.2   Warenverkauf als Ertrag

Auf die Habenseite des Kontos „Umsatzerlöse für Waren" kommen die Verkäufe zu Verkaufspreisen (VP). Die Sollseite bleibt zunächst frei.

Der Einzelhändler verkauft die Waren an einen Kunden auf Ziel (VP) ... 5.000,00 DM

Buchung: **Forderungen** **5.000,00**
            an **Umsatzerlöse für Waren** **5.000,00**

S	Forderungen	H	S	Umsatzerlöse für Waren	H
	5.000,00				5.000,00

Der Warenverkehr wird in zwei Erfolgskonten erfasst:

1. im Konto Aufwendungen für Waren (Aufwandskonto) zu EP, es enthält den Warenverkehr mit den Lieferanten;

2. im Konto Umsatzerlöse für Waren (Ertragskonto) zu VP, es enthält den Warenverkehr mit den Kunden.

656058

16.3 Abschluss der Warenkonten

Will man feststellen, ob bei den Warengeschäften ein Gewinn erzielt wurde oder ein Verlust entstanden ist, so muss man die Warenkonten abschließen. Dies geschieht meist am Ende des Geschäftsjahres.

Abschluss der Warenkonten <u>ohne</u> Warenbestände

Wareneinkäufe zu	(EP)	300.000,00 DM
Die gesamten Waren wurden verkauft zu	(VP)	360.000,00 DM

Beim Abschluss werden **die verkauften Waren** zum Einkaufspreis **dem Gewinn- und Verlustkonto belastet** und **dem Konto „Aufwendungen für Waren" gutgeschrieben. Die** Verkaufspreise der **verkauften Waren belastet man dem Konto „Umsatzerlöse für Waren"** und **schreibt sie dem Gewinn- und Verlustkonto gut.**

Buchungen: Gewinn und Verlust 300.000,00
              an Aufwendungen für Waren 300.000,00

              Umsatzerlöse für Waren 360.000,00
              an Gewinn und Verlust 360.000,00

S	Aufwendungen für Waren		H		S	Umsatzerlöse für Waren		H
(EP)	300.000,00	GuV	300.000,00		GuV	360.000,00	(VP)	360.000,00
	300.000,00		300.000,00			360.000,00		360.000,00

S	Gewinn- und Verlustkonto		H
AfW	300.000,00	UfW	360.000,00
Rohgew.	60.000,00		
	360.000,00		360.000,00

Auf dem Gewinn- und Verlustkonto stehen jetzt den **verkauften Waren zu Verkaufspreisen die verkauften Waren zu Einkaufspreisen** (Wareneinsatz) gegenüber. Der **Saldo** ist das **Ergebnis** des Warengeschäftes (360.000,00 DM − 300.000,00 DM = 60.000,00 DM). Den Gewinn von 60.000,00 DM bezeichnet man als **Warenrohgewinn.** Ein Reingewinn liegt erst vor, wenn nach Abzug der Kosten des Einkaufs, der Lagerung und des Verkaufs noch ein restlicher Gewinn vorhanden ist!

Abschluss der Warenkonten <u>mit</u> Warenbeständen

Bislang sind wir davon ausgegangen, dass im Abrechnungszeitraum kein Anfangsbestand an Waren vorhanden war und gleiche Warenmengen eingekauft und verkauft wurden. In der Praxis haben alle Handelsbetriebe **Warenbestände.** Diese **Bestände werden in dem aktiven Bestandskonto „Warenbestände" geführt.** Sie werden durch Inventur ermittelt.

Anfangsbestand und Endbestand dieses Kontos weichen meist voneinander ab. Ist der **Endbestand** an Waren **größer als der Anfangsbestand,** so sind **mehr Waren eingekauft als verkauft** worden. Es liegt ein **Mehrbestand** vor.

Warenanfangsbestand laut Inventur	(EP)	30.000,00 DM	Wareneinkäufe (EP)	440.000,00 DM
Warenendbestand laut Inventur	(EP)	40.000,00 DM	Warenverkäufe (VP)	500.000,00 DM

Aus dem Vergleich zwischen Anfangs- und Endbestand der Waren ergibt sich ein **Mehrbestand.** Es sind demnach mehr Waren eingekauft als verkauft worden. Würde dieser Mehrbestand nicht berücksichtigt, dann enthielte das Gewinn- und Verlustkonto im Soll die Aufwendungen für die größere Einkaufsmenge, während im Haben die Umsatzerlöse für die kleinere Verkaufsmenge stünden.

Zur Berichtigung des Ergebnisses muss daher der **Mehrbestand** von 10.000,00 DM **im Haben** des Kontos **Aufwendungen für Waren berücksichtigt werden** durch die

Vorb. Abschlussbuchung: Warenbestände 10.000,00
an Aufwendungen für Waren 10.000,00

Für die Übertragung des Warenbestandes lautet die

Abschlussbuchung: Schlussbilanzkonto 40.000,00
an Warenbestände 40.000,00

Die Salden der Konten Aufwendungen für Waren und Umsatzerlöse für Waren werden wie bisher über das Gewinn- und Verlustkonto abgeschlossen.

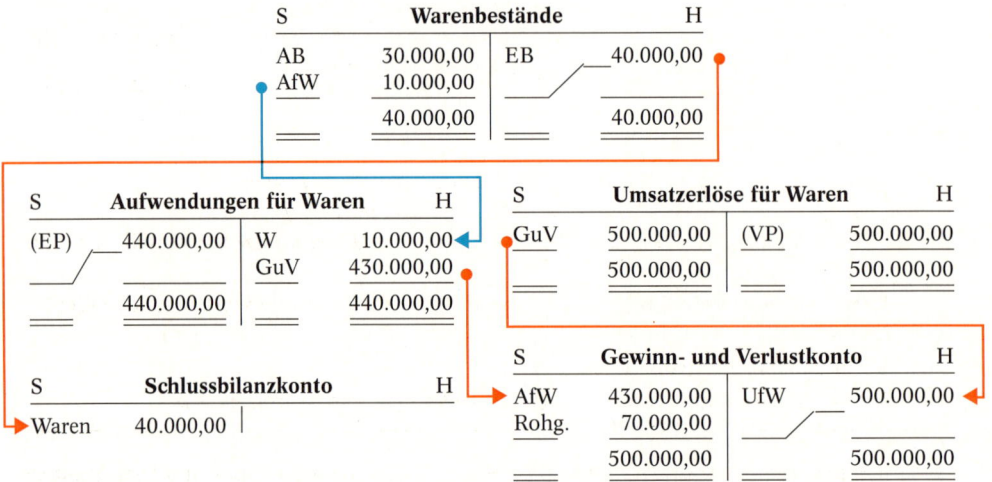

Stellt sich bei der Inventur des Warenbestandes heraus, dass der Endbestand kleiner als der Anfangsbestand ist, so liegt ein **Minderbestand** vor. Es sind mehr Waren verkauft als eingekauft worden. Das ist nur zulasten des Lagerbestandes möglich, der zu Beginn des Jahres vorhanden war. Auch hier muss eine Berichtigung vorgenommen werden.

Für den Minderbestand lautet die

Vorb. Abschlussbuchung: Aufwendungen für Waren an Warenbestände

> Warenendbestand größer als Anfangsbestand = Mehrbestand
> Warenendbestand kleiner als Anfangsbestand = Minderbestand
>
> Die Umbuchungen der Bestandsveränderungen werden auf das Konto Aufwendungen für Waren wie folgt vorgenommen:
> bei Mehrbestand: Warenbestände   an Aufwendungen für Waren
> bei Minderbestand: Aufwendungen für Waren   an Warenbestände
>
> Wareneinsatz und Umsatzerlöse werden auf das Gewinn- und Verlustkonto übertragen.
>
> Der Warenendbestand wird über das SBK abgeschlossen.

Diesen Abschluss der Warenkonten **bezeichnet man als Bruttoabschluss,** weil im **Gewinn- und Verlustkonto** sowohl der **Wareneinsatz (Soll)** als auch die **Umsatzerlöse (Haben)** ausgewiesen werden, ohne dass sie gegeneinander verrechnet werden. Das Nettoergebnis des Warenrohgewinns kann man nur durch eine Nebenrechnung ermitteln:

Umsatzerlöse − Wareneinsatz = Warenrohgewinn

656060

Das **Verhältnis zwischen Wareneinsatz und Rohgewinn ist** für den Kaufmann aufschlussreich, es kennzeichnet **die Wirtschaftlichkeit des Warengeschäftes.**
1. Jahr: Wareneinsatz   750.000,00; Verkaufserlöse   825.000,00; Rohgewinn 75.000,00
2. Jahr: Wareneinsatz   800.000,00; Verkaufserlöse   880.000,00; Rohgewinn 80.000,00
3. Jahr: Wareneinsatz 1.000.000,00; Verkaufserlöse 1.075.000,00; Rohgewinn 75.000,00
Während in den beiden ersten Jahren der Rohgewinn 10 % des Wareneinsatzes beträgt, macht er im 3. Jahr nur 7,5 % aus und ist damit ungünstiger.

1 Stellen Sie die folgenden Angaben in den entsprechenden Konten dar. Ermitteln Sie mithilfe des Gewinn- und Verlustkontos den Rohgewinn/-verlust.

Warenanfangsbestand	60.000,00	30.000,00	50.000,00	45.000,00
Warenendbestand	80.000,00	20.000,00	30.000,00	55.000,00
Wareneinkäufe	820.000,00	760.000,00	680.000,00	530.000,00
Warenverkäufe	900.000,00	850.000,00	690.000,00	525.000,00

2 **Fragen:**

1. Wo erscheint bei der Eröffnung der Konten der Warenbestand?

2. Welche Vorgänge werden auf den Warenkonten gebucht?
Geben Sie auch an, auf welchen Seiten der Konten gebucht wird und zu welchen Preisen.

3. Welcher Wert muss Ihnen bekannt sein, bevor Sie die Warenkonten abschließen können?

4. Wie berechnen Sie den Wareneinsatz?

5. Nennen Sie die Buchungssätze für den Abschluss der Warenkonten.

Stellen Sie in den folgenden Aufgaben die Warenkonten, das Gewinn- und Verlustkonto sowie das Schlussbilanzkonto dar. Ermitteln Sie das Rohergebnis.

3
Anfangsbestand	(EP)	12.500,00 DM
Einkäufe	(EP)	147.500,00 DM
Endbestand laut Inventur	(EP)	10.000,00 DM
Verkäufe	(VP)	165.000,00 DM

4
Anfangsbestand	(EP)	8.900,00 DM
Einkäufe	(EP)	87.400,00 DM
Endbestand laut Inventur	(EP)	11.300,00 DM
Verkäufe	(VP)	89.500,00 DM

5
Anfangsbestand .... 500 Packungen ⎫
Einkäufe .... 900 Packungen ⎬ .... je   4,00 DM
Endbestand laut Inventur 400 Packungen ⎭
Verkaufspreis je Packung ....   4,80 DM

6
Anfangsbestand .... 1 300 m ⎫
Einkäufe .... 6 200 m ⎬ .... je   1,50 DM
Endbestand laut Inventur 1 500 m ⎭
Verkaufspreis je m ....   1,45 DM

7

Anfangsbestand	Einkäufe	Verkäufe	Endbestand
28.000,00 DM			
	1. 10.000,00 DM		
		2. 2.400,00 DM	
		3. 9.600,00 DM	
	4. 8.000,00 DM		
		5. 14.000,00 DM	
	6. 14.000,00 DM		
		7. 18.000,00 DM	
			23.000,00 DM

8

Anfangsbestand	450 Stück zu 1.350,00 DM	Verkauf zu 1.500,00 DM
Einkauf	800 Stück zu 2.400,00 DM	Verkauf zu 3.000,00 DM
Einkauf	1 200 Stück zu 3.480,00 DM	Verkauf zu 3.360,00 DM
Einkauf	1 750 Stück zu 4.900,00 DM	Verkauf zu 4.800,00 DM
Einkauf	550 Stück zu 1.650,00 DM	noch nicht verkauft.

9   Stellen Sie bei den Aufg. 3 bis 8 fest, ob aus den Warengeschäften ein Reingewinn entstanden ist, wenn die folgenden Aufwendungen noch zu berücksichtigen sind.

Aufg. 3: 7.600,00 DM Aufwendungen   Aufg. 6:   900,00 DM Aufwendungen
Aufg. 4: 2.800,00 DM Aufwendungen   Aufg. 7: 3.400,00 DM Aufwendungen
Aufg. 5: 1.700,00 DM Aufwendungen   Aufg. 8: 1.800,00 DM Aufwendungen

10   **Anfangsbestände:**

Ladenausstattung	13.200,00	Eigenkapital	23.530,00
Waren	17.900,00	Bankschulden	1.300,00
Forderungen	1.200,00	Verbindlichkeiten	9.200,00
Kasse	1.730,00		

Aufwandskonten: Aufwendungen für Waren, Gehälter, Miete, Büromaterial, Post und Telekommunikation, Betriebliche Steuern

Ertragskonto: Umsatzerlöse für Waren

Geschäftsvorfälle:

1. Wir kaufen Waren auf Ziel 520,00
2. Wir zahlen Steuern durch Banküberweisung 360,00
3. Tageslosung (Barverkäufe von Waren) 10.200,00
4. Die Verkäuferin erhält einen Vorschuss auf ihr Gehalt bar 2.210,00
5. Wir zahlen an Lieferer durch Banküberweisung 8.340,00
6. Büromaterial wird bar gekauft 60,00
7. Tageslosung 6.580,00
8. Wir zahlen bei der Bank bar ein 13.000,00
9. Wir überweisen für Miete durch die Bank 850,00
10. Postwertzeichen werden bar gezahlt 130,00
11. Ein Kunde zahlt bar 240,00
12. Tageslosung 7.030,00

Abschlussangabe: Der gesamte Warenbestand wurde verkauft.

656062

11 **Anfangsbestände:**

Bankguthaben	6.580,00	Hypothekenschuld	25.000,00
Gebäude	81.600,00	Kasse	1.240,00
Eigenkapital	74.300,00	Ladenausstattung	8.200,00
Forderungen	370,00	Verbindlichkeiten	5.940,00
		Waren	7.250,00

Legen Sie die erforderlichen Konten an.

Geschäftsvorfälle:

1. Wareneinkäufe auf Ziel	700,00	
gegen Bankscheck	250,00	
bar	70,00	1.020,00
2. Gehaltszahlung durch Banküberweisung		2.730,00
3. Banküberweisung für Stromrechnung		150,00
4. Barkauf von Büromaterial		42,00
5. Tageslosung		3.645,00
6. Bareinzahlung bei der Bank		1.400,00
7. Banküberweisung an einen Lieferer		2.610,00
8. Banküberweisung eines Kunden		190,00
9. Barzahlung einer Werbeanzeige		120,00
10. Banküberweisung für Hypothekentilgung		1.000,00
11. Tageslosung		2.460,00

Abschlussangabe: Warenbestand laut Inventur 5.380,00

---

12 **Anfangsbestände:**

Bankschulden	20.300,00	Kasse	1.500,00
Darlehnsschulden	12.000,00	Ladenausstattung	32.000,00
Eigenkapital	53.000,00	Postbankguthaben	4.300,00
Forderungen	26.700,00	Verbindlichkeiten	30.600,00
		Waren	51.400,00

Geschäftsvorfälle:

1. Banküberweisung für Darlehnsrückzahlung	6.000,00
2. Banküberweisung eines Kunden	9.450,00
3. Tageslosung	5.320,00
4. Postbankbelastung für Telekom-Rechnung	470,00
5. Wareneinkauf gegen Bankscheck	4.090,00
6. Barzahlung eines Kunden	3.740,00
7. Bareinzahlung auf Bankkonto	8.000,00
8. Banküberweisung für Miete	980,00
9. Lohnzahlung bar an Aushilfskräfte	1.560,00
10. Banküberweisung an Lieferer	4.110,00
11. Wareneinkauf auf Ziel	8.160,00
12. Tageslosung	7.050,00
13. Privatentnahme bar	600,00
14. Postbanküberweisung an Lieferer	3.320,00
15. Postbanküberweisung für Betriebsteuern	890,00
16. Warenverkauf auf Ziel	6.500,00

Abschlussangabe: Warenbestand laut Inventur 47.650,00

17   Das Wesen der Umsatzsteuer (Mehrwertsteuer)

Zur Durchführung seiner Aufgaben benötigt der Staat Einnahmen. Seine Haupteinnahmequellen sind die Steuern. Eine Steuer mit einem besonders hohen Steueraufkommen ist die **Umsatzsteuer.**

Der Umsatzsteuer unterliegen die **Lieferungen** und sonstigen **Leistungen,** die ein Unternehmer im Erhebungsgebiet gegen Entgelt im Rahmen seines Unternehmens ausführt, der **Eigenverbrauch** und die **Wareneinfuhr** aus dem Ausland (z. B. USA, Schweiz) sowie der gewerbliche Erwerb von Waren aus Ländern der Europäischen Union (innergemeinschaftlicher Erwerb). Für Lieferungen und Leistungen unter Privatleuten entfällt daher die Umsatzsteuerpflicht.

Die Umsatzsteuer muss jedes Unternehmen selbst berechnen. Für die Berechnung der Umsatzsteuer benötigt man die Bemessungsgrundlage und den Steuersatz.

Die **Bemessungsgrundlage** bei allen Warenumsätzen ist der Nettowarenwert. Der **Steuersatz** wird vom Gesetzgeber festgelegt. Der allgemeine Steuersatz beträgt zurzeit 16 %. Daneben gibt es für bestimmte Umsätze den ermäßigten Steuersatz von zurzeit 7 %. Der ermäßigte Steuersatz gilt z. B. für Grundnahrungsmittel, Bücher und Zeitschriften. Einige Umsatzarten sind steuerfrei. Dazu zählen: Ausfuhrlieferungen und Kreditgewährungen.

Nettowarenwert	(= Bemessungsgrundlage)	1.000,00 DM	100 %
16 % Umsatzsteuer	(= Steuersatz)	160,00 DM	16 %
Bruttowarenwert		1.160,00 DM	116 %

Die Besteuerung des Mehrwertes

Die Umsatzsteuer wird heute vom **Mehrwert** erhoben.

Ein Möbelhändler bezieht einen Sessel zum Nettoeinkaufspreis von 1.500,00 DM und kann ihn zum Nettopreis von 2.000,00 DM verkaufen. Der Steuersatz beträgt 16 %.

Nettoeinkaufspreis	1.500,00 DM
Mehrwert	500,00 DM ▶ 16 % Umsatzsteuer = 80,00 DM
Nettoverkaufspreis	2.000,00 DM

Der Einzelhändler schlägt dem Nettoeinkaufspreis die Kosten des Einkaufs, der Lagerung und des Verkaufs sowie seinen Gewinn hinzu und erzielt damit einen Mehrwert, aus dem die Umsatzsteuer berechnet wird, die an das Finanzamt zu zahlen ist.

$$\text{Mehrwert} = \text{Verkaufspreis} - \text{Einkaufspreis}$$

$$\text{Umsatzsteuer} = \frac{\text{Mehrwert} \cdot \text{Steuersatz}}{100}$$

1   Berechnen Sie aus den folgenden Angaben den Mehrwert und die Umsatzsteuer:

Nettoverkaufspreis	3.200,00 DM	Nettoverkaufspreis	7.600,00 DM
Nettoeinkaufspreis	2.900,00 DM	Nettoeinkaufspreis	6.100,00 DM
Steuersatz	16 %	Steuersatz	7 %
Umsatzsteuer	? DM	Umsatzsteuer	? DM
Nettoeinkaufspreis	2.700,00 DM	Nettoeinkaufspreis	1.450,00 DM
Kostenzuschlag	300,00 DM	Kostenzuschlag	350,00 DM
Gewinn	500,00 DM	Verlust	200,00 DM
Nettoverkaufspreis	? DM	Nettoverkaufspreis	? DM
Steuersatz	16 %	Steuersatz	16 %
Umsatzsteuer	? DM	Umsatzsteuer	? DM

656064

Der Mehrwert einer Ware lässt sich nicht von vornherein aus dem Einkaufspreis berechnen, da er auch vom Verkaufspreis abhängt, den der Kaufmann tatsächlich erzielt hat. Daher berechnet man den Mehrwert und die sich daraus ergebende Umsatzsteuer, indem man den Nettobetrag der Eingangsrechnung für den Einkauf der Ware mit dem Nettobetrag der Ausgangsrechnung für den Verkauf der Ware vergleicht.

Die folgenden Belege des Einrichtungshauses Graf, Leipzig, verdeutlichen diesen Zusammenhang.

Beleg 1:

Design MÖBEL Werfel

Vredener Straße 40 • 48703 Stadtlohn
Telefon und Telefax: (0 25 63) 12 55 99

Design-Möbel Werfel • Vredener Str. 40 • 48703 Stadtlohn

Einrichtungshaus Graf
Feuerbachstraße 67

04105 Leipzig

Eingang:
..-01-14

Ihr Zeichen,
Ihre Nachricht vom
..-01-07

Unser Zeichen,
unsere Nachricht vom

Datum
..-01-12

Rechnung Nr. 342/2007

Wir lieferten Ihnen „frei Ausstellungsraum"

1 Fernsehsessel „Stressless" zum Nettopreis von	1.500,00 DM
16 % Umsatzsteuer	240,00 DM
	1.740,00 DM

Zahlbar innerhalb von 30 Tagen rein netto.

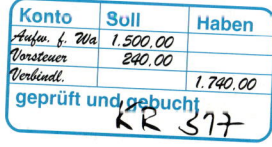

Konto	Soll	Haben
Aufw. f. Wa	1.500,00	
Vorsteuer	240,00	
Verbindl.		1.740,00
geprüft und gebucht		

KR 377

Bankverbindung: Deutsche Bank Stadtlohn · Konto-Nr. 347 682 24 · BLZ: 403 700 79

Beleg 2:

Einrichtungshaus

GRAF

**Feuerbachstraße 67
04105 Leipzig**

Telefon: (03 41) 81 11 55
Telefax: (03 41) 81 11 58

Einrichtungshaus Graf, Feuerbachstr. 67, 04105 Leipzig

Seniorenheim Selbsthilfe e. V.
Waldstraße 34

04105 Leipzig

Ihr Zeichen, Ihre Nachricht vom	Unser Zeichen, unsere Nachricht vom	Datum
..-01-17		..-01-25

Konto	Soll	Haben
Forderungen	2.320,00	
Umsatzerlöse		2.000,00
USt		320,00

geprüft und gebucht

DB 144

Rechnung Nr. SM/177

Sie erhielten „frei Haus"

    1 Fernsehsessel „Stressless"
    zum Nettopreis von   2.000,00 DM
    16 % Umsatzsteuer   320,00 DM

                          2.320,00 DM

Zahlbar sofort nach Erhalt.

Deutsche Bank Leipzig
Konto-Nr.: 863 541 02
BLZ: 860 700 00

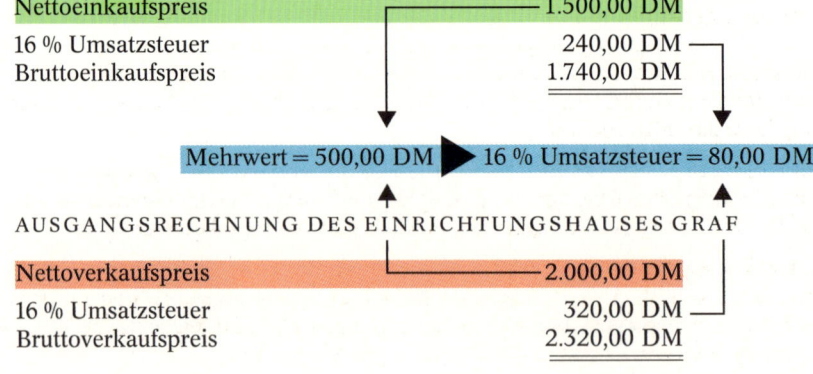

EINGANGSRECHNUNG DES EINRICHTUNGSHAUSES GRAF

Nettoeinkaufspreis — 1.500,00 DM

16 % Umsatzsteuer   240,00 DM
Bruttoeinkaufspreis   1.740,00 DM

Mehrwert = 500,00 DM ▶ 16 % Umsatzsteuer = 80,00 DM

AUSGANGSRECHNUNG DES EINRICHTUNGSHAUSES GRAF

Nettoverkaufspreis — 2.000,00 DM

16 % Umsatzsteuer   320,00 DM
Bruttoverkaufspreis   2.320,00 DM

656066

Der gesonderte Ausweis der Umsatzsteuer in der Eingangs- und Ausgangsrechnung macht es überflüssig, die Umsatzsteuer über den Mehrwert der verkauften Waren zu berechnen. Zum gleichen Ergebnis kommt man, wenn man von der Umsatzsteuer der Ausgangsrechnung die Umsatzsteuer der Eingangsrechnung abzieht.

Zahllast. Die in der Ausgangsrechnung ausgewiesene Umsatzsteuer von 320,00 DM ist eine Verbindlichkeit gegenüber dem Finanzamt, die der Unternehmer nicht in voller Höhe abzuführen hat. Er kann den in der Eingangsrechnung aufgeführten Steuerbetrag von 240,00 DM (= Forderung gegenüber dem Finanzamt) abziehen. Er hat demnach nur die Differenz zwischen der Umsatzsteuer der Ausgangs- und der Eingangsrechnung zu bezahlen = 80,00 DM. Dieser Betrag ist seine Zahllast.

> Umsatzsteuer – Vorsteuer = Zahllast
> Die Steuer in der Eingangsrechnung ist die Vorsteuer.
> Die Steuer in der Ausgangsrechnung ist die Umsatzsteuer.
> Die Differenz zwischen Umsatzsteuer und Vorsteuer ist die Zahllast.

2 Berechnen Sie die jeweils fehlenden Größen.

Nettopreis	? DM	Nettopreis	? DM	Nettopreis	? DM
7 % USt	1,40 DM	16 % USt	8,00 DM	7 % USt	42,00 DM
Bruttopreis	? DM	Bruttopreis	? DM	Bruttopreis	? DM

Nettopreis	250,00 DM	Nettopreis	? DM	Nettopreis	? DM
16 % USt	? DM	7 % USt	? DM	16 % USt	? DM
Bruttopreis	? DM	Bruttopreis	12,84 DM	Bruttopreis	232,00 DM

In der Praxis des Einzelhandels verwendet man für die Berechnung der Umsatzsteuer einen **Multiplikator** bzw. einen **Divisor**. Will man die ermäßigte Umsatzsteuer aus dem Bruttopreis ermitteln, so multipliziert man ihn mit dem Multiplikator 0,06542. Beim allgemeinen Steuersatz verwendet man den Multiplikator 0,13793.

Aus dem Bruttopreis lässt sich die Umsatzsteuer durch den Divisor 15,2857 (ermäßigter Steuersatz) bzw. 7,25 (allgemeiner Steuersatz) herausrechnen.

3 Überprüfen Sie die Richtigkeit dieses Verfahrens anhand der Lösungen zur Aufgabe 2.

Die Steuerschuld entsteht mit Ablauf des Voranmeldezeitraums (Monat oder Quartal), in dem die Leistung ausgeführt wird, unabhängig davon, wann gezahlt wird. Die Umsatzsteuer wird von den vereinbarten Entgelten erhoben (Sollbesteuerung). Werden die vereinbarten Entgelte durch Entgeltsminderungen wie Nachlässe oder Skonti nachträglich verändert, so kann die Änderung der Bemessungsgrundlage erst zum Zeitpunkt der Änderung berücksichtigt werden.

Für die meisten Unternehmen ist der Kalendermonat der Voranmeldezeitraum. Die Steuerbeträge aller Eingangs- und Ausgangsrechnungen eines Voranmeldezeitraums sind für die Ermittlung der Vorsteuer und der Umsatzsteuer maßgebend.

Unter Eingangsrechnungen sind nicht nur die Rechnungen über Wareneinkäufe zu verstehen, sondern auch über sonstige Lieferungen und Leistungen. Zu den Ausgangsrechnungen zählen neben den Warenverkaufsrechnungen auch die für sonstige Lieferungen und Leistungen, die den Kunden in Rechnung gestellt wurden.

Eingangs- und Ausgangsrechnungen für den Monat März
ER, netto   75.000,00 DM, 16 % Vorsteuer 12.000,00 DM, brutto   87.000,00 DM
AR, netto 100.000,00 DM, 16 % USt   16.000,00 DM, brutto 116.000,00 DM

Die **Umsatzsteuervoranmeldung** für den Monat März sieht vereinfacht so aus:

	Umsatzsteuer	März	16.000,00 DM
−	Vorsteuer	März	12.000,00 DM
=	Zahllast	März	4.000,00 DM

Die Zahllast ist bis zum 10. des folgenden Monats an das Finanzamt abzuführen.

Berechnen Sie die Zahllast.

4   AUSGANGSRECHNUNGEN:
Steuerpflichtiger Umsatz 250.000,00 DM zum allgemeinen Steuersatz
EINGANGSRECHNUNGEN:
Steuerpflichtiger Umsatz 180.000,00 DM zum allgemeinen Steuersatz

5   AUSGANGSRECHNUNGEN:
Steuerpflichtiger Umsatz zum allgemeinen Steuersatz   480.000,00 DM
Steuerpflichtiger Umsatz zum ermäßigten Steuersatz   120.000,00 DM
EINGANGSRECHNUNGEN:
Steuerpflichtiger Umsatz zum allgemeinen Steuersatz   340.000,00 DM
Steuerpflichtiger Umsatz zum ermäßigten Steuersatz   90.000,00 DM

6   Wie hoch war der steuerpflichtige Umsatz in den Ausgangsrechnungen, wenn im Voranmeldezeitraum 95.000,00 DM Vorsteuer geltend gemacht wurden, der allgemeine Steuersatz angewandt wurde und die Zahllast 49.000,00 DM betrug?

Die Umsatzsteuer ist eine **Verkehrsteuer.** Sie wird allein vom Letztverbraucher getragen; das ist in der Regel der Privatverbraucher (siehe Seite 70). Die Umsatzsteuer muss neben dem reinen Warenwert in allen Belegen gesondert ausgewiesen werden. Eine Ausnahme bilden nur die Kleinbetragsrechnungen, bei denen Nettowert und Umsatzsteuer den Betrag von (zz.) 200,00 DM nicht übersteigen. Diese Belege können den Nettowert und die Umsatzsteuer in einer Summe enthalten, müssen dann aber zusätzlich den angewendeten Steuersatz ausweisen.

Durchlaufender Posten. Der Unternehmer schlägt die Umsatzsteuer bei allen Ausgangsrechnungen dem Warenwert hinzu und erhält sie von seinem Kunden. Er selbst bezahlt seinen Lieferern die Vorsteuer der Eingangsrechnungen und dem Finanzamt die Zahllast. Daher ist die Umsatzsteuer erfolgsneutral.

Vorsteuer aus allen ER + Zahllast = Umsatzsteuer aus allen AR

Vorsteuerüberhang. In Ausnahmefällen kann die Vorsteuer eines Veranlagungszeitraumes höher sein als die Umsatzsteuer (z. B. bei Saisoneinkäufen). Dann hat das Unternehmen ein Guthaben beim Finanzamt. Dieser Betrag wird vom Finanzamt erstattet, soweit nicht eine Verrechnung mit Steuerschulden vorgenommen wird.

Netto- und Bruttobuchung. Der Unternehmer kann bei jedem steuerpflichtigen Umsatz Warenwert und Umsatzsteuer getrennt buchen (= Nettobuchung), oder er bucht den Rechnungsbetrag auf dem Warenkonto brutto, d. h. einschließlich Umsatzsteuer. Wählt er das Bruttoverfahren, so muss er am Ende des Voranmeldezeitraumes aus den Bruttobeträgen die Umsatzsteuer herausbuchen. Im **Einzelhandel** ist es üblich, **alle Wareneinkäufe und Warenverkäufe netto** zu buchen.

656068

18 Die Umsatzsteuer beim Wareneinkauf und -verkauf

18.1 Buchungen beim Wareneinkauf

Ein Einzelhändler bezieht von einem Großhändler Waren auf Ziel.

EINGANGSRECHNUNG

Warenwert (netto)	3.000,00 DM
Umsatzsteuer	480,00 DM
Rechnungsbetrag (brutto)	3.480,00 DM

Der Einzelhändler bucht den Wareneinkauf aufgrund der Eingangsrechnung, die Warenwert und die darauf entfallende Umsatzsteuer getrennt ausweist.

Die in der Eingangsrechnung aufgeführte Umsatzsteuer – die **Vorsteuer – ist eine Forderung** des Einzelhändlers **gegenüber dem Finanzamt**, da seine Umsatzsteuerschuld erst dann entsteht, wenn er die eingekauften Waren weiterverkauft. Deshalb **wird** die beim Einkauf in Rechnung gestellte Umsatzsteuer **im Soll** des Kontos

Vorsteuer

gebucht. Das Konto Vorsteuer ist ein **Aktivkonto**.

Der Einzelhändler belastet das Konto Aufwendungen für Waren nur mit dem Warenwert. Den Rechnungsbetrag schreibt er dem Konto Verbindlichkeiten gut, da er dem Lieferer den Gesamtbetrag aus Warenwert und Umsatzsteuer schuldet.

Die Buchung beim Wareneinkauf auf Ziel lautet:

	Aufwendungen für Waren	**3.000,00**
	Vorsteuer	**480,00**
an	**Verbindlichkeiten**	**3.480,00**

S	Aufwendungen für Waren	H	S	Verbindlichkeiten	H
	3.000,00				3.480,00

S	Vorsteuer	H
	480,00	

> Die Umsatzsteuer in den Eingangsrechnungen ist eine Forderung gegenüber dem Finanzamt. Sie wird im Soll des Aktivkontos Vorsteuer gebucht.

18.2 Buchungen beim Warenverkauf

1. Der Einzelhändler verkauft diese Waren an einen Kunden auf Ziel.

AUSGANGSRECHNUNG

Warenwert (netto)	4.000,00 DM
Umsatzsteuer	640,00 DM
Rechnungsbetrag (brutto)	4.640,00 DM

Der Einzelhändler bucht den Warenverkauf aufgrund der Ausgangsrechnung. Er hat dem Nettoeinkaufspreis seine anteiligen Kosten und den Gewinn zugeschlagen und dadurch einen Mehrwert von 1.000,00 DM geschaffen (4.000,00 − 3.000,00).

Der Steuersatz beim Verkauf einer Ware ist stets der gleiche wie bei ihrem Einkauf.

Den Rechnungsbetrag belastet der Einzelhändler dem Konto Forderungen, da der Kunde den Gesamtbetrag aus Warenwert und Umsatzsteuer zu zahlen hat. Dem Konto Umsatzerlöse wird nur der Warenwert gutgeschrieben.

Die aufgrund des Verkaufs angefallene und in der <u>Ausgangs</u>rechnung ausgewiesene **Umsatzsteuer ist eine Verbindlichkeit gegenüber dem Finanzamt. Sie wird daher im Haben** des Kontos

Umsatzsteuer

gebucht. Das Konto Umsatzsteuer ist ein **Passivkonto.**

Die Buchung beim <u>Warenverkauf auf Ziel</u> lautet:

Forderungen	**4.640,00**	
an **Umsatzerlöse**		**4.000,00**
an **Umsatzsteuer**		**640,00**

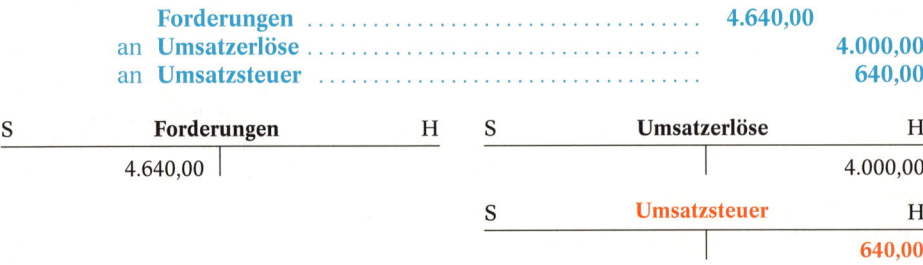

S	Forderungen	H		S	Umsatzerlöse	H
4.640,00						4.000,00

	S	Umsatzsteuer	H
			640,00

Diese Art des Buchens, bei der man den **reinen Warenwert und die** darauf entfallende **Umsatzsteuer gesondert erfasst,** nennt man **Nettobuchung.** Sie ist beim Waren<u>einkauf</u> <u>und</u> beim Waren<u>verkauf</u> anzuwenden.

Die **Summe der Barverkäufe** eines Tages bezeichnet man als **Tageslosung.** Sie setzt sich zusammen aus den Warenwerten und der Umsatzsteuer (= Umsatzerlöse brutto). Dem Kunden gegenüber wird selten eine Trennung zwischen reinem Warenwert und Umsatzsteuer vorgenommen. Für ihn ist die Trennung zwischen Warenwert und Umsatzsteuer auch ohne Bedeutung, da der Endverbraucher keine Möglichkeit hat die anteilige Umsatzsteuer abzusetzen. Er trägt die gesamte Umsatzsteuer.

Beim Geschäftsvorfall „Tageslosung = 4.640,00 DM" ist also zu beachten, dass sich der Betrag von 4.640,00 DM zusammensetzt aus 4.000,00 DM Warenwert und 640,00 DM Umsatzsteuer.

<u>Vor</u> der Nettobuchung der Tageslosung ist demnach die anteilige Umsatzsteuer herauszurechnen.

Berechnung der Umsatzsteuer:

$$\frac{\text{Tageslosung} \cdot 16\,\%}{116\,\%} = \frac{4.640,00\ \text{DM} \cdot 16\,\%}{116\,\%} = 640,00\ \text{DM}$$

Die Buchung beim <u>Warenverkauf bar</u> (Tageslosung) lautet:

Kasse	**4.640,00**	
an **Umsatzerlöse**		**4.000,00**
an **Umsatzsteuer**		**640,00**

> Bei Wareneinkäufen und Warenverkäufen werden Warenwert und Umsatzsteuer gesondert gebucht.
>
> (Aus der Tageslosung ist vor der Buchung die Umsatzsteuer herauszurechnen.)

656070

2. Der Einzelhändler entnimmt dem Geschäft Waren für den Eigenbedarf;
   Warenwert 300,00 DM + Umsatzsteuer 48,00 DM = 348,00 DM.

Warenentnahme   *Modehaus* **Elfriede Blum**

2 Herrenhosen Art.-Nr. 79,	netto 300,00 DM
Umsatzsteuer	48,00 DM
Eigenverbrauch, brutto	348,00 DM

Köln, ..-05-16   *E. Blum*

Der Eigenverbrauch unterliegt – wie die Lieferung von Waren – **der Umsatzsteuer**
(§ 1 Abs. 1 UStG). Der Unternehmer hat auch für die privaten Entnahmen von Waren
einen Beleg anzufertigen, der den Warenwert (in der Regel ist dies der Einstandspreis) und
die Umsatzsteuer getrennt ausweist oder den Bruttobetrag und den Umsatzsteuersatz. Der
Eigenverbrauch von Waren wird nicht auf dem Konto Umsatzerlöse erfasst, sondern auf
dem Konto **Eigenverbrauch.**[1]

Privatentnahmen von Waren werden ebenfalls <u>netto</u> gebucht.

Buchung:	Privat	348,00	
an	Eigenverbrauch		300,00
an	Umsatzsteuer		48,00

Das Konto **Eigenverbrauch** wird **als Erfolgskonto** wie das Konto Umsatzerlöse **über** das
Gewinn- und Verlustkonto abgeschlossen.

Beide Geschäftsvorfälle stellen sich auf den Konten wie folgt dar:

S	Kasse	H	S	Umsatzerlöse	H
1.	4.640,00			1.	4.000,00

S	Eigenverbrauch	H
	2.	300,00

S	Privat	H	S	Umsatzsteuer	H
2.	348,00			1.	640,00
				2.	48,00

Die Umsatzsteuer in den Ausgangsrechnungen an Kunden und die Umsatzsteuer für die Privatentnahme von Waren ist eine Verbindlichkeit gegenüber
dem Finanzamt. Sie wird im Haben des Passivkontos Umsatzsteuer gebucht.

---

1   Die private Nutzung von Betriebsgegenständen wird auf S. 157 behandelt.

18.3   Ermittlung und Bilanzierung der Zahllast

Ermittlung der Zahllast

Der Einzelhändler erhält aus dem Warenverkauf von seinem Kunden außer dem Warenwert 640,00 DM Umsatzsteuer. Die durch die private Entnahme von Waren angefallenen 48,00 DM Umsatzsteuer hat er selbst aufzubringen. Er schuldet daher dem Finanzamt zunächst 688,00 DM.

Der Einzelhändler hat aber auch durch die beim Wareneinkauf angefallene Vorsteuer, die er seinem Lieferer zu zahlen hat, eine Forderung in Höhe von 480,00 DM ans Finanzamt. Die **Vorsteuer** kann er **von** seiner **Umsatzsteuerschuld abziehen.** Seine **Zahllast** beträgt demnach 688,00 DM − 480,00 DM = 208,00 DM, die er an das Finanzamt abführt.

Abschluss der Konten Vorsteuer und Umsatzsteuer

Mit Ablauf des Voranmeldezeitraumes (Ende des Monats oder Vierteljahres) wird der **Saldo des Kontos Vorsteuer auf das Konto Umsatzsteuer übertragen.** Der **Saldo des Kontos Umsatzsteuer zeigt** dann die **Zahllast.**

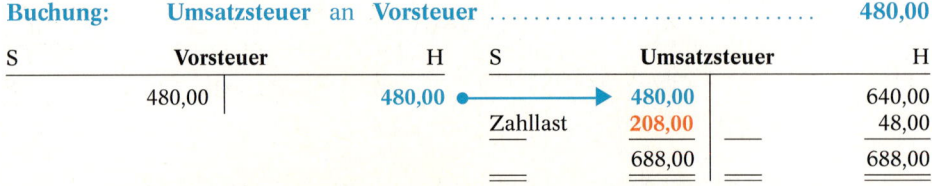

Umsatzsteuer abzüglich Vorsteuer = Zahllast

Zahlung an das Finanzamt

Die Zahllast ist bis zum 10. des folgenden Monats abzuführen.

Die Buchung bei der Zahlung an das Finanzamt lautet:

Umsatzsteuer an Kasse, Postbank oder Bank   208,00

Bilanzierung der Zahllast

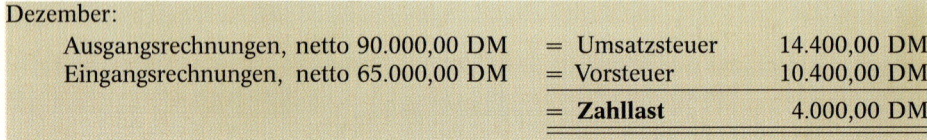

Dezember:

Ausgangsrechnungen, netto 90.000,00 DM	= Umsatzsteuer	14.400,00 DM
Eingangsrechnungen, netto 65.000,00 DM	= Vorsteuer	10.400,00 DM
	= **Zahllast**	4.000,00 DM

Beim Jahresabschluss ist die **Zahllast** des Monats Dezember als Verbindlichkeit in die Schlussbilanz zu übernehmen (zu **passivieren**).

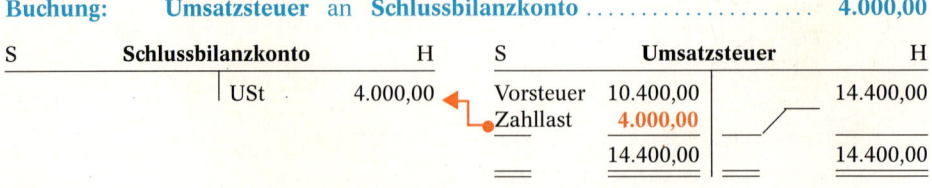

Beim Jahresabschluss ist die Zahllast zu passivieren.

656072

18.4 Ermittlung des Vorsteuerüberhangs

Ist die Summe der **Vorsteuern höher als** die der **Umsatzsteuern** (z. B. bei Saisoneinkäufen), dann ist ein **Vorsteuerüberhang** entstanden.

Dezember:

Eingangsrechnungen, netto 100.000,00 DM	= Vorsteuer	16.000,00 DM
Ausgangsrechnungen, netto 80.000,00 DM	= Umsatzsteuer	12.800,00 DM
	= **Vorsteuerüberhang**	3.200,00 DM

In diesem Fall wird der **Saldo des Kontos Umsatzsteuer auf das Konto Vorsteuer übertragen** (auch hier wird gebucht: **Umsatzsteuer an Vorsteuer**). Der Saldo des Kontos Vorsteuer zeigt dann die Forderung gegenüber dem Finanzamt. Der **Vorsteuerüberhang** ist **beim Jahresabschluss** als Forderung in der Schlussbilanz auszuweisen (zu **aktivieren**).

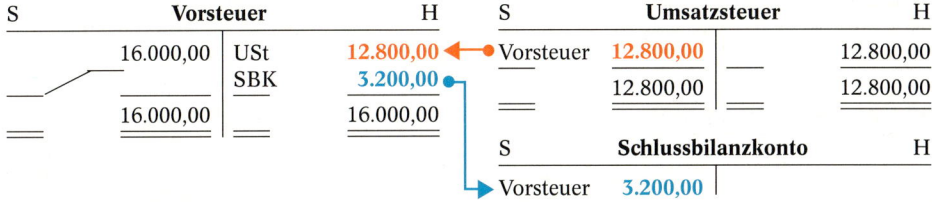

Beim Jahresabschluss ist der Vorsteuerüberhang zu aktivieren.

---

1 Bilden Sie die Buchungssätze unter Verwendung des allgemeinen Steuersatzes.

1. Warenverkauf auf Ziel, Warenwert	1.700,00	
+ Umsatzsteuer	?	?
2. Wareneinkauf auf Ziel, Warenwert	2.400,00	
+ Umsatzsteuer	?	?
3. Warenverkauf gegen Bankscheck, Warenwert	2.800,00	
+ Umsatzsteuer	?	?
4. Wareneinkauf bar, Warenwert	500,00	
+ Umsatzsteuer	?	?
5. Barverkauf eines alten Kopierers, netto	100,00	
+ Umsatzsteuer	?	?
6. Der Inhaber entnimmt Waren für den Haushalt, netto . .	150,00	
+ Umsatzsteuer	?	?
7. Wareneinkauf gegen Bankscheck, Warenwert	3.000,00	
+ Umsatzsteuer	?	?
8. Banküberweisung an einen Lieferer		4.000,00
9. Warenverkauf bar, Warenwert	700,00	
+ Umsatzsteuer	?	?
10. Barzahlung von einem Kunden		400,00
11. Bareinzahlung aufs Bankkonto		1.000,00
12. Abschluss des Kontos Vorsteuer		?
13. Zahllast		?

---

2 Buchen Sie in den Konten: Kasse, Bank, Forderungen, Verbindlichkeiten, Umsatzerlöse, Eigenverbrauch, Aufwendungen für Waren, Privat, Vorsteuer, Umsatzsteuer
(Umsatzsteuer = 16 %).

1. Wareneinkauf auf Ziel .... 1.600,00 + ? USt
2. Warenverkauf auf Ziel .... 750,00 + ? USt
3. Verschiedene Wareneinkäufe auf Ziel .... 2.200,00 + ? USt
4. Verschiedene Warenverkäufe bar (Tageslosung) .... 4.500,00 + ? USt
5. Privatentnahme von Waren .... 200,00 + ? USt
6. Ermitteln Sie die Zahllast .... ?
7. Überweisen Sie die Zahllast an das Finanzamt.

3 Ein Einzelhändler hatte am 1. Dezember noch für 8.300,00 DM Waren auf seinem
Lager. Er kaufte zusätzlich Waren auf Ziel ein zum Nettowert von 19.500,00 DM.
Seine Barverkäufe beliefen sich im gleichen Monat auf 22.700,00 DM netto.

Rechnen Sie mit dem derzeit gültigen allgemeinen Steuersatz.

Der Warenbestand lt. Inventur betrug am 31. Dezember 9.900,00 DM.

1. Buchen Sie in den Konten Warenbestände, Kasse, Verbindlichkeiten, Umsatzerlöse, Aufwendungen für Waren, Vorsteuer und Umsatzsteuer.
2. Ermitteln Sie die Zahllast.
3. Schließen Sie die Konten ab.

4 Ein anderer Einzelhändler hatte im Dezember folgende Umsätze :
Barverkäufe netto 24.200,00 DM, Zieleinkäufe netto 34.600,00 DM.

Legen Sie den Ein- und Verkäufen den derzeit gültigen allgemeinen Steuersatz zugrunde.

Der Warenbestand betrug am 1. Dezember 4.200,00 DM und am 31. Dezember 17.210,00 DM.

1. Buchen Sie in den entsprechenden Konten.
2. Schließen Sie die Konten ab.
3. Welchen Unterschied zu Aufgabe 3 stellen Sie in Bezug zur Vorsteuer und Umsatzsteuer fest?

5 **Fragen:**

*1. Welche Umsätze unterliegen dem allgemeinen und welche dem ermäßigten
Steuersatz? Welche Umsatzarten sind steuerfrei?*

*2. Wann ist die Umsatzsteuer eine Forderung, wann eine Verbindlichkeit gegen-
über dem Finanzamt?*

*3. Wie ermitteln Sie die Zahllast?
Bis wann ist die Zahllast an das Finanzamt abzuführen?
Wie behandeln Sie die Zahllast beim Jahresabschluss?*

*4. Wodurch ergibt sich ein Vorsteuerüberhang?
Wie berechnen Sie den Vorsteuerüberhang?
Wohin kommt der Vorsteuerüberhang beim Jahresabschluss?*

5. Wie wirkt sich die Umsatzsteuer auf das Unternehmensergebnis aus?

656074

6 **Anfangsbestände:**

Geschäftsausstattung	22.000,00	Eigenkapital	?
Waren	25.200,00	Verbindlichkeiten	15.310,00
Forderungen	8.670,00	Umsatzsteuer	420,00
Kasse	1.290,00		
Bankguthaben	9.740,00		

Kontenplan:

Eröffnungsbilanzkonto, Geschäftsausstattung, Warenbestände, Forderungen, Vorsteuer, Kasse, Bank, Verbindlichkeiten, Umsatzsteuer, Umsatzerlöse, Eigenverbrauch, Zinserträge, Aufwendungen für Waren, Ausgangsfrachten, Mieten, Post und Telekommunikation, Gewinn und Verlust, Privat, Eigenkapital, Schlussbilanzkonto.

Geschäftsvorfälle, denen der allgemeine Steuersatz zugrunde liegt:

1.	Wir kaufen Waren auf Ziel lt. ER 143, Warenwert	4.300,00	
	+ Umsatzsteuer	688,00	4.988,00
2.	Die Bank belastet uns für Fernsprechgebühren, netto	360,00	
	+ Umsatzsteuer	57,60	417,60
3.	Wir verkaufen Waren auf Ziel lt. AR 536–538, Warenwert	9.200,00	
	+ Umsatzsteuer	1.472,00	10.672,00
4.	Die Bank schreibt uns Zinsen gut		45,00
5.	Ein Kunde überweist durch die Bank		760,00
6.	Tageslosung		1.044,00
7.	Wir überweisen an einen Lieferer durch die Bank		1.650,00
8.	Wir kaufen Waren gegen Bankscheck, Warenwert	1.500,00	
	+ Umsatzsteuer	240,00	1.740,00
9.	Wir überweisen die Umsatzsteuer durch die Bank		420,00
10.	Wir verkaufen Waren auf Ziel (frachtfrei) lt. AR 539, Warenwert	800,00	
	+ Umsatzsteuer	128,00	928,00
11.	Die Paketgebühr hierfür wird bar bezahlt		10,00
12.	Wir heben bei der Bank bar ab		1.000,00
13.	Der Geschäftsinhaber entnimmt der Kasse	500,00	
	und für den Haushalt Waren, Warenwert	400,00	
	+ Umsatzsteuer	64,00	964,00
14.	Wir überweisen die Geschäftsmiete[1] durch die Bank		1.740,00
15.	Wir kaufen Briefmarken bar		60,00
16.	Wir senden einem Lieferer einen Bankscheck		2.100,00
17.	Wir kaufen Waren auf Ziel lt. ER 144, Warenwert	700,00	
	+ Umsatzsteuer	112,00	812,00
18.	Wir zahlen bei der Bank bar ein		2.000,00

Abschlussangaben:

Die Zahllast ist zu ermitteln und zu passivieren.

Warenbestand lt. Inventur 24.650,00

Die übrigen Buchwerte stimmen mit den Inventurwerten überein.

---

1 Mieten sind grundsätzlich umsatzsteuerfrei. Der Vermieter kann jedoch entscheiden, ob er die Miete der Umsatzsteuer unterwerfen will (Optionsrecht).

19 Die Umsatzsteuer bei anderen Eingangsrechnungen

Wie beim Wareneinkauf wird dem Einzelhändler auch bei anderen Lieferungen oder Leistungen Umsatzsteuer in Rechnung gestellt. Das gilt für die Anschaffung von **Anlagegütern,** wie Ladenausstattung, Fahrzeuge usw. (nähere Ausführungen hierzu im Kapitel Anlagenwirtschaft) und für verschiedene **Aufwendungen.** Mit Umsatzsteuer belastet sind z. B. Aufwendungen für Betriebsstoffe, Verpackungsmaterial, Energie, Reparaturen, Büromaterial, Werbung.

Der in den Belegen ausgewiesene Nettobetrag wird im Soll des entsprechenden Anlage- oder Aufwandskontos und die jeweils gesondert ausgewiesene **Umsatzsteuer wird** – wie beim Wareneinkauf – **im Soll des Kontos Vorsteuer gebucht.** Die Vorsteuern müssen jedoch unmittelbar im Zusammenhang mit Umsätzen für Unternehmenszwecke stehen.

Barkauf von Rechnungsformularen und Briefbögen,
netto 200,00 DM + Umsatzsteuer 32,00 DM = 232,00 DM

Buchung:	Büromaterial	....	200,00	
	Vorsteuer	....	32,00	
	an Kasse	....		232,00

Sind Eingangsrechnungen mit Umsatzsteuer belastet, so wird die Umsatzsteuer als Vorsteuer gebucht.

Besonderheit: Der Einzelhandelskontenrahmen sieht – wie bei den Waren – für Betriebsstoffe, Verpackungsmaterial und Leergut sowohl **Aufwands-** als auch **Bestandskonten** vor. Der Nettobetrag der bezogenen Materialien wird in den entsprechenden Aufwandskonten gebucht. Die bei der Inventur festgestellten **Mehr- oder Minderbestände** an Betriebsstoffen, Verpackungsmaterial oder Leergut werden beim Kontenabschluss wie die Warenbestände behandelt, z. B.

– **Mehrbestand an Betriebsstoffen:**   **Betriebsstoffbestände**
  an Aufwendungen für Betriebsstoffe
– **Minderbestand an Leergut:**   **Aufwendungen für Leergut**
  an Leergutbestände

---

1 Buchen Sie auf den entsprechenden Konten.

1. Wareneinkauf auf Ziel, Warenwert	8.000,00	
+ Umsatzsteuer	1.280,00	9.280,00
2. Banküberweisung für Verpackungsmaterial, netto	500,00	
+ Umsatzsteuer	80,00	580,00
3. Tageslosung		16.936,00
4. Banküberweisung für Kauf eines Aktenschrankes, netto ..	1.200,00	
+ Umsatzsteuer	192,00	1.392,00

5. Berechnen Sie die Zahllast.

6. Abschlussangaben: Waren Endbestand 31.900,00 (AB 29.800,00)
    Verpackungsmaterial Endbestand 1.250,00 (AB 1.640,00)

---

2 Sie haben lt. ER 478 für 191,40 DM Büromaterial gekauft.

Berechnen Sie aus dem Bruttopreis von 191,40 DM
a) die darin enthaltene Umsatzsteuer von 16 % und
b) den Nettopreis.

656076

3 1. Buchen Sie Beleg 1

 a) als Ausgangsrechnung bei Springer Bekleidung Vertriebs GmbH,
 b) als Eingangsrechnung bei Hella Pausen.

 2. Buchen Sie die Belege 2–4 bei Hella Pausen.

Beleg 1:

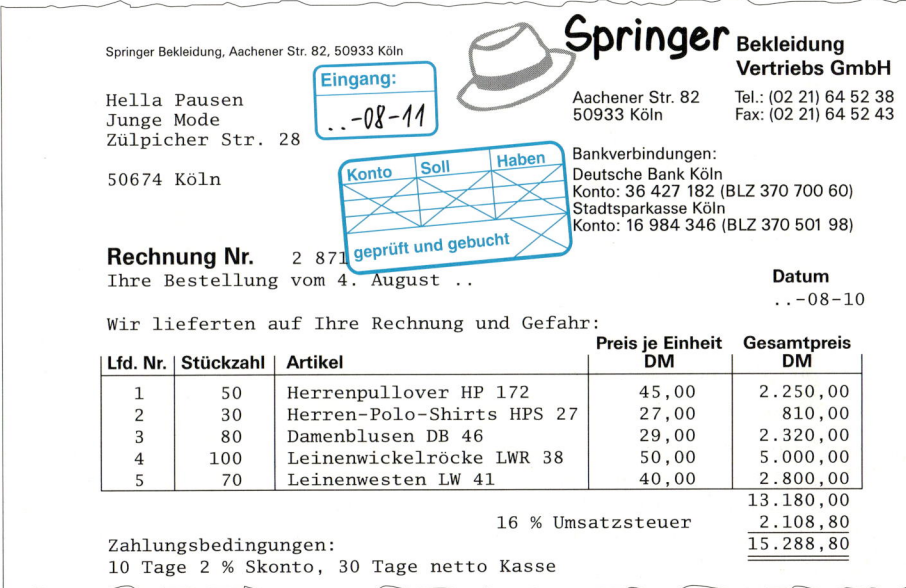

Springer Bekleidung, Aachener Str. 82, 50933 Köln

Springer Bekleidung Vertriebs GmbH

Hella Pausen
Junge Mode
Zülpicher Str. 28

50674 Köln

Eingang:
.. -08-11

Aachener Str. 82   Tel.: (02 21) 64 52 38
50933 Köln   Fax: (02 21) 64 52 43

Bankverbindungen:
Deutsche Bank Köln
Konto: 36 427 182 (BLZ 370 700 60)
Stadtsparkasse Köln
Konto: 16 984 346 (BLZ 370 501 98)

Konto   Soll   Haben
geprüft und gebucht

Rechnung Nr.   2 871
Ihre Bestellung vom 4. August ..

Datum
.. -08-10

Wir lieferten auf Ihre Rechnung und Gefahr:

Lfd. Nr.	Stückzahl	Artikel	Preis je Einheit DM	Gesamtpreis DM
1	50	Herrenpullover HP 172	45,00	2.250,00
2	30	Herren-Polo-Shirts HPS 27	27,00	810,00
3	80	Damenblusen DB 46	29,00	2.320,00
4	100	Leinenwickelröcke LWR 38	50,00	5.000,00
5	70	Leinenwesten LW 41	40,00	2.800,00
				13.180,00
		16 % Umsatzsteuer		2.108,80
				15.288,80

Zahlungsbedingungen:
10 Tage 2 % Skonto, 30 Tage netto Kasse

Beleg 2:

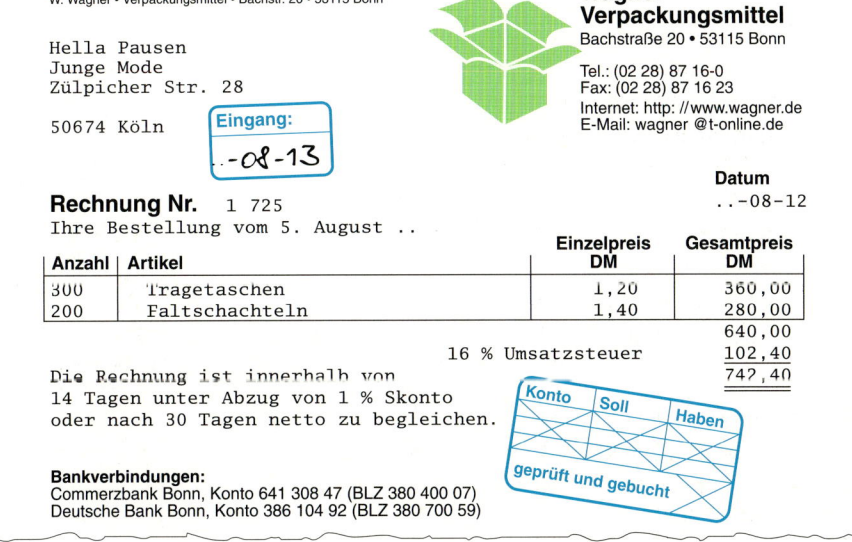

W. Wagner • Verpackungsmittel • Bachstr. 20 • 53115 Bonn

Wagner Verpackungsmittel
Bachstraße 20 • 53115 Bonn

Hella Pausen
Junge Mode
Zülpicher Str. 28

50674 Köln

Eingang:
. -08-13

Tel.: (02 28) 87 16-0
Fax: (02 28) 87 16 23
Internet: http: //www.wagner.de
E-Mail: wagner @t-online.de

Datum
.. -08-12

Rechnung Nr.   1 725
Ihre Bestellung vom 5. August ..

Anzahl	Artikel	Einzelpreis DM	Gesamtpreis DM
300	Tragetaschen	1,20	360,00
200	Faltschachteln	1,40	280,00
			640,00
	16 % Umsatzsteuer		102,40
			742,40

Die Rechnung ist innerhalb von
14 Tagen unter Abzug von 1 % Skonto
oder nach 30 Tagen netto zu begleichen.

Konto   Soll   Haben
geprüft und gebucht

Bankverbindungen:
Commerzbank Bonn, Konto 641 308 47 (BLZ 380 400 07)
Deutsche Bank Bonn, Konto 386 104 92 (BLZ 380 700 59)

Beleg 3:

Oberhof & Voßbach, Bonner Str. 350, 50968 Köln

Eingang:
..-08-16

Hella Pausen
Junge Mode
Zülpicher Str. 28

50674 Köln

Konto | Soll | Haben
geprüft und gebucht

DAX

Mineralölverkauf Wesseling
Zweigniederlassung
Oberhof & Voßbach
Bonner Straße 350
50968 Köln

Tel.: (02 21) 3 67 98-0
Fax: (02 21) 3 67 98 33

Rechnung Nr.	Rechnungsdatum
2 910 578	..-08-15

Lieferdatum	Beleg	Produktbezeichung	Menge	Preis je Einheit	Nettowert (DM)
..-08-13	057 091	DAX Heizöl EL	7 000	33,00 100 L15	2.310,00

Summe	2.310,00
16 % Umsatzsteuer	369,60
Endbetrag	2.679,60

Zahlungsbedingungen:
Zahlung auf eines unserer Konten sofort ohne Abzug.

Bankkonten: Deutsche Bank Hamburg, Konto 271 485 52 (BLZ 200 700 00)
Dresdner Bank Hamburg, Konto 748 199 23 (BLZ 200 800 00)
Commerzbank Hamburg, Konto 880 591 27 (BLZ 200 400 00)

Beleg 4:

Siegfried Wolf • Vogelsaner Str. 220 • 50825 Köln

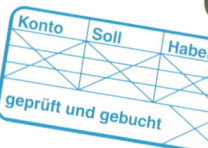

SIWO

Heizung • Sanitär • Funkkundendienst

Hella Pausen
Junge Mode
Zülpicher Str. 28

50674 Köln

Konto | Soll | Haben
Eingang:
..-08-22
geprüft und gebucht

Vogelsaner Straße 220
50825 Köln
Tel.: (02 21) 54 18 71
Fax: (02 21) 54 18 10

Datum
..-08-20

Rechnung Nr. 2 162, Kunden-Nr. 003864
Erneuerung der Ölbrennerpumpe Riello 40 lt. Rapport vom
1. August .., Nr. 4 268, Anlage: Zülpicher Str. 28

Pos.	Text	Einzelpreis DM	Gesamtpreis DM
1	1 Monteurstunde	69,50	69,50
2	0,5 Vorhaltung Werkstattwagen	4,50	2,25
3	1 Fahrtkostenpauschale	12,00	12,00
4	1 Riello Ölpumpe 40	177,50	177,50
	Summe aller Positionen		261,25
	16 % Umsatzsteuer		41,80
	Rechnungssumme einschl. Umsatzsteuer		303,05

netto zahlbar bis 30. August ..

Kölner Bank von 1867
Konto 468 908 009 (BLZ 371 600 87)

656078

4 **Anfangsbestände:**

Ladenausstattung	14.000,00	Eigenkapital	?
Fuhrpark	28.000,00	Bankschulden	15.800,00
Waren	26.300,00	Verbindlichkeiten	12.400,00
Forderungen	8.700,00	Umsatzsteuer	160,00
Kasse	450,00		
Postbankguthaben	1.260,00		

Kontenplan: Eröffnungsbilanzkonto, Ladenausstattung, Fuhrpark, Warenbestände, Forderungen, Vorsteuer, Kasse, Postbank, Bankschulden, Verbindlichkeiten, Umsatzsteuer, Umsatzerlöse, Eigenverbrauch, Aufwendungen für Waren, Aufwendungen für Energie, Aufwendungen für Reinigungsmaterial, Instandhaltung, Gehälter, Post und Telekommunikation, Versicherungsbeiträge, Zinsaufwendungen, Gewinn und Verlust, Privat, Eigenkapital, Schlussbilanzkonto.

Geschäftsvorfälle, denen der allgemeine Steuersatz zugrunde liegt:

1. Banküberweisung an einen Lieferer		2.140,00
2. Barzahlung für Reinigungsmaterial, netto	80,00	
+ Umsatzsteuer	12,80	92,80
3. Wareneinkauf auf Ziel, Warenwert	4.310,00	
+ Umsatzsteuer	689,60	4.999,60
4. Banküberweisung der fälligen Umsatzsteuer		160,00
5. Überweisung vom Postbankkonto für Betriebsstrom, netto	520,00	
+ Umsatzsteuer	83,20	603,20
für Strom in der Wohnung des Inhabers, netto	210,00	
+ Umsatzsteuer	33,60	243,60
6. Barkauf von Briefmarken		40,00
7. Zinsbelastung der Bank		150,00
8. Banküberweisung für eine Kfz-Inspektion, netto	460,00	
+ Umsatzsteuer	73,60	533,60
9. Warenverkäufe auf Ziel	570,00	
gegen Bankscheck	3.600,00	
bar	5.400,00	
+ Umsatzsteuer	1.531,20	11.101,20
10. Postbanküberweisung für die Überprüfung des Frankierautomaten, netto	40,00	
+ Umsatzsteuer	6,40	46,40
11. Banküberweisung der Kraftfahrzeugversicherung		810,00
12. Banküberweisung von Kunden		2.480,00
13. Barabhebung von der Bank		3.000,00
14. Gehaltszahlung durch Banküberweisung		3.200,00
15. Privatentnahme von Bargeld	300,00	
von Waren	200,00	
+ Umsatzsteuer	32,00	532,00

Abschlussangabe: Warenbestand lt. Inventur 23.280,00

20   Die Abschreibung

20.1   Das Wesen der Abschreibung

Anlagegüter wie Gebäude, Maschinen, Fahrzeuge, Betriebs- und Geschäftsausstattung sind langfristig an das Unternehmen gebunden. Sie zählen zum Anlagevermögen und **verlieren durch die Abnutzung und den technischen Fortschritt laufend an Wert.** Diese **Wertminderung** berücksichtigt man in der Buchführung **durch** die **Abschreibung.** Der steuerliche Begriff dafür heißt AfA = Absetzung für Abnutzung.

Die **Abschreibung** stellt Aufwand dar, sie wird auf dem Erfolgskonto „Abschreibungen" erfasst und **schmälert,** wie jede andere Aufwandsart, **den Gewinn** des Unternehmens.

> Durch die Abschreibung verteilt man die Anschaffungskosten eines Anlagegutes rechnerisch auf die Nutzungsjahre.

20.2   Die Berechnung der Abschreibung

Die **Höhe des Abschreibungsbetrages richtet sich nach der** voraussichtlichen **Nutzungsdauer** des Anlagegutes. Je länger ein Anlagegut im Unternehmen genutzt werden kann, desto niedriger ist die Abschreibung, die jährlich verrechnet werden muss. Unterliegen Anlagegüter einer schnelleren Wertminderung (z. B. PKW), so muss die jährliche Abschreibung höher angesetzt werden.

Neben der Nutzungsdauer ist für die Höhe der Abschreibung **die Berechnungsmethode maßgebend. Man unterscheidet** zwischen der **Abschreibung von den Anschaffungskosten** und der **Abschreibung vom Buchwert.** Bei der Abschreibung von den Anschaffungskosten führen die gleich bleibenden Anschaffungskosten zu gleich bleibenden (**linearen**) Abschreibungsbeträgen. Der von Jahr zu Jahr geringer werdende Buchwert verursacht bei der Abschreibung vom Buchwert fallende (**degressive**) Abschreibungsbeträge.

Die Anschaffungskosten einer Geschäftsausstattung betragen 180.000,00 DM. Die Nutzungsdauer wird mit 10 Jahren angenommen. Vergleichen Sie die Abschreibungsbeträge und die Restwerte bei linearer Abschreibung von 10 % und degressiver von 30 %.

Abschreibung von den Anschaffungskosten		Abschreibung vom Buchwert
führt zu gleich bleibenden Abschreibungsbeträgen		führt zu fallenden Abschreibungsbeträgen
= lineare Abschreibung		**= degressive Abschreibung**
180.000,00 DM	Anschaffungskosten	180.000,00 DM
18.000,00 DM 10 % v. AK	Abschreibung Ende 1. Jahr 30 % v. BW	54.000,00 DM
162.000,00 DM	Buchwert Ende 1. Jahr	126.000,00 DM
18.000,00 DM	Abschreibung Ende 2. Jahr	37.800,00 DM
144.000,00 DM	Buchwert Ende 2. Jahr	88.200,00 DM
18.000,00 DM	Abschreibung Ende 3. Jahr	26.460,00 DM
126.000,00 DM	Buchwert Ende 3. Jahr	61.740,00 DM
18.000,00 DM	Abschreibung Ende 4. Jahr	18.522,00 DM
108.000,00 DM	Buchwert Ende 4. Jahr	43.218,00 DM
1,00 DM [1]	Buchwert Ende 10. Jahr	5.085,00 DM

1 = Erinnerungswert

656080

Bei der linearen Abschreibung ergibt sich **in jedem Jahr der gleiche Abschreibungsbetrag** von 18.000,00 DM. Die Geschäftsausstattung ist nach 10 Jahren bis auf den Erinnerungswert von 1,00 DM voll abgeschrieben. Durch diese Art der Abschreibung werden die Abschreibungsbeträge **gleichmäßig auf die Jahre der Nutzung** verteilt.

Bei der **degressiven Abschreibung** wird die Abschreibung im ersten Jahr auch von den Anschaffungskosten berechnet, in den darauf folgenden Jahren aber nur von den jeweiligen Buch- oder Restwerten. Daraus ergeben sich **jährlich fallende Abschreibungsbeträge.** Der Nullwert wird am Ende der Nutzungsdauer nicht erreicht. Soll er annähernd erzielt werden, muss der Abschreibungssatz wesentlich höher angesetzt werden als bei der linearen Berechnungsmethode. Zurzeit ist es steuerlich nicht zulässig, degressiv einen höheren Abschreibungssatz als 30 % anzuwenden. Er darf auch nicht das Dreifache der linearen Abschreibung übersteigen.

Die Abschreibungsbeträge der degressiven Abschreibung sind in den ersten Nutzungsjahren höher als bei der linearen Abschreibung. Erfahrungsgemäß ist die Wertminderung bei Anlagegütern in den ersten Nutzungsjahren besonders hoch, da auch neuwertige Anlagegüter nur mit hohen Verlusten verkauft werden können. Diesem Verlauf der Wertminderung trägt die degressive Abschreibung besonders gut Rechnung.

Hat sich ein Unternehmen für die lineare Abschreibung entschieden, muss es bei dieser Methode bleiben. Ein Wechsel von der degressiven zur linearen Abschreibung ist unter bestimmten Umständen steuerrechtlich möglich.

Jedes Anlagegut wird einzeln abgeschrieben. Dazu werden die Anlagegüter in einer **Anlagenkartei** erfasst. Für jeden einzelnen Anlagegegenstand wird eine eigene Karte geführt, die u. a. folgende Angaben enthält: Gegenstand, Anschaffungsdatum, Anschaffungskosten, voraussichtliche Nutzungsdauer, Abschreibungen und Buchwert.

Wertminderung wird durch Abschreibung erfasst.

Nutzungsdauer und Abschreibungsmethode bestimmen die Höhe der Abschreibung.

Abschreibungen verteilen die Anschaffungskosten auf die Dauer der Nutzung.

Abschreibungen schmälern den Gewinn.

20.3   Die Buchung der Abschreibung

Die Abschreibung verteilt die Anschaffungs- oder Herstellungskosten als Aufwand auf die Gewinn- und Verlustrechnungen der Nutzungsjahre. **Der Abschreibungsbetrag wird** am Ende des Jahres **dem Konto Abschreibungen belastet.**

Die Wertminderung muss ebenfalls im Schlussbilanzkonto berücksichtigt werden. Daher wird der Abschreibungsbetrag **dem Anlagekonto gutgeschrieben.**

Eine Geschäftsausstattung mit Anschaffungskosten von 180.000,00 DM wird jährlich mit 10 % linear abgeschrieben.

Buchung: Abschreibungen 18.000,00
       an Geschäftsausstattung 18.000,00

S	Geschäftsausstattung		II	S	Abschreibungen		II
AK	180.000,00	Abschr.	18.000,00	Gesch.	18.000,00	GuV	18.000,00
		SBK	162.000,00				

S	Schlussbilanzkonto	H	S	Gewinn- und Verlustkonto	H
Gesch.	162.000,00		Abschr.	18.000,00	

20.4   Die Bedeutung der Abschreibung

Auf dem Konto Geschäftsausstattung wirkt sich die Abschreibung als Minderung der Anschaffungskosten aus; das Schlussbilanzkonto enthält daher nur noch den Tageswert der Geschäftsausstattung.

Das Gewinn- und Verlustkonto weist neben anderen Aufwendungen auch die Abschreibungen auf Anlagen aus. **Bei der Kalkulation** der Verkaufspreise **werden die Abschreibungen anteilig einbezogen** und kommen über die Verkaufspreise wieder herein. Nur so ist es dem Unternehmen möglich, die Mittel für die Ersatzbeschaffung von Anlagen aufzubringen. Man spricht von einem Kreislauf der Abschreibungen.

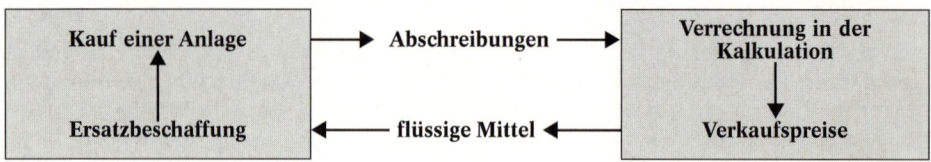

Abschreibungen ermöglichen Ersatzbeschaffungen über die Umsatzerlöse.

---

1   Die Anschaffungskosten einer EDV-Anlage betragen 40.000,00 DM. Am Ende des 1. Nutzungsjahres sollen 20 % der Anschaffungskosten linear abgeschrieben werden. Mit welcher Nutzungsdauer rechnet das Unternehmen? Wie hoch ist der Abschreibungsbetrag für das 3. Nutzungsjahr? Wie lautet die Buchung?

---

2   Ein Stahlschrank mit Anschaffungskosten von 12.000,00 DM und einer Nutzungsdauer von 6 Jahren wird mit 30 % degressiv abgeschrieben. Ermitteln Sie den Abschreibungsbetrag für das 3. Nutzungsjahr. Wie lautet die Buchung der Abschreibung?

---

3   Anschaffungskosten eines PKW 32.000,00 DM. Der Buchwert zu Beginn des 3. Nutzungsjahres beträgt 18.000,00 DM. Der PKW soll am Ende des 3. Jahres mit 25 % degressiv abgeschrieben werden. Wie hoch ist der Abschreibungsbetrag?

---

4   Das Konto Geschäftsausstattung enthält:

im Soll: Anfangsbestand und Zugänge . . . .   180.000,00 DM (Buchwerte)
im Haben: verkaufte Anlagegegenstände . . . .   30.000,00 DM (Buchwerte)
Schreiben Sie 20 % degressiv ab.

---

5   Anschaffungskosten einer Kühltheke 15.000,00 DM. Sie steht am Ende des 3. Jahres noch mit 6.000,00 DM zu Buch. Mit wie viel Prozent wurde sie jährlich abgeschrieben, wenn man die lineare Abschreibung angewendet hat? Wie lauteten die Buchungen?

656082

Die Finanzverwaltung hat für eine ganze Reihe von Anlagegegenständen eine „betriebsgewöhnliche Nutzungsdauer" festgelegt, die bindend ist. Damit werden die Höchstsätze für die lineare Abschreibung in der sog. „AfA-Tabelle" festgelegt. Kann eine höhere Wertminderung nachgewiesen werden, so darf sie bei der Berechnung der Abschreibung angewendet werden.

Auszug aus der AfA-Tabelle

Anlagegüter	Nutzungs-dauer (ND) i. J.	Linearer AfA-Satz v. H.
Betriebs- und Geschäftsausstattung		
...		
Kühleinrichtungen	5	20
...		
Fernsprechnebenstellenanlagen	8	12
Kommunikationsendgeräte	6	17
...		
Workstations, Personalcomputer, Notebooks u. Ä.	4	25
Peripheriegeräte (Drucker, Scanner u. Ä.)	4	25
...		
Registrierkassen	5	20
Schreibmaschinen	5	20
Büromöbel	10	10
Verkaufstheken	7	14
...		
Panzerschränke, Tresore	20	5
...		
Waagen (Obst-, Gemüse-, Fleisch- u. Ä.)	8	12
...		

6   Auszug aus der Anlagenbuchhaltung eines Einzelhandelsunternehmens:

Gegenstand	Nutzungsjahr	Anschaffungskosten	Buchwert
Kühleinrichtung	4.	42.000,00 DM	16.800,00 DM
Fernsprechnebenstelle	3.	1.200,00 DM	912,00 DM
Registrierkassen	4.	60.000,00 DM	24.000,00 DM
Verkaufstheken	4.	28.000,00 DM	16.240,00 DM

Ermitteln Sie die Abschreibungsbeträge unter Anwendung der AfA-Tabelle und stellen Sie die Buchwerte für das Ende des Geschäftsjahres fest.

7   Vor einigen Jahren hat die Finanzverwaltung die betriebsgewöhnliche Nutzungsdauer für Personenkraft- und Kombiwagen von vier auf fünf Jahre heraufgesetzt. Was wird der Anlass dazu gewesen sein? (Stellen Sie die Verbindung zum technischen Fortschritt her.)

Welche Bedeutung war damit für die Abschreibung auf Personenkraftwagen verbunden?

Abschreibung eines Pkw

Düsseldorf. In Ergänzung des BMF-Schreibens vom 3. Dez. 1992 wird im BMF-Schreiben vom 28. Mai 1993 IV B 6 -S 2353-37/93-Iv A 7 -S 1551 -80/93 zu Einzelfragen im Abschreibungsbereich Stellung genommen:

1. Nach Nr. 1 Satz 2 und Nr. 3 Satz 1 des BMF-Schreibens vom 3. Dez. 1992 ist für Pkw und Kombifahrzeuge, die nach dem 31. Dez. 1992 erstmals zugelassen worden sind, grundsätzlich eine Nutzungsdauer von fünf Jahren anzunehmen. Dies bedeutet, dass es nicht zu beanstanden ist, wenn der Steuerpflichtige den AfA keine längere als eine fünfjährige Nutzungsdauer zugrunde legt. Bei einer hohen Fahrleistung kann aber auch eine kürzere Nutzungsdauer anerkannt werden. Die AfA sind weder zu kürzen noch zu versagen, wenn sich bei einer Weiterveräußerung des Fahrzeugs herausstellt, dass die AfA den tatsächlichen Wertverzehr überschritten haben.

2. Nach Nr. 3 Satz 1 des BMF-Schreibens vom 3. Dez. 1992 ist den AfA bei Kfz, die zum Zeitpunkt der Anschaffung nicht neu gewesen sind, die entsprechende Restnutzungsdauer zugrunde zu legen.

Dies bedeutet, dass grundsätzlich eine Restnutzungsdauer von höchstens fünf Jahren anzunehmen ist. Sie ist in jedem Einzelfall unter Berücksichtigung aller Umstände, nämlich Alter, Beschaffenheit und voraussichtlicher Einsatz des Kfz, zu schätzen.

3. Nach Nr. 3 Satz 4 des BMF-Schreibens von 3. Dez. 1992 können die AfA-Beträge, die bei Anwendung des Abschn. 38 Abs. 1 Satz 5 LStR 1990 unter Annahme einer achtjährigen Nutzungsdauer im Verhältnis zur jetzt geltenden fünfjährigen Nutzungsdauer nicht ausgeschöpft worden sind, bei der Veranlagung zur Einkommensteuer für 1992 berücksichtigt werden. Es ist jedoch nicht zu beanstanden, wenn der Steuerpflichtige die bisher nicht ausgeschöpften AfA bereits bei der ersten noch offenen Veranlagung nachholt. Die Nachholung von AfA-Beträgen setzt jedoch voraus, dass der Steuerpflichtige die tatsächlichen Gesamtkosten seines Fahrzeugs seinen steuerlich zu berücksichtigenden Fahrtkosten zugrunde gelegt hat. Wenn er die Fahrtkosten mit einem pauschalen Kilometersatz angesetzt hat, kommt eine Nachholung von AfA-Beträgen nicht in Betracht. Quelle: Handelsblatt, 11. Juni 1993

---

8 Lesen Sie den Zeitungsartikel und beantworten Sie dann die folgenden Fragen:

1. Ist es zulässig, eine längere als eine fünfjährige Abschreibung zu wählen? Welche Bedeutung hat das für die Abschreibungsbeträge in den Nutzungsjahren?

2. Beim Verkauf eines gebrauchten Personenkraftwagens stellt sich heraus, dass der Verkaufserlös höher als der Restbuchwert ist. Muss ein Teil der Abschreibungen rückgängig gemacht werden?

3. Was muss beim Kauf eines gebrauchten Personenkraftwagens bezüglich der weiteren Abschreibungen berücksichtigt werden?

---

9 Das Regionalkaufhaus „Unterfranken" in Würzburg hat einen regionalen Zustelldienst eingerichtet und nutzt dazu einen Kombiwagen mit den Anschaffungskosten von 36.000,00 DM. Nachweislich kann der Kombiwagen nur drei Jahre genutzt werden. Berechnen Sie die jährliche Abschreibung in Prozent.

656084

10 **Anfangsbestände:**

Ladenausstattung	30.000,00	Eigenkapital	72.500,00
Fuhrpark	40.000,00	Darlehnsschulden	63.400,00
Waren	58.100,00	Verbindlichkeiten	50.700,00
Forderungen	40.700,00		
Kasse	4.200,00		
Bankguthaben	13.600,00		

Kontenplan: Außer den o. a. Bestandskonten sind zu führen:
Eröffnungsbilanzkonto, Vorsteuer, Umsatzsteuer, Umsatzerlöse für Waren, Aufwendungen für Waren, Aufwendungen für Betriebsstoffe, Aufwendungen für Energie, Löhne, Abschreibungen, Büromaterial, Post und Telekommunikation, Beiträge zu Wirtschaftsverbänden, Gewinn und Verlust, Privat, Schlussbilanzkonto.

Geschäftsvorfälle, denen der allgemeine Steuersatz zugrunde liegt:

1.	Wareneinkäufe auf Ziel, Warenwert	19.100,00	
	+ Umsatzsteuer	3.056,00	22.156,00
2.	Banküberweisung für Lohnabschlag		2.080,00
3.	Banküberweisung für Treibstoffrechnung, netto	400,00	
	+ Umsatzsteuer	64,00	464,00
4.	Barkauf von Büromaterial, netto	250,00	
	+ Umsatzsteuer	40,00	290,00
5.	Verkauf gebrauchter Theken bar, netto	300,00	
	+ Umsatzsteuer	48,00	348,00
6.	Zieleinkauf neuer Theken, netto	2.800,00	
	+ Umsatzsteuer	448,00	3.248,00
7.	Tageslosung		44.428,00
8.	Banküberweisung von Kunden		24.600,00
9.	Banküberweisung für IHK-Beitrag		560,00
10.	Banküberweisung der Lebensversicherungs- prämie für den Geschäftsinhaber		3.200,00
11.	Banküberweisung an Lieferer		13.100,00
12.	Bankabbuchung für Telefonrechnung, netto	650,00	
	+ Umsatzsteuer	104,00	754,00
13.	Bareinzahlung auf dem Bankkonto		40.000,00
14.	Banküberweisung der Fernwärmeabrechnung, netto	1.500,00	
	+ Umsatzsteuer	240,00	1.740,00
15.	Bankabbuchung für den Krankenversicherungsbeitrag des Geschäftsinhabers		320,00

Abschlussangaben:

Abschreibungen auf Ladenausstattung 20 % vom Buchwert
auf Fuhrpark 12 % von den Anschaffungskosten 75.000,00

Warenbestand laut Inventur 56.400,00

21 Die Organisation der Buchführung

21.1 Der Kontenrahmen

Früher konnte jeder Kaufmann seine Konten nach eigenem Ermessen gliedern und benennen. Dabei ließ er sich von dem Gedanken leiten, was ihm gerade für sein Unternehmen am zweckmäßigsten erschien. Dadurch wurde ein Vergleich mit früheren Rechnungsperioden (Zeitvergleich) erheblich erschwert und ein Vergleich mit branchengleichen Betrieben (Betriebsvergleich) gar unmöglich gemacht. Wirtschaftliches Handeln setzt jedoch Vergleichsmöglichkeiten voraus. Die Aufgabe der Buchführung besteht gerade darin, alle Geschäftsvorfälle geordnet aufzuzeichnen, um zuverlässige Unterlagen für die Kalkulation zu liefern, eine Vergleichsrechnung zu ermöglichen und der Unternehmensleitung Entscheidungshilfen zu geben. Das gelingt nur, wenn die Konten einheitlich gegliedert und bezeichnet werden.

Diesen Anforderungen wurde erstmalig durch die „Richtlinien zur Organisation der Buchführung" am 11. November 1937 Rechnung getragen, die für alle Unternehmen der gleichen Art einen **einheitlichen Kontenrahmen** vorschrieben. Die einzelnen Wirtschaftsverbände haben aus dem „Musterkontenrahmen" unter Berücksichtigung der Besonderheiten ihrer jeweiligen Geschäftszweige eigene Kontenrahmen entwickelt, deren Benutzung sie ihren Mitgliedern empfehlen.

Die drei wichtigsten sind

- der Kontenrahmen für den Einzelhandel,
- der Kontenrahmen für den Groß- und Außenhandel,
- der Kontenrahmen für die Industrie (IKR).

Der Kontenrahmen enthält die geordnete Übersicht aller Konten, die in einem Unternehmen vorkommen können.

Der **Kontenrahmen** für den **Einzelhandel** (s. Anhang) wurde Mitte 1990 von der Hauptgemeinschaft des Deutschen Einzelhandels (HDE) verabschiedet und ist nach dem **Abschlussgliederungsprinzip** aufgebaut. Reihenfolge und Bezeichnung der Konten stimmen weitgehend mit den ausweispflichtigen Positionen der Bilanz (§ 266 HGB) und der Gewinn- und Verlustrechnung (§ 275 HGB) überein.

Der Einzelhandelskontenrahmen ist − wie alle anderen Kontenrahmen − **nach dem Zehnersystem aufgebaut.** Zunächst sind die Konten in **10 Kontenklassen** (0–9) eingeteilt.

Kontenklasse	Inhalt der Kontenklassen	
0, 1, 2	Aktiva	Bestandskonten
3, 4	Passiva	
5	Erträge	Erfolgskonten
6, 7	Aufwendungen	
8	Ergebnisrechnungen	= Eröffnungs- und Abschlusskonten
9	Kosten- und Leistungsrechnung	in der Praxis gewöhnlich tabellarische Durchführung

Im Einzelhandelskontenrahmen werden Bestands- und Erfolgskonten klar getrennt. Aktiv-, Passiv-, Ertrags- und Aufwandskonten werden in eigenen Kontenklassen erfasst.

Jede Kontenklasse wird in **10 Kontengruppen** (zweistellig) gegliedert. Jede Kontengruppe kann wieder in **10 Kontenarten** (dreistellig) und jede Kontenart in **10 Kontenunterarten** (vierstellig) unterteilt werden (siehe S. 88).

656086

Aufbau des Einzelhandelskontenrahmens

Klasse 0: Immaterielle Vermögensgegenstände und Sachanlagen

Diese Klasse enthält vor allem die Konten des Anlagevermögens als Grundlage der Betriebsbereitschaft: Grundstücke und Gebäude, Betriebs- und Geschäftsausstattung. Die Kontengruppe 02 erfasst die immateriellen Anlagewerte wie Konzessionen und Lizenzen.

Klasse 1: Finanzanlagen

In dieser Klasse sind die langfristigen Finanzanlagen enthalten. Das sind z. B. Kapitalbeteiligungen an anderen Unternehmen und zur Daueranlage gekaufte Wertpapiere.

Klasse 2: Umlaufvermögen und aktive Rechnungsabgrenzung

In dieser Klasse werden zunächst die Bestände an Waren, Betriebsstoffen und sonstigem Material (z. B. Verpackungsmaterial und Leergut) erfasst. Man kann für jede Warengruppe eine besondere Kontenart bilden, z. B. 200 Mäntel, 201 Kleider, 202 Anzüge usw., oder man gliedert die Warengruppen nach den verschiedenen Umsatzsteuersätzen. (Vgl. auch Fußnote S. 88.)

Weiter enthält diese Klasse die von uns geleisteten Anzahlungen auf Vorräte, die Forderungen aus Lieferungen und Leistungen, die sonstigen Vermögensgegenstände (Vorsteuer, Forderungen an Finanzbehörden oder Mitarbeiter) sowie die zur kurzfristigen Anlage angeschafften Wertpapiere. Die nächste Kontengruppe weist die flüssigen Mittel aus, die in den Bank-, Postbank- und Kassenkonten im Einzelnen aufgeführt werden. Die aktive Rechnungsabgrenzung dient der periodengerechten Ermittlung des Jahresabschlusses.

Klasse 3: Eigenkapital und Rückstellungen

Dieser Klasse werden zunächst die Eigenkapitalkonten der Einzelkaufleute, Personengesellschaften und Kapitalgesellschaften sowie die Rücklagen zugeordnet. Privatkonten werden nur in Einzelunternehmen und Personengesellschaften als Unterkonten geführt. Letztlich enthält die Klasse 3 auch die Rückstellungen; das sind Verbindlichkeiten, deren Höhe und/oder Fälligkeit am Bilanzstichtag noch unbekannt sind.

Klasse 4: Verbindlichkeiten und passive Rechnungsabgrenzung

Diese Klasse erfasst alle lang- und kurzfristigen Verbindlichkeiten gegenüber Gläubigern (Banken, Lieferer, Kunden, Finanzbehörden, Sozialversicherungsträger oder Mitarbeiter). Die passive Rechnungsabgrenzung dient dem gleichen Zweck wie das Konto 2900.

Klasse 5: Erträge

Die Kontengruppen 50 und 51 erfassen die eigentlichen betrieblichen Erträge: die Umsätze aus Warenhandel und Dienstleistungen. Auch hier können besondere Kontenarten für die Umsatzerlöse einzelner Warengruppen bzw. verschiedener Dienstleistungen gebildet werden. (Bei den Warengruppen ist auf die Übereinstimmung mit den Warenbestandskonten der Klasse 2 zu achten.) Die Unterkonten für Erlösberichtigungen sind den entsprechenden Umsatzerlöskonten zuzuordnen. Die folgenden Kontengruppen enthalten die sonstigen betrieblichen Erträge (Erlöse aus Vermietung, Anlagenverkäufen, Eigenverbrauch), die Erträge aus Beteiligungen, Wertpapieren sowie die Zinsen und außerordentlichen (seltenen, ungewöhnlichen) Erträge.

Klasse 6: Betriebliche Aufwendungen

Diese Klasse ist am tiefsten gegliedert. Die Kontenarten Aufwendungen für Waren sind wie die Konten Warenbestände und Umsatzerlöse zu gliedern. Bezugskosten und Nachlässe sind als Unterkonten den jeweiligen Aufwendungen für Waren zuzuordnen. Die weiteren Kontengruppen erfassen die verschiedenen Aufwendungen für Material und bezogene Leistungen, die Personalaufwendungen (Löhne, Gehälter, Soziale Abgaben), die Abschreibungen auf Sachanlagen sowie die Aufwendungen für die Inanspruchnahme von Rechten und Diensten, für Kommunikation und für Beiträge.

Klasse 7: Weitere Aufwendungen

Diese Klasse enthält alle Steuern, Zins- und außerordentlichen (seltenen, ungewöhnlichen) Aufwendungen.

Klasse 8: Ergebnisrechnungen

In dieser Klasse werden das Eröffnungsbilanz-, das Schlussbilanz- sowie das Gewinn- und Verlustkonto geführt.

> Der Kontenrahmen ermöglicht:
> - eine systematische Ordnung und eindeutige Bezeichnung aller Konten,
> - eine einheitliche und vereinfachte Buchführungsorganisation,
> - Zeit- und Betriebsvergleiche zur Steigerung der Wirtschaftlichkeit.

21.2   Der Kontenplan

Ein Unternehmen benötigt im Allgemeinen nicht alle im Kontenrahmen vorgesehenen Konten. Deshalb entwickelt jedes Unternehmen aus dem Konten r a h m e n einen eigenen **Konten p l a n ,** der auf seine speziellen Bedürfnisse ausgerichtet ist.

> Der Kontenplan enthält nur solche Konten, die das Unternehmen benötigt.

Bei der Aufstellung des Kontenplans sollten die Kontennummern und die Kontenbezeichnungen – soweit vorhanden – übernommen werden. Betriebliche Gründe können jedoch eine weitere Unterteilung erforderlich machen.

Ein **Beispiel** für die Aufstellung des Kontenplans in einem Einzelhandelsunternehmen:

Konten- plan	Kontenklasse	0	Immaterielle Vermögensgegenstände und Sachanlagen
	Kontengruppe	08	Betriebs- und Geschäftsausstattung
	Kontenarten	081	Ladenausstattung
		•	
		084	Fuhrpark
	Kontenunterarten	0840	Personenwagen
		0841	Lieferwagen
		0842	Lastzüge

Erläuterung zum Bankkonto

2800[1] Bank**guthaben,** 4200[1] Bank**schulden** – Das laufende Bankkonto ist ein Kontokorrentkonto, das im Laufe des Jahres zwischen aktivem und passivem Konto wechseln kann, das heißt, aus einem Bankguthaben können Bankschulden werden und umgekehrt. Es ist nicht sinnvoll, bei jedem Wechsel des Schuldverhältnisses die Kontonummer zu ändern. Während des Geschäftsjahres behält das Bankkonto die Nummer, mit der es im Eröffnungsbilanzkonto erscheint. Erst beim Jahresabschluss wird – entsprechend seinem Charakter – festgelegt: 2800 Aktivkonto oder 4200 Passivkonto.

---

1   Nehmen Sie eine Aufteilung in Kontenunterarten vor:
1. für die Kontenart 280 Bank (Sie arbeiten mit drei Kreditinstituten),
2. für die Kontenarten 540 Nebenerlöse aus Vermietung und 687 Werbung.

---

2   **Fragen:**
1. Welcher Unterschied besteht zwischen Kontenrahmen und Kontenplan?
2. In welchen Kontenklassen sind Bestandskonten, in welchen Erfolgskonten?
3. Welche Voraussetzungen sind für einen Zeit- und Betriebsvergleich erforderlich?

---

1   Jedes Sachkonto des Hauptbuches ist mit einer vierstelligen Kontennummer zu versehen, wenn der Kontenrahmen zugleich auch als EDV-Kontenrahmen dienen soll. Personenkonten (Kunden- und Liefererkonten) haben in der Regel fünfstellige Kontennummern.

656088

Die **Buchungsarbeiten vereinfachen** sich nun durch den Kontenplan.

Banküberweisung an einen Lieferer 2.000,00

Statt des vollen Kontenanrufes „Verbindlichkeiten a. LL an Bank" ..... 2.000,00 lautet
der vereinfachte Buchungssatz: 4400 an 2800 .... **2.000,00**
oder noch kürzer: **4400/2800** **2.000,00**

Auf den Konten sieht dies mit Angabe des Gegenkontos so aus:

S	2800 Bank		H	S	4400 Verbindlichkeiten a. LL		H
AB	15.400,00	4400 2.000,00		2800 2.000,00		AB	19.600,00

3 Wie lauten die Kontenbezeichnungen und die Geschäftsvorfälle?

1. 2880 an 5000 und 4800
2. 2850 an 2400
3. 2800 an 2880
4. 6000 und 2600 an 4400
5. 6870 und 2600 an 4200
6. 6103 und 2600 an 2850
7. 6700 an 2800
8. 3001 an 2880
9. 2800 an 5710

21.3 Die Bücher der Buchführung

Bisher haben wir die Geschäftsvorfälle gleich auf Konten gebucht. Das genügt in der Praxis nicht. Die Grundsätze ordnungsmäßiger Buchführung verlangen für alle Buchungen neben einem Beleg auch eine bestimmte Ordnung. Diese Ordnung wird in den „Buchführungsbüchern" vorgenommen, in denen die Geschäftsvorfälle festgehalten werden

- in **zeitlicher** (chronologischer) Ordnung,
- in **sachlicher** (systematischer) Ordnung,
- in **ergänzender** Ordnung durch Aufzeichnungen in Nebenbüchern.

Man unterscheidet zwei Arten von Büchern: die **System**bücher und die **Neben**bücher.

21.3.1 Die Systembücher

Systembücher sind das Inventar- und Bilanzbuch, das Grundbuch und das Hauptbuch. In ihnen werden die Geschäftsvorfälle und damit der Wertefluss in einem Unternehmen von der Eröffnungsbilanz bis zur Schlussbilanz vollständig erfasst.

21.3.1.1 Das Inventar- und Bilanzbuch

Die Ergebnisse der Inventur werden zu einem Inventar zusammengestellt, das einen detaillierten Einblick in Vermögen und Schulden des Unternehmens bietet. Inventare können je nach Größe eines Unternehmens Buchumfang annehmen. Sie werden heute nicht mehr in einem gebundenen Buch eingetragen, sondern als lose Blätter geordnet und fortlaufend nummeriert abgeheftet. Dieser Ordner ist das **Inventarbuch.**

Eine Kurzfassung des Inventars ist die Bilanz, in der Vermögenswerte und Vermögensquellen leicht überschaubar gegenübergestellt sind. Auch die Bilanzen werden als Loseblattsammlung angelegt. Ihre Zusammenstellung ist das **Bilanzbuch.**

In manchen Unternehmen werden Inventarbuch und Bilanzbuch zusammengefasst zu einem **Inventar- und Bilanzbuch.**

21.3.1.2 Das Grundbuch

Im **Grundbuch** werden alle **Buchungen in zeitlicher** (chronologischer) **Reihenfolge** festgehalten. Im Einzelnen sind dies:

I. Eröffnungsbuchungen   III. Vorbereitende Abschlussbuchungen
II. Laufende Buchungen   IV. Abschlussbuchungen.

Nach den Grundsätzen ordnungsmäßiger Buchführung müssen für alle Buchungen **Belege** vorhanden sein (Fremd- oder Eigenbelege). Diese Belege werden zunächst vorkontiert; dann erfolgt die Eintragung im Grundbuch und anschließend wird der Buchungsvorgang im Beleg vermerkt (vgl. S. 33 f.).

Das Grundbuch kann unterschiedlich gestaltet sein, enthält jedoch grundsätzlich folgende **Angaben:** Datum, Belegangabe, Buchungstext (Kurzfassung des Geschäftsvorfalls), Kontierung (Buchungssatz) und Betrag.

Grundbuch						
Monat: April ..						Seite: ..
Datum	Beleg	Buchungstext	Kontierung		Beträge	
			Soll	Haben	Soll	Haben
04-09		Übertrag von Seite ..				
04-09	ER 127	Zielkauf von Dax KG, München	6000		4.200,00	
			2600	4400	672,00	4.872,00
	KB 192	Tageslosung	2880	5000	4.756,00	4.100,00
				4800		656,00
04-10	BA 84	Überweisung von Felten, Bonn	2800	2400	696,00	696,00
04-11	BA 85	Bankeinzahlung	2800	2880	3.500,00	3.500,00
.	.	...	.	.	.	.
.	.	...	.	.	.	.

Durch diese Eintragungen ist das **Grundbuch** die **Grundlage der gesamten Buchführung.** Wegen der tagebuchartigen Erfassung aller Vorgänge heißt es auch Tagebuch oder Journal (franz. le jour = der Tag). Die chronologische Aufzeichnung aller Buchungen ermöglicht es, jeden Geschäftsvorfall bis zum Beleg zurückzuverfolgen. Somit sind auch alle Buchungen jederzeit nachprüfbar.

> Das Grundbuch nimmt alle Geschäftsvorfälle in zeitlicher Reihenfolge auf.

21.3.1.3 Das Hauptbuch

Aus den chronologischen Eintragungen im Grundbuch lässt sich nicht ohne weiteres ein Überblick über die einzelnen Aufwendungen und Erträge sowie über den derzeitigen Stand des Vermögens und des Kapitals gewinnen. Daher müssen die Geschäftsvorfälle noch im Soll und Haben der entsprechenden Konten gebucht werden. Man überträgt die Angaben aus dem Grundbuch in ein Buch, das alle Konten enthält. Dieses Buch heißt wegen seiner Bedeutung **Hauptbuch.** Im Hauptbuch werden die **Buchungen nach ihrer sachlichen Zusammengehörigkeit** geordnet. Jedes Konto weist daher nur die Geschäftsvorfälle aus, die sein bestimmtes Sachgebiet betreffen, z. B. 2880 Kasse = alle Bargeschäfte, 6700 Mieten = alle Aufwendungen für Mieten. Der Abschluss der Erfolgs- und Bestandskonten führt zum Gewinn- und Verlustkonto und zum Schlussbilanzkonto, auf denen buchhalterisch der Unternehmenserfolg sowie der Stand des Vermögens und des Kapitals ermittelt werden.

656090

Die Konten werden heute – wie das Grundbuch – auf losen Formblättern geführt. Ihre Gestaltung ist unterschiedlich möglich; sie sollten jedoch ähnliche Angaben enthalten wie das Grundbuch.

2880 Kasse					
Datum	Beleg	Buchungstext	Gegen-konto	Betrag	
				Soll	Haben
04-09	KB 192	Tageslosung	5000, 4800	4.756,00	
04-11	BA 85	Bankeinzahlung	2800		3.500,00
...	...	...	...	...	...

Soll					**2880 Kasse**				Haben
Tag	Beleg	Buchungstext	Gegen-konto	Betrag	Tag	Beleg	Buchungstext	Gegen-konto	Betrag
04-09	KB 192	Tageslosung	5000, 4800	4.756,00	04-11	BA 85	Bankeinzahlg.	2800	3.500,00
...	...	...	...	...	...	...	...	...	...

Im Hauptbuch werden alle Geschäftsvorfälle sachlich geordnet gebucht.

21.3.2 Die Nebenbücher

Neben den Systembüchern benötigt der Kaufmann noch weitere Bücher. Diese **Neben-bücher** – wie die Systembücher ebenfalls in Kartei- oder Loseblattform geführt – **erläutern einzelne Hauptbuchkonten,** z. B. Forderungen a. LL, Verbindlichkeiten a. LL, Aufwendungen für Waren, Wechsel, Löhne und Gehälter, Fuhrpark u. a. Der Ausdruck „Nebenbücher" leitet sich davon ab, dass sie n e b e n dem systematischen Kreislauf der doppelten Buchführung geführt werden, nicht weil sie nebensächlich sein könnten. Sie sind teilweise geradezu **notwendig, um wichtige Einzelheiten festzuhalten.**

Zu den Nebenbüchern gehören:

- das Kontokorrent- oder Geschäftsfreundebuch
- das Waren- oder Lagerbuch
- das Wechselbuch
- das Lohn- oder Gehaltsbuch[1]
- das Anlagenbuch[1]

Die Nebenbücher erläutern einzelne Hauptbuchkonten.

21.3.2.1 Das Kontokorrentbuch (Geschäftsfreundebuch)

Bisher haben wir alle Forderungen an die Kunden und ihre Zahlungen an uns auf dem Sammelkonto „Forderungen a. LL" gebucht. Die Namen der Kunden wurden dabei nicht angegeben. Das Gleiche gilt für die Verbindlichkeiten a. LL. Es ist aber notwendig zu wissen, was wir von jedem e i n z e l n e n Kunden zu fordern und an jeden e i n z e l n e n Lieferer zu zahlen haben.

---

1 Diese Nebenbücher werden bei der Behandlung der entsprechenden Kapitel erläutert.

Daher gliedert man das Konto „2400 Forderungen a. LL" auf in die Konten der einzelnen Kunden (24001, 24002 usw.) und das Konto „4400 Verbindlichkeiten a. LL" in die Konten der einzelnen Lieferer (44001, 44002 usw.). Diese Personenkonten bilden das Kontokorrentbuch (Buch der Geschäftsfreunde). Die Kundenkonten nennt man auch „Debitoren", die Liefererkonten „Kreditoren".

Kundenkarte: Horst Lehnen, Ostwall 4, Krefeld · · · · · · **Konto-Nr.** 24008

Datum	Beleg	Buchungstext	Hinweis	Soll	Haben	Saldo
01-02		Saldovortrag	J 1	2.320,00		2.320,00
01-15	BA 7	Banküberweisung	J 3		2.000,00	320,00
01-27	AR 29	Zielverkauf	J 6	1.740,00		2.060,00
...	...	...				

Jeder Posten aus dem Grundbuch (Journal), der in den Konten „2400 Forderungen a. LL" oder „4400 Verbindlichkeiten a. LL" gebucht wurde, muss auch ins Kontokorrentbuch übertragen werden. Im Journal sind deshalb auch die Namen der Geschäftsfreunde und die Beleghinweise vermerkt worden.

Die Kontokorrentkonten stellen den Inhalt der Hauptbuchkonten „Forderungen a. LL" und „Verbindlichkeiten a. LL" für jeden Kunden und Lieferer gesondert dar.

Beim **Kontenabschluss** (jährlich, vierteljährlich oder monatlich) werden alle Salden der Kunden- und Liefererkonten in **Saldenlisten** eingetragen. Die Summe der Einzelsalden aller Kundenkonten muss mit dem Saldo des Hauptbuchkontos „Forderungen a. LL" übereinstimmen. Das Gleiche gilt sinngemäß für die Liefererkonten und das Konto „Verbindlichkeiten a. LL".

Die Summe der Einzelforderungen bzw. die Summe der Einzelverbindlichkeiten entspricht dem Inventarposten Forderungen a. LL bzw. Verbindlichkeiten a. LL „lt. besonderem Verzeichnis". Dieses besondere Verzeichnis ist die jeweilige Saldenliste.

Die Hauptbuchkonten „2400 Forderungen a. LL" und „4400 Verbindlichkeiten a. LL" und die Saldenlisten der Personenkonten des Bekleidungshauses Rita Forst in Köln weisen beim Abschluss zum 31. Dezember .. folgende Zahlen aus:

S	2400 Forderungen a. LL	H		S	4400 Verbindlichkeiten a. LL	H
	·	·			·	·
	·				·	
		Saldo 2.400,00		Saldo 34.100,00		
	41.600,00	41.600,00			370.900,00	370.900,00

Kto.-Nr.	Kunden	Salden		Kto.-Nr.	Lieferer	Salden
24001	H. Dahl, Köln	1.700,00		44001	A. Burger, München	5.700,00
24002	B. Kröll, Köln	200,00		44002	F. Richter, Hagen	16.300,00
24003	G. Opitz, Bonn	500,00		44003	R. Timme, Soest	12.100,00
	Saldensumme	**2.400,00**			Saldensumme	**34.100,00**

Saldensumme aller Einzelforderungen = Saldo des Kontos Forderungen a. LL

Saldensumme aller Einzelverbindlichkeiten = Saldo des Kontos Verbindlichkeiten a. LL

656092

Der Zusammenhang der Bücher

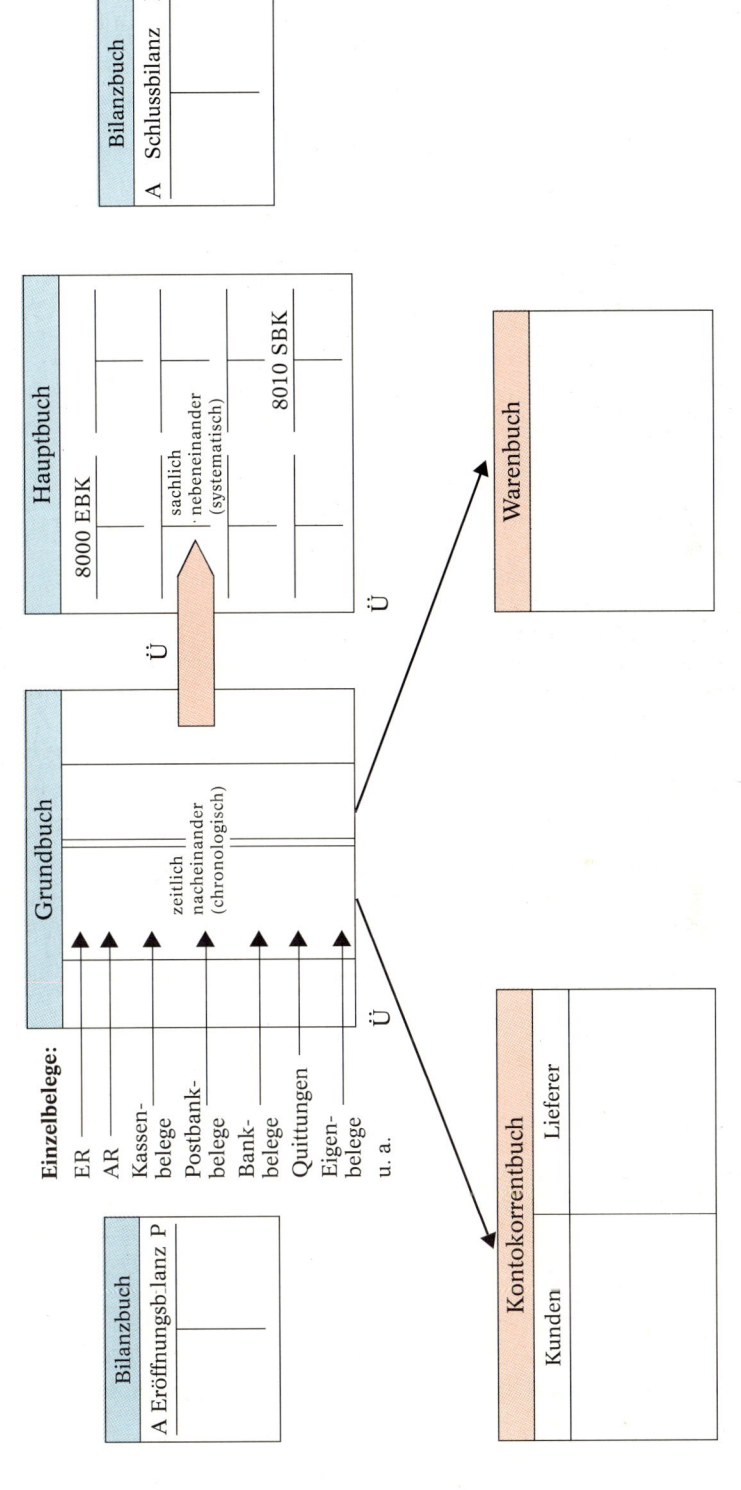

Systembücher

Bilanzbuch

A	Schlussbilanz	P

Hauptbuch

8000 EBK

sachlich
nebeneinander
(systematisch)

8010 SBK

Ü

Ü

Grundbuch

zeitlich
nacheinander
(chronologisch)

Ü

Einzelbelege:

ER
AR
Kassen-
belege
Postbank-
belege
Bank-
belege
Quittungen
Eigen-
belege
u. a.

Bilanzbuch

A	Eröffnungsbilanz	P

Warenbuch

Nebenbücher

Kontokorrentbuch

Kunden	Lieferer

Ü = Übertrag „Übertragungsbuchführung"

21.3.2.2 Das Waren- oder Lagerbuch

Auch für die Waren wird ein besonderes Buch eingerichtet, das **Waren- oder Lagerbuch,** das wie das Kontokorrentbuch als **Lagerkartei** geführt wird.

Für jeden Artikel wird eine **Warenkarte** angelegt, aus der die Zugänge und Abgänge mengenmäßig zu ersehen sind. Dadurch ist es möglich, den Umsatz und den Bestand jedes Artikels buchmäßig jederzeit ohne zeitraubende körperliche Inventur festzustellen (= permanente Inventur).

Im Laufe jedes Geschäftsjahres muss jedoch mindestens einmal die Richtigkeit des Buchbestandes durch körperliche Bestandsaufnahme überprüft werden. Ergeben sich Unterschiede zwischen den Sollbeständen der Warenkarten und den ermittelten Istbeständen, so sind die Warenkarte und das Konto Warenbestände entsprechend zu berichtigen. Differenzen können sich ergeben durch Schwund, Verderb, Diebstahl, falsche oder fehlende Eintragungen usw. Ihre Verursachung sollte schnellstens behoben werden.

Die Lagerkartei dient darüber hinaus dem Bestellwesen. Deshalb enthält die Warenkarte auch Angaben über den Lieferer, den Einstandspreis, den Mindestbestand (eisernen Bestand), den Höchstbestand und den Meldebestand. Ist der Meldebestand erreicht, muss neue Ware bestellt werden.

Muster einer Warenkarte

Artikel:	**Kirschkonfitüre**				Mindestbestand:	**40**	Karte
Artikel-Nr.:	**127**				Höchstbestand:	**250**	Nr.: **17**
Lieferer:	**Berger-VerkaufsGmbH 44002**				Meldebestand:	**120**	

Datum	Beleg	EP je Einheit	Eingang	Ausgang	Bestand	Bemerkungen
01-02	**Vortrag**	**1,79**			**130**	
01-03	**AR 8**			**22**	**108**	
01-04	**AR 15**			**18**	**90**	
01-06	**ER 32**	**1,82**	**144**		**234**	
01-07	**AR 27**			**26**	**208**	

> Die Lagerkartei dient der Ermittlung und der Kontrolle der einzelnen Warenbestände.

Belege für die Eintragungen sind die Ein- und Ausgangsrechnungen. In zunehmendem Maße nutzen heute Unternehmen für die Lagerbuchhaltung die elektronische Datenverarbeitung (EDV). Da die gewünschten Daten sofort über Bildschirm oder Drucker abgerufen werden können, wird die Lagerbuchführung erheblich vereinfacht.

4 Führen Sie eine Lagerkarte für Herrenfahrräder Marke „Olympia", Art.-Nr. 82. Lieferer: Ernst Daub KG, 24130 Kiel (44003); Mindestbestand: 15 Stück; Höchstbestand: 60 Stück; Meldebestand: 40 Stück; Karte Nr. 9.

03-01 Anfangsbestand: 34 Räder, Einstandspreis 196,00 DM
03-04 AR 367 = 6 Räder   03-05 ER 96 = 30 Räder
03-07 AR 398 = 8 Räder   03-08 AR 427 = 7 Räder

656094

Geschäftsgänge mit Grundbuch, Hauptbuch und Kontokorrentbuch

1. Führen Sie für die Aufgaben 5–7 ein Grundbuch, Hauptbuch und Kontokorrentbuch.
2. Richten Sie die Konten des Hauptbuches ein und tragen Sie die Anfangsbestände vor.
3. Richten Sie auch die Kunden- und Liefererkonten ein und tragen Sie die Salden vor.
4. Buchen Sie die Geschäftsvorfälle im Grundbuch und Hauptbuch. Übertragen Sie die notwendigen Angaben ins Kontokorrentbuch.
5. Erstellen Sie die Saldenlisten der Personenkonten und stimmen Sie diese mit den Konten „2400 Forderungen a. LL" und „4400 Verbindlichkeiten a. LL" ab.
6. Führen Sie den Abschluss im Hauptbuch durch.

---

5 **Anfangsbestände** des Modehauses Hans Riegel, Fürth:

Geschäftsausstattung	28.000,00	Kasse	3.250,00
Waren	52.600,00	Eigenkapital	73.810,00
Forderungen a. LL	1.710,00	Verbindlichkeiten a. LL	37.330,00
Bankguthaben	26.840,00	Umsatzsteuer	1.260,00

Kunden:

Abels, Fürth	670,30
Heine, Nürnberg	580,00
Ottner, Fürth	459,70

Lieferer:

Brunner, München	16.430,00
Graf, Erlangen	9.860,00
Paulsen, Bayreuth	11.040,00

Kontenplan: 0800, 2000, 2400, 2600, 2800, 2880, 3000, 4400, 4800, 5000, 6000, 6520, 6700, 6800, 6820, 6870, 8000, 8010, 8020.

Die folgenden **Geschäftsvorfälle** sind für Juni zu buchen (allgemeiner Steuersatz):

1.	ER 321:	Zielkauf von Brunner, München, Warenwert	4.690,00	
		+ Umsatzsteuer	750,40	5.440,40
	ER 322:	Zielkauf von Paulsen, Bayreuth, Warenwert	3.270,00	
		+ Umsatzsteuer	523,20	3.793,20
3.	BA 49:	Überweisung von Heine, Nürnberg		580,00
6.	AR 127:	Zielverkauf an Ottner, Fürth, Warenwert	580,00	
		+ Umsatzsteuer	92,80	672,80
8.	KB 323:	Barzahlung für Werbedrucksachen, netto	140,00	
		+ Umsatzsteuer	22,40	162,40
10.	BA 50:	Überweisung von Abels, Fürth		500,00
		Überweisung der Zahllast		1.260,00
		Überweisung an Graf, Erlangen		5.600,00
		Überweisung der Telefonrechnung, netto	340,00	
		+ Umsatzsteuer	54,40	394,40
14.	KB 324:	Kauf von Büromaterial, netto	250,00	
		+ Umsatzsteuer	40,00	290,00
	KB 325:	Tageslosung		4.582,00
17.	AR 128:	Zielverkauf an Abels, Fürth, Warenwert	290,00	
		+ Umsatzsteuer	46,40	336,40
21.	BA 51:	Überweisung an Paulsen, Bayreuth		10.000,00
		Überweisung der Geschäftsmiete		2.800,00
		Scheckeingang von Ottner, Fürth		1.000,00
27.	KB 326:	Tageslosung		4.825,60

Abschlussangaben:

30.	SB 140:	Abschreibung auf Geschäftsausstattung 1 % v. d. AK	40.000,00
30.	SB 141:	Warenbestand lt. Inventur	56.290,00

6
7

Anfangsbestände:	6	7
Geschäftsausstattung	13.200,00	16.400,00
Waren	35.700,00	34.300,00
Forderungen a. LL	1.600,00	1.800,00
Kasse	1.560,00	1.680,00
Eigenkapital	12.100,00	17.500,00
Bankschulden	23.250,00	19.310,00
Verbindlichkeiten a. LL	16.430,00	17.120,00
Umsatzsteuer	280,00	250,00

Kunden:		6	7
	Erich Germann	420,00	340,00
	Konrad Siebert	188,00	910,00
	Franz Tappert	992,00	550,00
Lieferer:	Ernst Gödecke	4.170,00	5.160,00
	Schreiber & Co.	3.740,00	4.390,00
	Hans Vetter	8.520,00	7.570,00

Kontenplan: 0800, 2000, 2400, 2600, 2880, 3000, 3001, 4200, 4400, 4800, 5000, 5420, 6000, 6300, 6520, 6800, 8000, 8010, 8020.

Geschäftsvorfälle im Januar (allgemeiner Steuersatz):				6	7
2.	AR 1	Zielverkauf an Siebert, Warenwert		500,00	600,00
		+ Umsatzsteuer		80,00	96,00
3.	KB 1	Privatentnahme bar		300,00	400,00
4.	BA 1	Banküberweisung an Gödecke		2.080,00	1.870,00
6.	KB 2	Barzahlung für Büromaterial, netto		60,00	100,00
		+ Umsatzsteuer		9,60	16,00
8.	BA 2	Banküberweisung der Umsatzsteuer		280,00	250,00
10.	KB 3	Tageslosung		3.016,00	3.248,00
13.	BA 3	Banküberweisung von Germann		420,00	340,00
15.	ER 1	Zieleinkauf von Schreiber, Warenwert ...		2.100,00	2.300,00
		+ Umsatzsteuer		336,00	368,00
16.	BA 4	Banküberweisung von Siebert		188,00	450,00
20.	KB 4	Tageslosung		3.364,00	3.596,00
23.	AR 2	Privatentnahme v. Waren, Warenwert		200,00	300,00
		+ Umsatzsteuer		32,00	48,00
25.	ER 2	Zieleinkauf von Vetter, Warenwert		4.100,00	3.900,00
		+ Umsatzsteuer		656,00	624,00
27.	KB 5	Gehaltszahlung durch Banküberweisung		3.140,00	3.270,00
30.	KB 6	Tageslosung		3.944,00	4.431,20
31.	KB 7	Bareinzahlung bei der Bank		6.000,00	6.500,00

Abschlussangaben:

31.	SB 1	Abschreibung auf 0800 vom Buchwert ...	1 %	1 %
31.	SB 2	Warenbestand lt. Inventur	36.640,00	34.870,00

8

Fragen:

1. Welche Aufgaben und welche Bedeutung haben die Bücher der Buchführung:
a) die Systembücher, b) die Nebenbücher?
2. Welche Bedeutung hat der Beleg?
3. Worin liegen die betriebswirtschaftlichen Vorteile einer permanenten Inventur?
Welche anderen Verfahren der Inventur kennen Sie?

656096

22   Das Buchen von Belegen

22.1   Die Bedeutung der Belege

Im Unterricht können wir die Buchführung zunächst nicht so gestalten wie im Betrieb. Wir behelfen uns deshalb vorläufig mit „angegebenen" Geschäftsvorfällen.

Im Unternehmen dagegen **liegt jeder Buchung ein Beleg zugrunde.** Der Beleg löst die Buchung. aus. Deswegen ist der Beleg ein **wesentlicher Bestandteil der Buchführung.** Seine Bedeutung für die Ordnungsmäßigkeit der Buchführung wird durch den Grundsatz :

Keine Buchung ohne Beleg.

besonders hervorgehoben. **Belege** enthalten die Einzelheiten des Geschäftsvorfalles und **dienen als Beweis** dafür, dass der Geschäftsvorfall der Buchung entspricht.

Buchungsbelege können sowohl Urschriften der eingegangenen als auch Durchschriften der ausgegangenen Schriftstücke sein sowie solche, die im innerbetrieblichen Ablauf angefertigt worden sind (vgl. Seite 33).

Nicht alle eingehenden und ausgehenden Schriftstücke sind für die Buchführung **Belege** und Anlass zu einer Buchung. Für die Buchführung sind nur die Schriftstücke Belege, die zu einer Änderung des Vermögens oder des Kapitals führen bzw. Aufwendungen oder Erträge ausweisen.

---

1   Entscheiden Sie, in welchen der folgenden Fälle das Schriftstück ein Beleg ist und damit in der Buchführung zu einer Buchung führt.

   1. Wir erhalten vom Lieferer eine Warensendung mit Eingangsrechnung.
   2. Wir erhalten von unserem Kunden eine Bestellung.
   3. Wir senden dem Kunden die bestellte Ware mit Rechnung.
   4. Der Kunde reklamiert Mängel an der letzten Warenlieferung.
   5. Wir teilen dem Kunden den Preisnachlass wegen der Mängelrüge mit.
   6. Wir stellen bei der Bank einen Kreditantrag.
   7. Wir erhalten von der Bank die Kreditzusage.
   8. Wir nehmen im Rahmen des eingeräumten Kredites einen Teilbetrag durch Banküberweisung in Anspruch.
   9. Wir schließen mit einem Mieter einen Mietvertrag ab.
   10. Auf unserem Bankkonto geht die Miete ein.
   11. Wir kündigen dem Mieter.
   12. Wir erteilen einem Lieferer einen Großauftrag über eine Warenlieferung.
   13. Nach Eintreffen der Auftragsbestätigung leisten wir vertragsgemäß eine Anzahlung durch Banküberweisung.

22.2　Die Belegorganisation

Der **Beleg** stellt das **Bindeglied zwischen dem Geschäftsvorfall und der Buchung** dar. Die Verbindung wird dadurch hergestellt, dass die Belege mit Buchungsvermerken oder Kontierungsstempeln versehen werden, die mit den entsprechenden Belegvermerken in der Buchführung übereinstimmen.

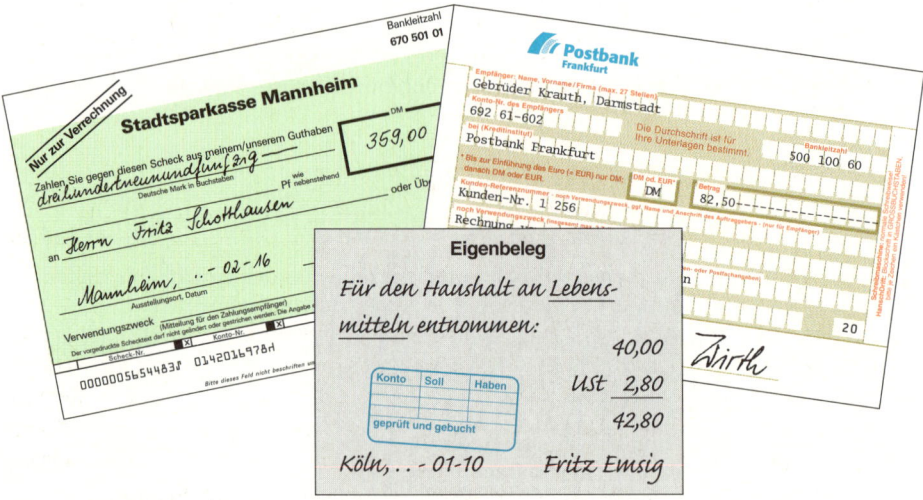

Das sind „Belege".

In der modernen Buchführung hat der Beleg wesentlich an Bedeutung gewonnen.
Er ist ein wichtiges Beweismittel für die Richtigkeit der Aufzeichnungen.

Nach § 257 Abs. 1 HGB ist jeder Kaufmann verpflichtet „die Belege für Buchungen in den von ihm zu führenden Büchern geordnet aufzubewahren". Damit ein späterer Zugriff zu den Belegen erleichtert wird, teilt man die Belege schon bei der Bearbeitung nach Arten ein und versieht sie mit einer laufenden Nummerierung, z. B.:

AR	1748	=	Ausgangsrechnung	Nr. 1748 an einen Kunden
ER	936	=	Eingangsrechnung	Nr. 936 von einem Lieferer
BA	148	=	Bankauszug	Nr. 148
KB	271	=	Kassenbeleg	Nr. 271
PB	16	=	Privatbeleg	Nr. 16

Art und Größe des Unternehmens bestimmen die Anzahl der Belegarten, in die man die Belege einteilt.

Da die Belege sechs Jahre aufbewahrt werden müssen, ist die Belegorganisation vor allem für spätere Betriebsprüfungen wichtig. Ordnungsmäßig ist eine Buchführung nur dann, wenn auch die Belege in angemessener Zeit „auffindbar" sind. Man geht heute dazu über, die Belege nicht mehr im Original aufzubewahren, sondern sie auf Mikrofilmen zu registrieren. § 257 Abs. 3 HGB nennt dafür die Voraussetzungen:

„Belege können als Wiedergabe auf einem Bildträger aufbewahrt werden, wenn sichergestellt ist, daß die Wiedergaben bildlich mit den Belegen übereinstimmen, während der Dauer der Aufbewahrungsfrist verfügbar sind und jederzeit innerhalb angemessener Frist lesbar gemacht werden können."

656098

2 **Anfangsbestände:**

Ladenausstattung	14.000,00	Eigenkapital	56.000,00
Fuhrpark	20.000,00	Bankschulden	9.000,00
Waren	67.000,00	Darlehnsschulden	46.000,00
Forderungen a. LL	51.000,00	Verbindlichkeiten a. LL	48.000,00
Kasse	7.000,00		

Kontenplan: 0810, 0840, 2000, 2400, 2600, 2800, 2880, 3000, 3001, 4200, 4250, 4400, 4800, 5000, 6000, 6103, 6105, 6200, 6520, 6700, 7700, 8000, 8010, 8020.

Die folgenden Belegangaben sind für Juni zu buchen:
Die Warenumsätze unterliegen dem **ermäßigten** Steuersatz.

3. AR Nr. 947–950	Zielverkäufe von Waren, Warenwert	13.000,00	
	+ Umsatzsteuer	910,00	13.910,00
4. Kassenbeleg:	Miete für Juni, netto	700,00	
	+ Umsatzsteuer	112,00	812,00
5. Bankauszug:	Scheckeinlösung (Lief.) Nr. 678456		4.280,00
	Vergütungen von Kunden		16.310,00
6. Kassenbeleg:	Privatentnahme		1.000,00
7. Bankauszug:	Scheckeinlösung Privat Nr. 678457		875,00
10. Kassenbeleg:	Tageslosung		6.099,00
11. ER Nr. 287	Zieleinkauf von Waren, Warenwert	12.900,00	
	+ Umsatzsteuer	903,00	13.803,00
12. Bankauszug:	Scheckeinzug von Kunden		15.430,00
	Lastschrift für Strom, netto	650,00	
	+ Umsatzsteuer	104,00	754,00
	Überweisung für Lohnabschlagszahlung		3.500,00
14. Bankauszug:	Bareinzahlung		10.500,00
	Überweisung Gewerbesteuer		720,00
	Überweisung an Lieferer		18.100,00
18. AR Nr. 951	Zielverkauf von Waren, Warenwert .	16.500,00	
	+ Umsatzsteuer	1.155,00	17.655,00
19. Bankauszug:	Überweisung Darlehnstilgung		1.000,00
20. Kassenbeleg:	Reinigungsmaterial Büro, netto	400,00	
	+ Umsatzsteuer	64,00	464,00
21. ER Nr. 288	Zieleinkauf von Waren, Warenwert .	28.000,00	
	+ Umsatzsteuer	1.960,00	29.960,00
25. Kassenbeleg:	Tageslosung		23.540,00
26. Bankauszug:	Überweisung an Lieferer		16.000,00
	Bareinzahlung		23.000,00

Abschlussangaben:

Abschreibung auf Ladenausstattung	1 % von den Anschaffungskosten	30.000,00
Abschreibung auf Fuhrpark	2 % von den Anschaffungskosten	60.000,00
Warenbestand laut Inventur	....	67.900,00

3 **Anfangsbestände:**

Ladenausstattung	30.000,00	Postbankguthaben	11.400,00
Lagerausstattung	27.000,00	Kasse	200,00
Waren	62.000,00	Eigenkapital	116.000,00
Forderungen a. LL	19.000,00	Verbindlichkeiten a. LL ..	36.000,00
Bankguthaben	7.600,00	Umsatzsteuer	5.200,00

Kontenplan: 0810, 0830, 2000, 2400, 2600, 2800, 2850, 2880, 3000, 3001, 4400, 4800, 5000, 6000, 6103, 6110, 6300, 6520, 6750, 6800, 6900, 7700, 7030, 8000, 8010, 8020.

Die folgenden Belegangaben sind zu buchen (allgemeiner Steuersatz):

Eingangsrechnungen:

1. Nr. 798 für Wareneinkauf, Warenwert 12.500,00
   + Umsatzsteuer 2.000,00 14.500,00

2. Nr. 799 für Einkauf von Heizöl, netto 3.400,00
   + Umsatzsteuer 544,00 3.944,00

3. Nr. 800 für Geschäftsdrucksachen, netto 250,00
   + Umsatzsteuer 40,00 290,00

4. Nr. 801 für Wareneinkauf, Warenwert 8.000,00
   + Umsatzsteuer 1.280,00 9.280,00

Ausgangsrechnungen:

5. Nr. 2 117–2 125 für Zielverkäufe von Waren, Warenw. 11.600,00
   + Umsatzsteuer 1.856,00 13.456,00

Bankbelege:

6. Überweisungen an Lieferer 39.400,00
7. Überweisung an die Stadtkasse, Gewerbesteuer 1.340,00
8. Überweisung für Haftpflichtversicherung, privat 430,00
   Haftpflichtversicherung, Betrieb 1.070,00
9. Barabhebung 1.000,00
10. Bankbelastung für Gebühren (Kto. 6750) 150,00
11. Überweisungen von Kunden 16.230,00
12. Bareinzahlung eines Kunden 480,00
13. Überweisung des Inhabers, Kapitaleinlage 25.000,00

Postbankbelege:

14. Überweisung der Umsatzsteuer ans Finanzamt 5.200,00
15. Überweisung der Kraftfahrzeugsteuer 800,00
16. Überweisung für Kraftfahrzeugversicherung 2.000,00
17. Überweisung der Gehälter 3.300,00
18. Überweisung von Kunden 3.100,00

Kassenbelege:

19. Auslagen für Paketgebühren (Versand) 140,00
20. Tageslosung 58.000,00
21. Bareinzahlung bei der Bank 50.000,00

Sonstige Buchungsanweisungen:

22. Abschreibung auf Ladenausstattung 10 % v. d. AK 30.000,00
    auf Lagerausstattung 12$^1/_2$ % v. d. AK 40.000,00
23. Warenbestand laut Inventur 47.500,00

6560100

22.3 Geschäftsgang nach Belegen

Gehören zu einem Geschäftsvorfall mehrere Belege, so darf nur nach **einem** Beleg gebucht werden. Bei Zahlungen durch die Bank bucht man nur nach den Kontoauszügen, nicht nach Schecks oder Überweisungsvordrucken. Nach den Kassenberichten werden nur die Tageslosungen gebucht; die anderen Bargeschäfte nach besonderen Belegen.

---

4 Anfangsbestände und Umsätze des **Einzelhandelsgeschäftes Werner Weber, Krefeld,** vom 27. Juni ..:

0810	Ladenausstattung	28.300,00	
0860	Büromaschinen, Organisationsmittel	1.400,00	200,00
2000	Warenbestände (7 % USt)	49.000,00	
2010	Warenbestände (16 % USt)	2.500,00	
2400	Forderungen a. LL	35.100,00	32.400,00
2600	Vorsteuer (7 % USt)	19.600,00	17.800,00
2610	Vorsteuer (16 % USt)	4.000,00	3.300,00
2800	Bank	313.405,00	308.800,00
2880	Kasse	289.697,00	289.200,00
3000	Eigenkapital		68.902,00
3001	Privat	28.400,00	
4400	Verbindlichkeiten a. LL	314.900,00	350.100,00
4800	Umsatzsteuer (7 % USt)	24.500,00	27.400,00
4810	Umsatzsteuer (16 % USt)	2.200,00	3.500,00
5000	Umsatzerlöse (7 % USt)		391.000,00
5010	Umsatzerlöse (16 % USt)		21.000,00
6000	Aufwendungen für Waren (7 % USt)	280.500,00	
6010	Aufwendungen für Waren (16 % USt)	13.000,00	
6103	Aufwendungen für Energie	900,00	
6105	Aufwendungen für Reinigungsmaterial	400,00	
6300	Gehälter	79.300,00	
6520	Abschreibungen auf Sachanlagen		
6700	Mieten, Pachten	17.700,00	
6820	Post und Telekommunikation	2.700,00	
6870	Werbung, Dekoration	3.200,00	
7000	Betriebliche Steuern	2.900,00	
		1.513.602,00	1.513.602,00

Abschlussangaben:

Abschreibungen auf Anlagegegenstände	10 % vom Buchwert
Warenbestand laut Inventur: Warengruppe I (7 % USt)	56.100,00
Warengruppe II (16 % USt)	2.700,00

Arbeitsanweisungen und Erläuterungen:
Buchen Sie die folgenden Belege in den Konten und schließen Sie die Konten zum 30. Juni .. ab.

Kunden:	24001	Pension Rheinblick, Krefeld	1.614,00
(Offene-Posten-Liste)	24002	Inge Gross, Krefeld	830,00
	24...	Verschiedene Kunden	256,00
Lieferer:	44001	Kramer & Co., Neuss	15.700,00
(Offene-Posten-Liste)	44002	Möller & Jost, Krefeld	17.800,00
	44003	Deutsche-Heizöl-AG, Krefeld	400,00
	44...	Verschiedene Lieferer	1.300,00

Beleg 1:

```
0001  KRAMER & CO.              RECHNUNG      0074/000009    0048/0130              SEITE 1
0002  LEBENSMITTEL-GROSSHANDEL                                             DATUM ..-06-26
0003  KÖLNER STR. 81                                                               08:39
0004  41464 NEUSS        TELEFON (0 21 01) 96 30-0    TELEFAX (0 21 01) 9 63 02 19
0005  USt-IdNr.: DE811578701                                                       70/11
0006
0007  KUNDE:  0048/217814        L. R.: ..-06-26 0130 0074/000008  FEINKOST WERNER WEBER
0008          S 048 00021781 01 22                              SÜDWALL 35
0009          V 29                                              47798 KREFELD
0010  -------------------------------------------------------------------------------
0011  EAN           ART.-NR.  ARTIKEL-BEZEICHNUNG  EINZEL-PR. INH.KOL KOLLI-PR.  MENGE  W GESAMTPREIS MR
0012
0013  41041819      124548.9  ZUCKER SFB             54,100    50    54,10   2,00        108,20
0014  +4104         028976.9  SPEISESALZ FEIN        24,500    50    24,50   1,00         24,50
0015  3228023920069 153542.6  DIAMANT KINDERGRIES     2,700     5     2,70   5,00  W       13,50
0016  4003505040201 146821.4  KONDENSMILCH 170 G     22,000    25    22,00   1,00         22,00
0017  40409054      121772.8  KARTOFFELMEHL           0,760     1     0,76  25,00         19,00
0018  4008467007903 019600.6  ROSINEN                 1,760     1     1,76  20,00         35,20
0019  40409108      130386.6  PIKANTJE HARTKÄSE 48 %  9,890     1     9,89   2,16  W       21,36
0020  -------------------------------------------------------------------------------
0021                                                      NETTO                243,76
0022
0023                                  A 16,00 % UST         0,00                 0,00
0024                                  B 07,00 % UST       243,76                17,06
0025
0026
0027  KOLLI GES.: 54    KOLLI GEW.: 1   (2,16)             SUMME                260,82
0028
0029
0030  -------------------------------------------------------------------------------
0031  W = WERBEARTIKEL
```

Stamps: Konto Soll Haben — geprüft und gebucht — Eingang: ..-06-26

Beleg 2:

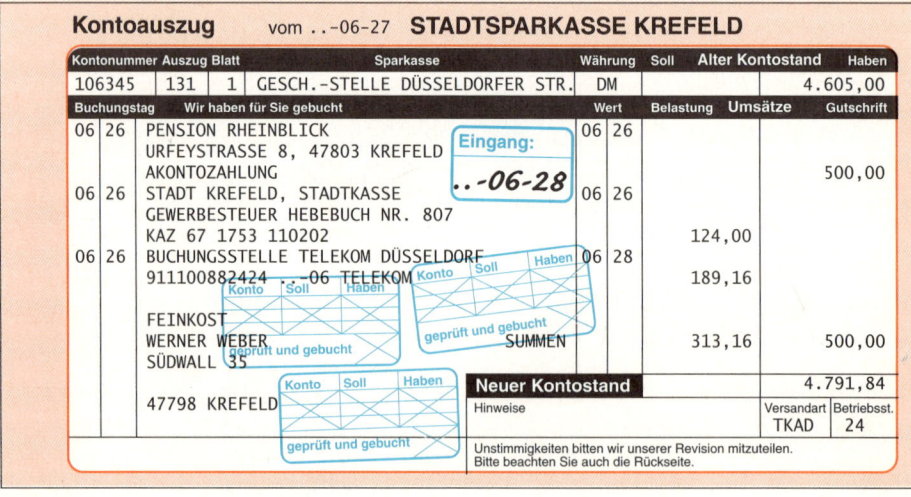

6560102

Beleg 3:

Deutsche Telekom
Ihre Rechnung

T · · · · · ·

Deutsche Telekom AG, Niederlassung 2
40477 Düsseldorf

311/3A1/0180438/11 | 1,10

Feinkost
Werner Weber
Südwall 35

47798 Krefeld

Rechnungsdatum	..-06-20
Rechnungsmonat	Juni ..
Kundennummer	1881008493
Bitte immer angeben	
Buchungskonto	211100882424
Seite	1
Bei Rückfragen Telefon	0130/131075
Telefax	0211/150-3863

Artikel-/ Leistungs-Nr.	Artikel oder Leistung	Menge bzw. Einheit	Nettoeinzel-betrag DM	Nettogesamt-betrag DM	USt in %
	Monatliche Beträge				
10110	Telefonanschluss	1	21,39	21,39	16
11103	Telefon für zusätzl. Telefone	1	9,10	9,10	16
11161	Telefon Nizza	1	5,90	5,90	16
11532	Telefonschnur	1	0,25	0,25	16
13323	Klingel	1	0,55	0,55	16
	Beträge für Verbindungen vom ..-05-19 bis ..06-19				
17315	79 CityCall-Verbindungen	1017	0,1043	106,07	16
17323	6 Region 50-Verbindungen	28	0,1043	2,92	16
17325	2 Region 200-Verbindungen	61	0,1043	6,36	16
17327	4 Fernverbindungen	70	0,1043	7,30	16
17346	3 11833 - Inlandsauskunft der Deutschen Telekom	31	0,1043	3,23	16
	Summe Verbindungsentgelte			**125,88**	
	Zusammenstellung der Beträge				
	Zwischensumme			163,07	
	Umsatzsteuer 16 % auf	163,07		26,09	
	Rechnungsbetrag			**189,16**	

Der Betrag von DM 189,16 wird von Konto 0000106345 BLZ 32050000 abgebucht.

Eingang:
..-06-22

42

Haus-anschrift	Deutsche Telekom AG, Niederlassung 2
	40477 Düsseldorf, Moltkestr. 23
Bank-verbindung	Buchungsstelle der Telekom in Düsseldorf, Postfach 14 01 20
	Girokontonummer 4 400 400 Postbank Dortmund (Bankleitzahl 440 100 46)

000190

Beleg 4:

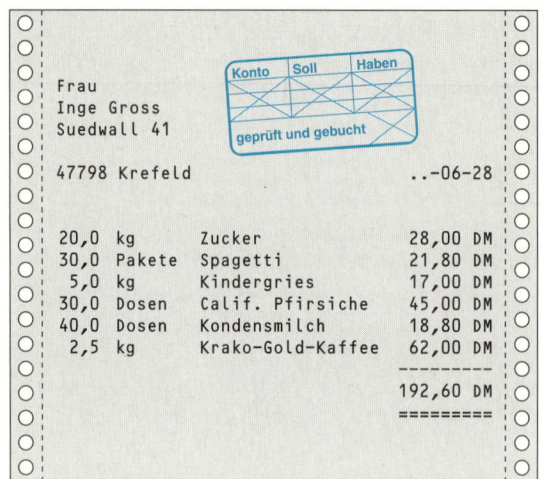

```
Frau
Inge Gross
Suedwall 41

47798 Krefeld                      ..-06-28

20,0  kg      Zucker              28,00 DM
30,0  Pakete  Spagetti            21,80 DM
 5,0  kg      Kindergries         17,00 DM
30,0  Dosen   Calif. Pfirsiche    45,00 DM
40,0  Dosen   Kondensmilch        18,80 DM
 2,5  kg      Krako-Gold-Kaffee   62,00 DM
                                 ----------
                                 192,60 DM
                                 ==========
```

Konto | Soll | Haben
geprüft und gebucht

Beleg 5:

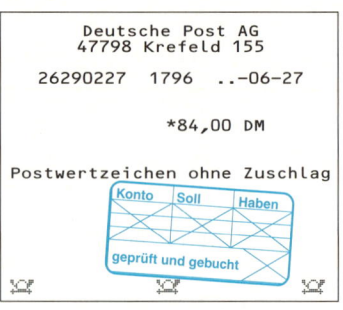

```
        Deutsche Post AG
        47798 Krefeld 155

  26290227   1796   ..-06-27

          *84,00 DM

Postwertzeichen ohne Zuschlag
```

Konto | Soll | Haben
geprüft und gebucht

Beleg 6:

Kassenbericht   Nr. 130   vom 27. Juni ..

			DM	Pf
Kassenbestand bei Geschäftsschluss			2.125,	00
Ausgaben im Laufe des Tages:				
1. Zahlungen für Wareneinkäufe:				
2. Geschäftsausgaben:				
Briefmarken	84,	00		
		84,	00	
3. Privatentnahmen:				
4. Sonstige:				
zusammen			2.209,	00
abzüglich Kassenbestand des Vortages			497,	00
= Kasseneingang			1.712,	00
5. abzüglich: sonstige Einnahmen				
= **Bareinnahmen (Tageslosung)**			1.712,	00

Konto | Soll | Haben
geprüft und gebucht

Kundenzahl: 48

Werner Weber

Unterschrift

6560104

Beleg 7:

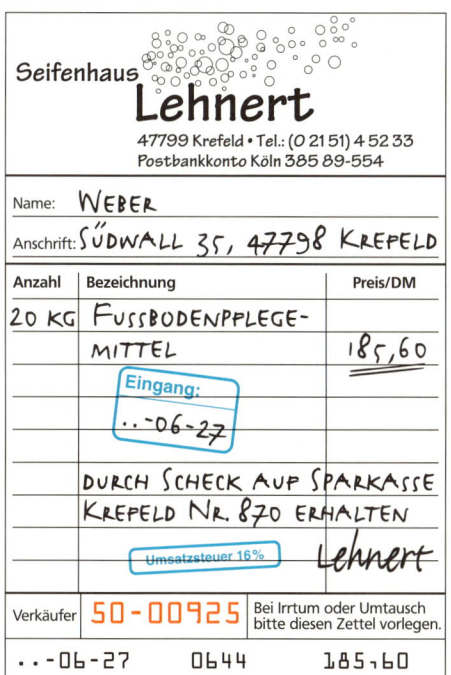

Seifenhaus Lehnert

47799 Krefeld • Tel.: (0 21 51) 4 52 33
Postbankkonto Köln 385 89-554

Name: WEBER

Anschrift: SÜDWALL 35, 47798 KREFELD

Anzahl	Bezeichnung	Preis/DM
20 KG	FUSSBODENPFLEGE- MITTEL	185,60

Eingang: .. -06-27

DURCH SCHECK AUF SPARKASSE
KREFELD NR. 870 ERHALTEN

Umsatzsteuer 16%   *Lehnert*

Verkäufer	50-00925	Bei Irrtum oder Umtausch bitte diesen Zettel vorlegen.

.. -06-27   0644   185,60

Beleg 8:

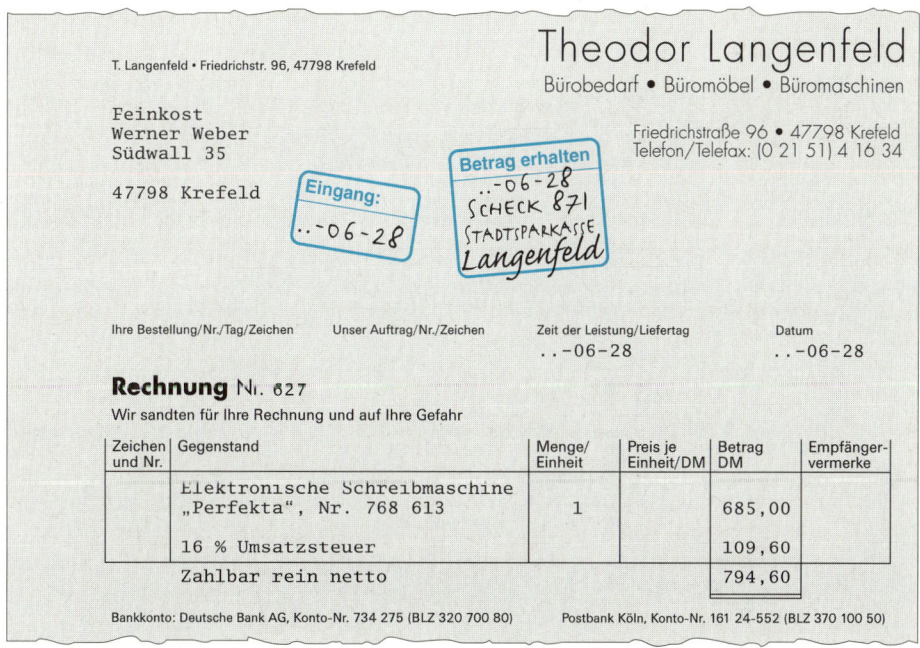

T. Langenfeld • Friedrichstr. 96, 47798 Krefeld

Theodor Langenfeld
Bürobedarf • Büromöbel • Büromaschinen

Feinkost
Werner Weber
Südwall 35

47798 Krefeld

Friedrichstraße 96 • 47798 Krefeld
Telefon/Telefax: (0 21 51) 4 16 34

Eingang: .. -06-28

Betrag erhalten
.. -06-28
SCHECK 871
STADTSPARKASSE
Langenfeld

Ihre Bestellung/Nr./Tag/Zeichen	Unser Auftrag/Nr./Zeichen	Zeit der Leistung/Liefertag	Datum
		.. -06-28	.. -06-28

Rechnung Nr. 627

Wir sandten für Ihre Rechnung und auf Ihre Gefahr

Zeichen und Nr.	Gegenstand	Menge/ Einheit	Preis je Einheit/DM	Betrag DM	Empfänger- vermerke
	Elektronische Schreibmaschine „Perfekta", Nr. 768 613	1		685,00	
	16 % Umsatzsteuer			109,60	
	Zahlbar rein netto			794,60	

Bankkonto: Deutsche Bank AG, Konto-Nr. 734 275 (BLZ 320 700 80)   Postbank Köln, Konto-Nr. 161 24-552 (BLZ 370 100 50)

Beleg 9:

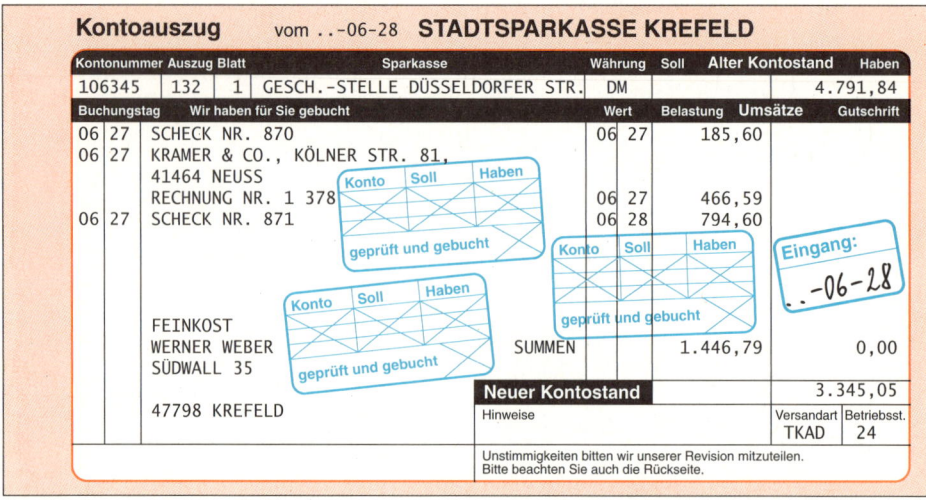

Kontoauszug vom ..-06-28 STADTSPARKASSE KREFELD

Kontonummer	Auszug	Blatt	Sparkasse	Währung	Soll Alter Kontostand Haben
106345	132	1	GESCH.-STELLE DÜSSELDORFER STR.	DM	4.791,84

Buchungstag		Wir haben für Sie gebucht	Wert		Belastung (Umsätze)	Gutschrift
06	27	SCHECK NR. 870	06	27	185,60	
06	27	KRAMER & CO., KÖLNER STR. 81, 41464 NEUSS RECHNUNG NR. 1 378	06	27	466,59	
06	27	SCHECK NR. 871	06	28	794,60	
		SUMMEN			1.446,79	0,00
		Neuer Kontostand				3.345,05

FEINKOST
WERNER WEBER
SÜDWALL 35

47798 KREFELD

Hinweise

Versandart	Betriebsst.
TKAD	24

Unstimmigkeiten bitten wir unserer Revision mitzuteilen.
Bitte beachten Sie auch die Rückseite.

Konto | Soll | Haben — geprüft und gebucht

Konto | Soll | Haben — geprüft und gebucht

Konto | Soll | Haben — geprüft und gebucht

Eingang: ..-06-28

Beleg 10:

Müller & Jost • Frische-Großhandel • 47798 Krefeld

Müller & Jost

Feinkost
Werner Weber
Südwall 35

47798 Krefeld

Eingang: ..-06-28

Telefon und Fax:
(0 21 51) 1367

Konto | Soll | Haben — geprüft und gebucht

Auftragsbestätigung und Rechnung Nr. 2 752

Datum ..-06-27

Anzahl	Inhalt	Waren	Einzelpreis	Gesamtpreis
1	126	Orangen		25,00
1	125	Bananen	0,11	13,75
1	150	Zitronen	0,08	12,00
1	16	Äpfel	0,60	9,60
1	10	Rosenkohl	1,00	10,00
2	5 Pckg.	Erdnüsse	2,10	21,00
1	100	Feigen	0,28	28,00
1	10 Pckg.	Haselnüsse	1,50	15,00
				134,35
		7 % USt		9,40
				143,75

Bankverbindungen:

Stadtsparkasse Krefeld
Konto 753 210
(BLZ 320 500 00)

Deutsche Bank AG
Konto 431 099
(BLZ 320 700 80)

Postbank Köln
Konto 1765 42-578
(BLZ 370 100 50)

Beleg 11:

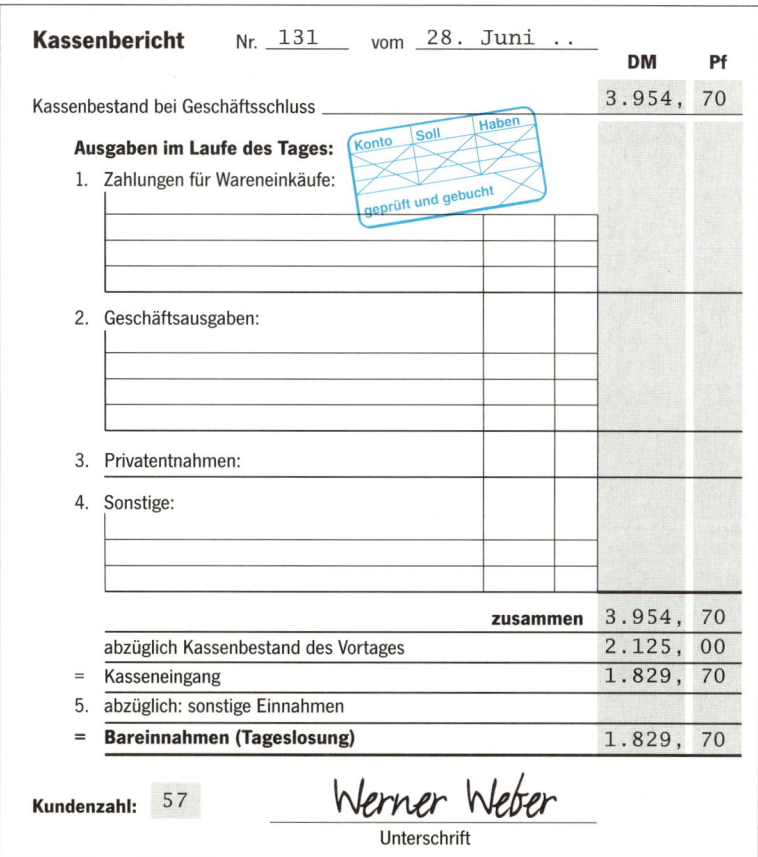

Kassenbericht Nr. 131 vom 28. Juni ..

	DM	Pf
Kassenbestand bei Geschäftsschluss	3.954,	70

Ausgaben im Laufe des Tages:

Konto Soll Haben — geprüft und gebucht

1. Zahlungen für Wareneinkäufe:

2. Geschäftsausgaben:

3. Privatentnahmen:

4. Sonstige:

	DM	Pf
zusammen	3.954,	70
abzüglich Kassenbestand des Vortages	2.125,	00
= Kasseneingang	1.829,	70
5. abzüglich: sonstige Einnahmen		
= **Bareinnahmen (Tageslosung)**	1.829,	70

Kundenzahl: 57

Werner Weber

Unterschrift

Beleg 12:

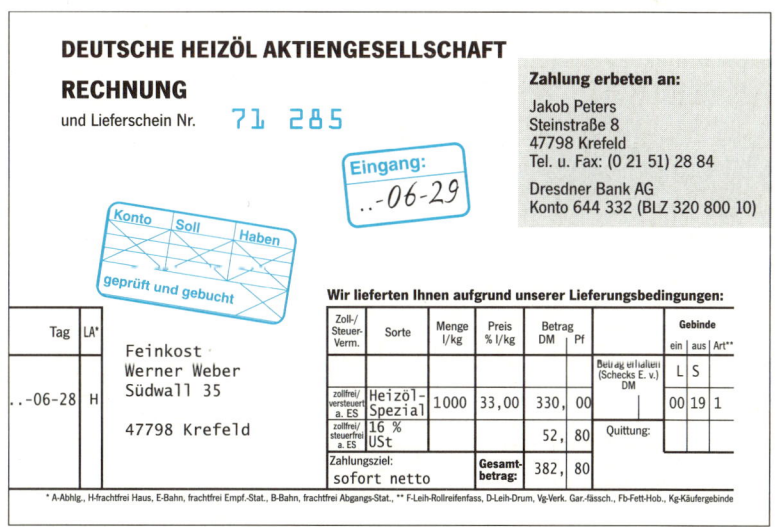

DEUTSCHE HEIZÖL AKTIENGESELLSCHAFT

RECHNUNG

und Lieferschein Nr. 71 285

Eingang: ..-06-29

Konto Soll Haben — geprüft und gebucht

Zahlung erbeten an:
Jakob Peters
Steinstraße 8
47798 Krefeld
Tel. u. Fax: (0 21 51) 28 84

Dresdner Bank AG
Konto 644 332 (BLZ 320 800 10)

Wir lieferten Ihnen aufgrund unserer Lieferungsbedingungen:

Tag	LA*		Zoll-/Steuer-Verm.	Sorte	Menge l/kg	Preis % l/kg	Betrag DM	Pf	Betrag erhalten (Schecks E. v.) DM	Gebinde ein	aus	Art**
		Feinkost Werner Weber Südwall 35								L	S	
..-06-28	H		zollfrei/versteuert a. ES	Heizöl-Spezial	1000	33,00	330,	00		00	19	1
		47798 Krefeld	zollfrei/steuerfrei a. ES	16 % USt			52,	80	Quittung:			
			Zahlungsziel: sofort netto			**Gesamt-betrag:**	382,	80				

* A-Abhlg., H-frachtfrei Haus, E-Bahn, frachtfrei Empf.-Stat., B-Bahn, frachtfrei Abgangs-Stat., ** F-Leih-Rollreifenfass, D-Leih-Drum, Vg-Verk. Gar.-fässch., Fb-Fett-Hob., Kg-Käufergebinde

Beleg 13:

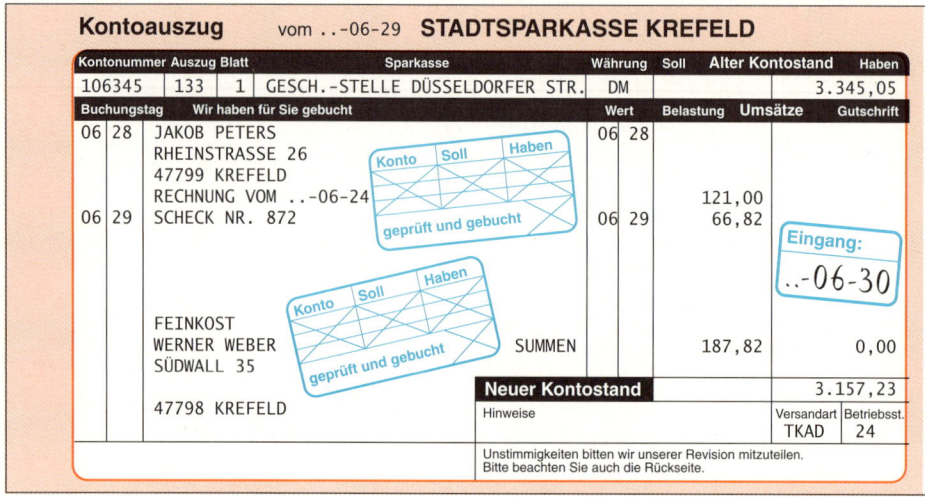

Kontoauszug	vom ..-06-29	**STADTSPARKASSE KREFELD**			

Kontonummer	Auszug	Blatt	Sparkasse	Währung	Soll	Alter Kontostand	Haben
106345	133	1	GESCH.-STELLE DÜSSELDORFER STR.	DM			3.345,05

Buchungstag	Wir haben für Sie gebucht	Wert	Belastung	Umsätze	Gutschrift
06 28	JAKOB PETERS RHEINSTRASSE 26 47799 KREFELD RECHNUNG VOM ..-06-24	06 28			
06 29	SCHECK NR. 872	06 29		121,00 66,82	
	FEINKOST WERNER WEBER SÜDWALL 35 47798 KREFELD	SUMMEN		187,82	0,00

geprüft und gebucht — Konto Soll Haben

Eingang: ..-06-30

Neuer Kontostand	3.157,23
Hinweise	Versandart TKAD	Betriebsst. 24

Unstimmigkeiten bitten wir unserer Revision mitzuteilen.
Bitte beachten Sie auch die Rückseite.

Beleg 14:

Rheinische Post • Rheinstr. 93 • 47799 Krefeld

Feinkost
Werner Weber
Südwall 35

47798 Krefeld

RHEINISCHE POST

Betrag dankend erhalten Rheinische Post ..-06-29 Pitzer

Eingang: ..-06-29

Anzeigenrechnung

Konto-Nr.	Inhalt der Anzeige	Erscheinungstag/ Rechnungsdatum	Aus-gabe	Rechnungs-Nr.	Anzeigen-höhe	mm- bzw. Wortpreis	Rechnungsbetrag DM
715	Werbung 16 % USt	..-06-21	K1	675	160	36	57,60 9,22
							66,82

Zahlbar sofort nach Erhalt der Rechnung ohne Abzug, sonst erfolgt nach Ablauf von
30 Tagen Einzug des Betrages durch Postnachnahme ohne vorherige Benachrichtigung.

Dresdner Bank AG, Konto 257 218 (BLZ 320 800 10) • Postbank Köln, Konto 273 20-562 (BLZ 370 100 50)

Beleg 15:

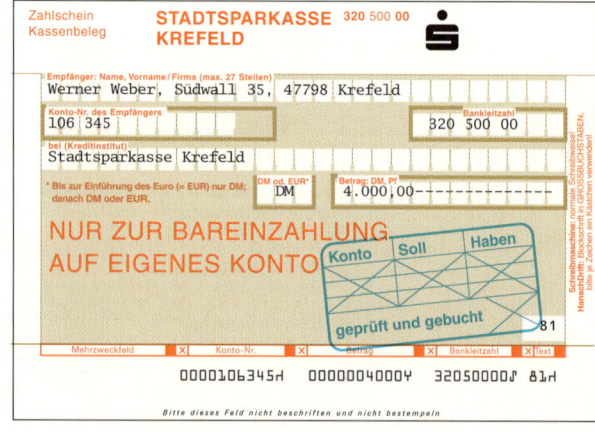

Zahlschein Kassenbeleg

STADTSPARKASSE KREFELD 320 500 00

Empfänger: Name, Vorname / Firma (max. 27 Stellen)
Werner Weber, Südwall 35, 47798 Krefeld

Konto-Nr. des Empfängers: 106 345

Bankleitzahl: 320 500 00

bei (Kreditinstitut)
Stadtsparkasse Krefeld

* Bis zur Einführung des Euro (= EUR) nur DM, danach DM oder EUR.

DM od. EUR*: DM

Betrag: DM, Pf: 4.000,00--------------

NUR ZUR BAREINZAHLUNG AUF EIGENES KONTO

geprüft und gebucht — Konto Soll Haben

81

Mehrzweckfeld	X	Konto-Nr.	X	Betrag	X	Bankleitzahl	X	Text

0000106345H   00000040004   320500004   81H

Bitte dieses Feld nicht beschriften und nicht bestempeln

6560108

Beleg 16:

Quittung

Nr.

	DM in Ziffern	Pf
Nettowert		
+ − % USt		
Gesamtbetrag	200	00

Deutsche Mark in Worten

zweihundert-------------------- Deutsche Pfennige wie oben

von der Kasse

Konto | Soll | Haben

für Privat

richtig erhalten zu haben, bestätigt

geprüft und gebucht

Ort 47798 Krefeld Datum ..-06-30

Buchungsvermerke | Stempel/Unterschrift des Empfängers

Werner Weber

Beleg 17:

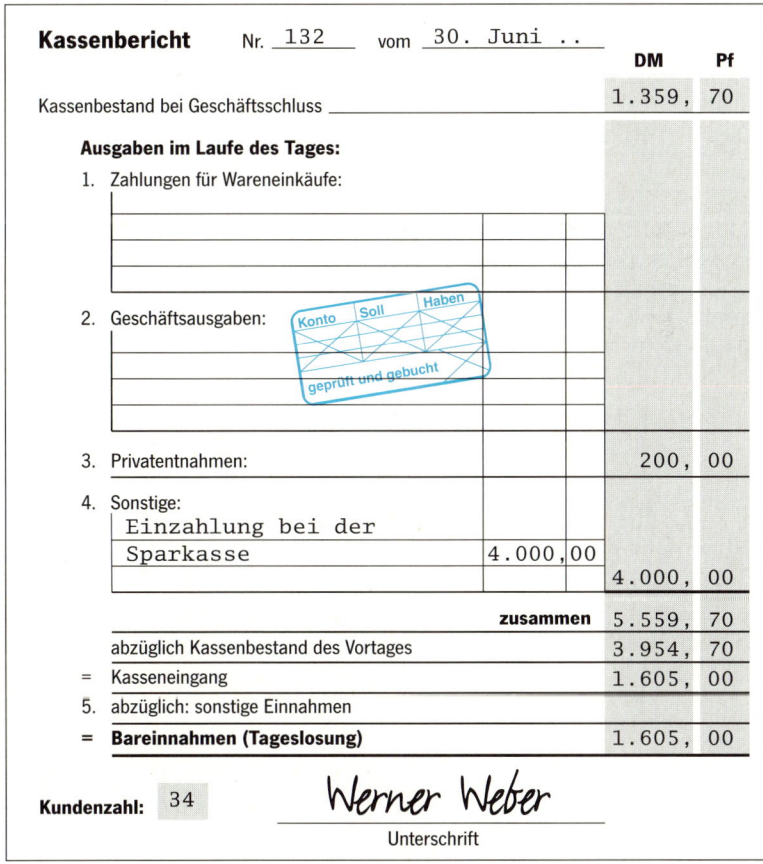

Kassenbericht   Nr. 132   vom 30. Juni ..

		DM	Pf
Kassenbestand bei Geschäftsschluss		1.359,	70
Ausgaben im Laufe des Tages:			
1. Zahlungen für Wareneinkäufe:			
2. Geschäftsausgaben:			
3. Privatentnahmen:		200,	00
4. Sonstige:			
Einzahlung bei der Sparkasse	4.000,00		
		4.000,	00
zusammen		5.559,	70
abzüglich Kassenbestand des Vortages		3.954,	70
= Kasseneingang		1.605,	00
5. abzüglich: sonstige Einnahmen			
= **Bareinnahmen (Tageslosung)**		1.605,	00

Konto | Soll | Haben

geprüft und gebucht

Kundenzahl: 34

Werner Weber

Unterschrift

23   Die Warenwirtschaft

Die erfolgreiche Nutzung rechtzeitig aufgefundener oder bereitgestellter Informationen beeinflusst heute in immer stärkerem Maße die Wettbewerbsfähigkeit eines Einzelhandelsunternehmens. Um auf den unübersichtlichen und schwierigen Märkten bestehen zu können, müssen sich die betrieblichen Entscheidungen als richtig erweisen: Je mehr Informationen einer Unternehmung zur Verfügung stehen – und je besser diese sind –, desto höher wird die Qualität der Entscheidung im Handel sein.

Vor diesem Hintergrund hat die Einzelhandelspraxis die Notwendigkeit von aktuellen und zuverlässigen Informationen erkannt. Die Buchführung liefert in diesem Zusammenhang für das Einzelhandelsunternehmen Daten über

- das Vermögen und dessen Veränderungen,
- die Schulden und deren Veränderungen,
- die Aufwendungen und Erträge,
- das Kapital und dessen Veränderungen.

Mithilfe der Informationen der Kosten- und Leistungsrechnung, die auf den Zahlen der Buchführung basiert, kann die Wirtschaftlichkeit und Leistungsfähigkeit des Einzelhandelsbetriebes kontrolliert werden.

Diese leistungsfähigen Informations- und Steuerungssysteme sind unerlässlich, um die finanzielle Situation und die Kostenstruktur des Betriebes verfolgen zu können. Darüber hinaus sollte besonders der Kernbereich des Handelsbetriebes beobachtet werden: der Bereich der Ware. Dieser wird sehr oft auch Warenwirtschaft genannt.

23.1   Warenwirtschaftliche Tätigkeiten

Die Warenwirtschaft umfasst sämtliche Tätigkeiten, die mit der Beschaffung, der Lagerung und dem Absatz der Handelswaren verbunden sind.

Die Entscheidung, Waren zu erwerben, löst in der Warenwirtschaft des Betriebes eine Reihe voneinander abhängiger Vorgänge aus: Die Ware muss bestellt, geliefert, geprüft, ausgezeichnet und verteilt werden, bevor sie zur Auslage kommt und verkauft werden kann. Warenwirtschaftliche Tätigkeiten im

- Bestellwesen,
- Wareneingang,
- Bereich der Rechnungsprüfung und des Rechnungsausgleichs,
- Bereich der Artikelauszeichnung,
- Verkauf

sind notwendig, damit der Handel seine Verteilungsaufgabe erfüllen kann.

Die Ware ist die wichtigste und meist die größte Investition in der Handelsunternehmung. Da die Ware in der Regel nur kurzfristig geordert werden kann, können Fehler im Bereich der Ware den Bestand der Unternehmung direkt und relativ kurzfristig gefährden.

In der Warenwirtschaft geht das Bestreben des Handelsbetriebes dahin, die rechte Ware zur rechten Zeit, zum richtigen Preis, in der richtigen Menge und am richtigen Ort vorrätig zu haben. Sobald eine dieser Forderungen nicht erfüllt ist, entstehen der Unternehmung zusätzliche Kosten bzw. es entgeht Gewinn: Ist die Ware z. B. zu früh oder in zu großen Mengen am Lager und in den Verkaufsräumen, so entstehen unnötige Lagerkosten und evtl. an anderer Stelle dringend benötigtes Kapital wird gebunden. Im umgekehrten Fall – wenn z. B. die Nachfrage nach einem Artikel das Angebot übersteigt –, so steht der kaufwillige Kunde vor leeren Regalen und das Unternehmen kann wegen der ausbleibenden Verkäufe keinen Gewinn machen. Die gleichen Feststellungen können gemacht werden, sobald im Sortiment die nachgefragte Ware nicht enthalten oder nicht zum richtigen Preis angeboten wird.

23.2 Das Warenwirtschaftssystem

Damit die Ware möglichst rationell vom Hersteller zum Kunden gebracht wird, arbeitet der Einzelhandelsbetrieb mit einem Warenwirtschaftssystem.

Ein Warenwirtschaftssystem ist das Steuerungs- und Informationssystem in der Warenwirtschaft des Handelsbetriebes.

Es soll den gesamten Weg der Ware durch das Einzelhandelsunternehmen − angefangen vom Lieferanten bis hin zum Käufer − abbilden und durch warenbezogene Auswertungen kontrollieren. Diese warenbezogenen Informationen können dem Einzelhändler helfen optimale Entscheidungen im Warenbereich zu treffen.

Ein rationell arbeitendes Warenwirtschaftssystem, das den Warenkreislauf steuert und kontrolliert, kann wesentlich zum Unternehmenserfolg beitragen. Es hilft dem Einzelhändler vor allem bei der Lösung von Konflikten zwischen den beiden grundlegenden Zielen der Warenwirtschaft: Die Beschaffung und Bereitstellung aller Artikel sollte möglichst wenig Kapital binden und geringe Kosten verursachen. Der Lagerbestand ist daher so niedrig wie möglich zu halten. Gleichzeitig strebt der Handel aus Service- und Imagegründen die permanente, sofortige Erfüllung aller Kaufwünsche der Verbraucher an.

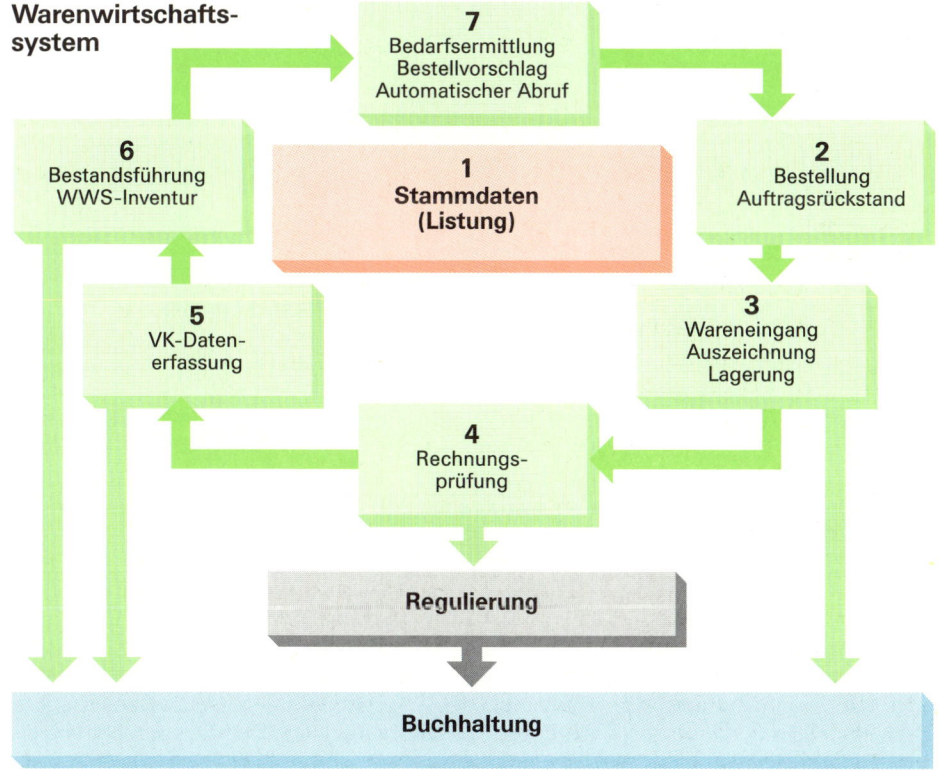

23.3 Herkömmliche Warenwirtschaftssysteme

Die herkömmlichen Warenwirtschaftssysteme werden oft auch manuelle (= mit der Hand) Warenwirtschaftssysteme genannt.

Sie listen alle Informationen über Warenbewegungen in Form von „handerstellten" **Belegen** (Listen, Karteikarten, Rechnungen usw.) auf.

Um den Warenfluss in den Griff zu bekommen, wird im Betrieb eine Vielzahl von gleichen Informationen benötigt, die in unterschiedlichen Karteien gespeichert werden. Es kommt zu einer anwachsenden Papierflut im Unternehmen. Ein einziger Beleg, z. B. eine Bestellung, wird vervielfältigt und an mehrere Arbeitsplätze wie Warenannahme, Lager usw. geschickt. Auf diesem Weg werden laufend Daten hinzugefügt und übertragen. Falsches Ablesen und Unlesbarkeit können vorkommen.

Verschiedene Mitarbeiter besitzen verschiedene Informationsausschnitte, anstatt dass jeder mit denselben Informationen arbeitet. Das mehrfache Bearbeiten der Belege und der begrenzte Datenumfang an einem Arbeitsplatz haben zur Folge, dass die von herkömmlichen Warenwirtschaftssystemen zur Verfügung gestellten Informationen von der Einzelhandelspraxis als zu ungenau angesehen werden.

Manuelle Warenwirtschaftssysteme – und seien sie noch so geschickt aufgezogen – laufen daher Gefahr, überfordert zu werden. Angesichts der Sortimentserweiterungen und des gestiegenen Informationsbedarfs im Handel erscheint ein herkömmliches Erfassen sämtlicher Artikelbewegungen in der Praxis als kaum lösbar. Durch die Mehrfachbearbeitung der Belege kommt es zu einer Steigerung der Personalkosten. Wegen der geringen Informationsdichte ergeben sich lange Entscheidungsverfahren.

23.4 EDV-gestützte Warenwirtschaftssysteme

Die Möglichkeiten der elektronischen Datenverarbeitung (EDV) haben zu einer wirtschaftlichen und überschaubaren Lösung geführt. Erst die EDV ermöglichte es, die Zeitabstände von der Entstehung bis zur Auswertung der Informationen – beispielsweise zwischen den verschiedenen Bereichen im Unternehmen – zu verkürzen. Mithilfe von Computern können warenwirtschaftliche Informationen also schneller und fehlerfreier verarbeitet und damit Arbeitsabläufe rationeller gestaltet werden. Im Einzelhandel werden daher verstärkt EDV-gestützte Warenwirtschaftssysteme eingeführt.

In einem EDV-gestützten Warenwirtschaftssystem wird der gesamte Warenfluss lückenlos vom Wareneingang bis zum Warenausgang von einer EDV-Anlage erfasst, gesteuert und kontrolliert.

Dieses System ermöglicht also zu jeder Tages- und Nachtzeit in Sekundenschnelle die Informationsaufbereitung und -verarbeitung des Warendurchlaufs in einem Handelsunternehmen, indem es alle Artikelbewegungen vom Bestellvorgang über die Lagerhaltung bis zum Verkauf mengen- und wertmäßig erfasst.

6560112

23.5 Abgrenzung von manuellen und EDV-gestützten Warenwirtschaftssystemen

Folgende Unterschiede bestehen zwischen den herkömmlichen Warenwirtschaftssystemen der Vergangenheit und den EDV-gestützten Warenwirtschaftssystemen:

- Alle den Warenfluss betreffenden Daten und Informationen sind durch EDV-gestützte Warenwirtschaftssysteme **leichter zugänglich** und **schneller verfügbar.**
- Die Informationen über das Sortiment des Handelsbetriebes sind durch den Einsatz von EDV **genauer** und **aussagekräftiger** geworden.
- Bei EDV-gestützten Warenwirtschaftssystemen kommt es zu einem **Fortfall zeitraubender, ständig wiederkehrender Routinearbeiten** im Bereich der Warenwirtschaft wie Belegerstellung und -ablage, Verbrauchserrechnungen usw.

23.6 Arten EDV-gestützter Warenwirtschaftssysteme

Die am weitesten ausgebaute Form EDV-gestützter Warenwirtschaftssysteme nennt man **geschlossene** Warenwirtschaftssysteme. Alle Aufgaben der Warenwirtschaft werden hier mithilfe eines Computers gelöst. Die EDV-Anlage begleitet den gesamten Warendurchlauf durch das Unternehmen.

Von einem **offenen** Warenwirtschaftssystem spricht man, wenn nur ein Teil der warenwirtschaftlichen Arbeiten mithilfe des Computers erfolgt. Die übrigen Aufgaben werden manuell gelöst.

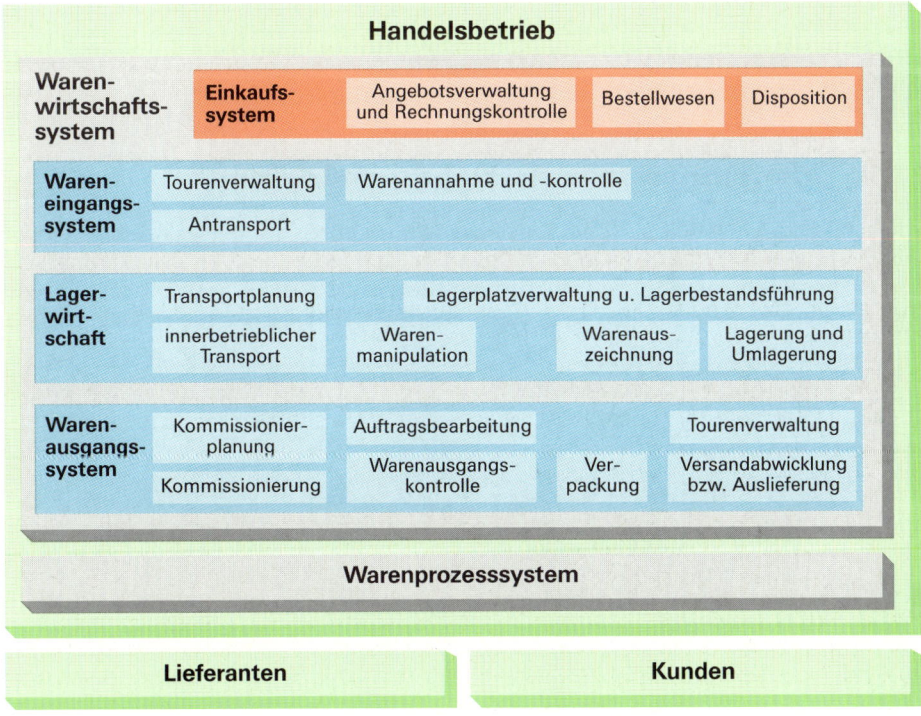

23.7 Artikelnummern als Voraussetzung für ein EDV-gestütztes Warenwirtschaftssystem

Eine wesentliche Voraussetzung für die Nutzung eines EDV-gestützten Warenwirtschaftssystems ist die Vergabe von Artikelnummern für jeden im Sortiment enthaltenen Artikel. Damit wird das Ziel verfolgt die Verkäufe vollständig und artikelgenau zu jenem Zeitpunkt zu erfassen, zu dem sie getätigt werden, nämlich bei Bezahlung der Ware an der Kasse.

Bei herkömmlichen Warenwirtschaftssystemen gibt es in der Regel noch keine artikelgenaue Verkaufsdatenerfassung an der Kasse, weil hierzu oft noch die technischen Möglichkeiten der Datenverarbeitung fehlen. Ein Überblick über die Verkäufe einzelner Artikel kann nur dann gewonnen werden, wenn die vorhandenen Lagerbestände z. B. im Rahmen einer Inventur körperlich gezählt werden und das Ergebnis von der jeweils eingekauften Menge abgezogen wird. Es ist offenkundig, dass dieser Methode aus Zeit- und Kostengründen enge Grenzen gesetzt sind: So kann u. a. infolge des erforderlichen Aufwandes nicht beliebig häufig gezählt werden. Es stehen also z. B. nur vierteljährliche Verkaufszahlen für einen bestimmten Artikel zur Verfügung. Das ist aber für viele Sortimentsbereiche ungenügend. Erkennt der Einzelhändler Ladenhüter erst nach längerer Zeit, entstehen ihm unnötige Kosten; beobachtet er nicht den Ausverkauf einer stark nachgefragten Ware, entgeht ihm Gewinn.

Herkömmliche Warenwirtschaftssysteme sind also nicht genau genug. Das Grundkonzept EDV-gestützter Warenwirtschaftssysteme besteht dagegen darin, auch den Warenausgang artikelgenau zu erfassen. Die Verkaufsdaten für bestimmte Artikel stehen damit **sofort** als Grundlage für sortimentspolitische Entscheidungen zur Verfügung.

23.8 Die Europäische Artikelnummerierung

Jede handelsübliche Mengen- oder Verpackungseinheit erhält beim Hersteller eine eigene Nummer zugeordnet, die den Artikel bis zum Endverbraucher begleitet. Die Europäische Artikelnummerierung (EAN) ermöglicht auf allen Handelsstufen eine artikelbezogene Datenverarbeitung. Die aus 13 Ziffern bestehende EAN ist folgendermaßen aufgebaut:

Länder-kennzeichen	bundeseinheitliche Betriebsnummer „bbn"				individuelle Artikelnummer des Herstellers				Prüf-ziffer
4 0	1	2	3	4 5	0	0 3	1	5	4
Zentrale für Coorganisation für die Bundesrepublik Deutschland	FRANZ SCHUSTER KG Travemünder Landstraße 20 23569 Lübeck				Lübecker Edelmarzipan Geschenkpackung 100 g				99 % Sicherheit

6560114

Die EAN kennzeichnet jeden einzelnen Artikel im Sortiment des Handelsbetriebes genau und eindeutig durch die Kombination der Betriebsnummer des Herstellers mit einer vom Industriebetrieb selbst festzulegenden Artikelnummer. Die für Hersteller und Handel einheitliche Artikelnummer führt zu einer Erleichterung der Identifikation der Ware auf Preislisten, Belegen, im Regal und auf dem Artikel selbst sowohl beim Hersteller als auch im Groß- und Einzelhandel.

Damit die am Verkaufspunkt zu erfassenden Daten automatisch gelesen werden können, müssen sie in einer maschinenlesbaren, computergerechten Form vorliegen. Soll eine Artikelnummer also erfasst werden, muss sie so verschlüsselt sein, dass sie von Lesegeräten (Scanner, Lesestift oder Lesepistole) „verstanden" und gelesen werden kann. Dies geschieht in der Regel durch **Strichcodes**. Strichcodes verschlüsseln die Artikelnummer als Strichmarkierungen unterschiedlicher Breite, die bei der Eingabe optisch aufgrund von Hell-Dunkel-Kontrasten erkannt werden.

23.9   Das Preisabrufverfahren

Um im Rahmen des Warenwirtschaftssystems die Verkäufe vollständig und artikelgenau zu erfassen, wird jeweils die Artikelnummer der gekauften Ware mithilfe von Lesegeräten in die Kasse eingelesen. Eine Angabe des Preises auf dem einzelnen Produkt erübrigt sich dann, wenn das so genannte Preisabrufverfahren **(Price-Look-Up-Verfahren** [PLU]) Verwendung findet:

Die an der Kasse erfasste EAN sagt noch nichts über den Preis der Ware aus. Deshalb wird der EAN aus dem Speicher des angeschlossenen Computers in Bruchteilen von Sekunden der dazugehörende Preis und die Artikelbezeichnung zugeordnet und an die Kasse zurückgegeben. Beide Angaben werden im Klartext auf den *„sprechenden Kassenbon"* gedruckt.

Durch das Zuordnen des aktuell gültigen Preises zu einer bestimmten Artikelnummer kann die Einzelpreisauszeichnung entfallen. Es ist nur noch **eine** Auszeichnung am Regal zur Kundeninformation erforderlich. Die Preise können vom Datenspeicher aus jederzeit herauf- oder herabgesetzt werden. Die Veränderung des Preisschilds am Regal ist die einzig übrig gebliebene manuelle Tätigkeit.

```
     ABC MARKT

  MARIENBURGER STR. 77

    31141 HILDESHEIM


 DIE ..-09-05      87023
   850BD

                      DM

 CINI-MINIS        *4.99
 KATZENNA.M.GEFL.  *0.99
 HALBARINE         *0.99
 FR.VOLLMILCH 3,5  *1.19
 *ZWS*              8.16
 LEERGUT           -4.80
 *ZWS*             *3.36

 TOTAL            *3.36

 GEGEBEN          *10.00
 RUECKGELD         *6.64

 0247  4 ARTIKEL  16:11DT
```

23.10 EDV-gestützte Warenwirtschaftssysteme als Bestandteil des Informationssystems von Einzelhandelsunternehmen

Die Datenbestände der Warenwirtschaft dürfen im Handelsbetrieb nicht isoliert betrachtet werden. Vielmehr werden mit EDV-gestützten Warenwirtschaftssystemen auch Daten aus anderen Bereichen des Handelsbetriebes verarbeitet. Umgekehrt fließen auch die in der Warenwirtschaft erfassten und ausgewerteten Daten in angrenzende Bereiche für eine weitere Verarbeitung. Besonders eng tauschen mit der Warenwirtschaft Daten aus:

- Rechnungswesen
  - Finanzbuchhaltung
  - Kreditoren-/Debitorenbuchhaltung
- Kostenstellenrechnung
  - Kostenplanung
  - Deckungsbeitragsrechnung

- Anlagenbuchhaltung
  - Gebäude und Einrichtungen
  - Transportmittel
- Personalwesen
  - Lohn-/Gehaltsbuchhaltung
  - Personalstatistik
  - Personaleinsatzplanung

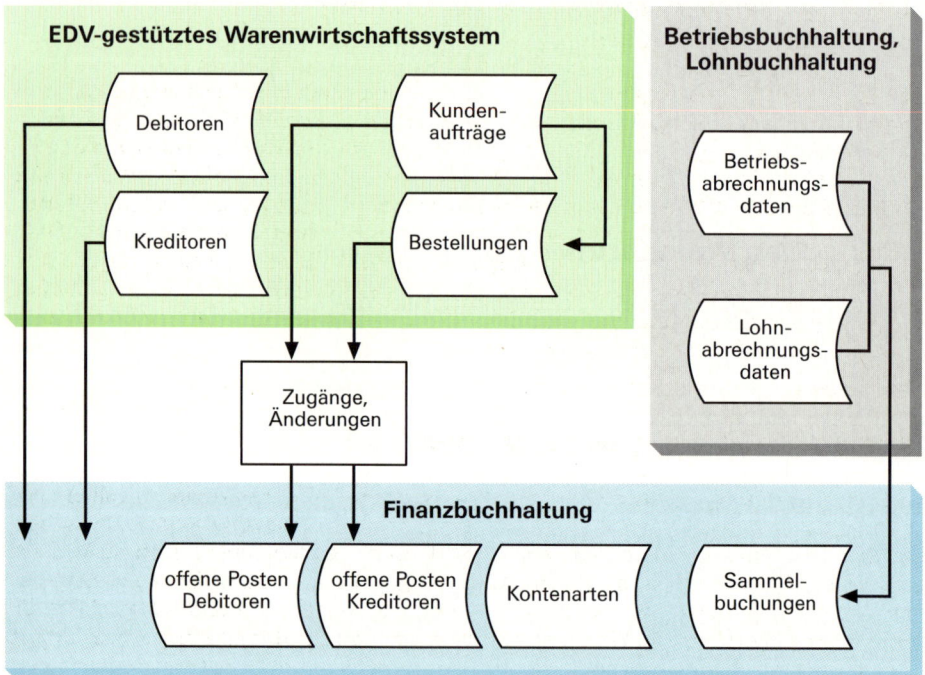

Das gesamte Rechnungswesen arbeitet also mit dem Warenwirtschaftssystem zusammen. Sehr viele Daten aus der Finanzbuchhaltung werden aus der Warenwirtschaft übernommen. In der Finanzbuchhaltung benötigt man im Bereich der Debitoren und Kreditoren deren Stammdaten und Bewegungen. So ist beispielsweise die Einkaufsabteilung diejenige, die den ersten Kontakt zum Lieferanten hat. Hier werden die meisten Stammdaten angelegt. Wenn dann die Rechnung kommt, müssen in der Buchhaltung keine weiteren Stammdaten erfasst werden.

6560116

23.11 Rationalisierungsvorteile von Warenwirtschafts-systemen

Durch den Einsatz der computergestützten Warenwirtschaftssysteme werden – im Vergleich zu früher – nahezu sämtliche Funktionsabläufe rationalisiert, die im Zusammenhang mit Warenbewegungen und den mit ihnen verbundenen Tätigkeiten stehen. Der Warendurchlauf über verschiedene Stufen hinweg wird eindeutig verbessert.

23.11.1 Wegfall der Artikelauszeichnung

Bei der Arbeit mit dem Preisabrufverfahren kann der Einzelhändler auf eine arbeitsintensive Artikelauszeichnung verzichten. Der Preis muss lediglich am Regal angebracht und in den Speicher eingegeben werden. Preisveränderungen können darüber hinaus häufiger, genauer und billiger durchgeführt werden. Als weiterer Vorteil entfällt die Schulung des Kassenpersonals hinsichtlich der Kenntnis der aktuellen Preise.

23.11.2 Beschleunigung und Erleichterung des Kassiervorganges

Durch den Wegfall der gesamten manuellen Dateneingabe verringert sich deutlich die Zeit des Registrierens der Waren. Verschiedene Messungen ergaben eine Verbesserung des Kassendurchsatzes von ca. 25–30 %. Dadurch wird die Einsparung von Kassenplätzen ermöglicht. Das maschinelle Lesen gewährleistet eine hohe Eingabesicherheit und erschwert Manipulationen am Warenausgang: Es kommt zu einer Minderung der Inventurdifferenzen. Einnahmen werden getrennt nach Zahlungsarten sowie Kassierpersonal erfasst. Durch Führung eines Kontos für jede Kassiererin ist die Ablösung und ein häufiger Platzwechsel ohne zeitraubende Zwischenabrechnung möglich. Die Aufzeichnung sämtlicher Kassenvorgänge erlaubt deren genaue Kontrolle. Bei der Kassenabrechnung fallen zeitraubende Schreib- und Übertragungsarbeiten fort.

23.11.3 Einmalspeicherung der Daten

Als Grundlage für die Aktivitäten in der Warenwirtschaft sind zahlreiche Angaben über die einzelnen Artikel erforderlich. Bisher wurden bestimmte, artikelbezogene Daten in den verschiedenen Funktionsbereichen eines Einzelhandelsunternehmens mehrfach, d. h. kostspielig erfasst. Es mussten verschiedene Belege, wie Bestellung, Wareneingangspapiere, Lagerkarteikarten usw., mit zum Teil denselben Angaben über die Artikel erstellt werden. Computergestützte Warenwirtschaftssysteme sollen dagegen auch den Zweck erfüllen, dass Daten nur einmal gespeichert werden und viele Anwender aus allen betrieblichen Funktionen – hierauf Zugriff haben. Dies ergibt eine sehr große Arbeitsersparnis sowie einen einfachen Änderungsdienst. Darüber hinaus kommt es dadurch zu einem Zusammenwachsen der einzelnen Unternehmensbereiche.

Deutlich wird dies z. B.

● an der Erfassung der Verkäufe an Datenkassen.
Das EDV-gestützte Warenwirtschaftssystem übernimmt die Daten einerseits für eigene Auswertungszwecke, gibt sie aber andererseits gleichzeitig zur Aufbereitung an die Finanzbuchführung weiter.

Beispiel: Es werden 12 Artikel mit einem Gesamtwert von 2.400,00 DM verkauft. Die meisten EDV-gestützten Warenwirtschaftssysteme speichern nicht nur die Bestandsminderung von 12 Artikeln im Sortiment, sondern erzeugen selbstständig den bei Warenverkäufen anfallenden Buchungssatz. Dieser muss in das Finanzbuchführungsprogramm nicht extra eingegeben werden, sondern wird vom Warenwirtschaftssystem automatisch an das Finanzbuchführungsprogramm weitergegeben.

- an der Übernahme warenwirtschaftlicher Bestelldaten in die Finanzbuchführung.
  Die vom Warenwirtschaftssystem erfassten Lieferantenstammdaten werden an die Kreditorenbuchhaltung weitergegeben und müssen dort nicht neu eingegeben werden.

23.11.4 Bereitstellung von Formularen

Anhand der Artikelnummer als Ordnungs- und Identifikationsbegriff stehen die Artikelstammdaten allen Benutzern schnell und im direkten Zugriff zur Verfügung. In diesem Zusammenhang ermöglichen Warenwirtschaftssysteme je nach Anforderung auch die Zusammenstellung und den Druck von Formularen jeder Art aus dem Bereich der Warenwirtschaft. Dies können z. B. Bestellungen oder Inventurlisten sein, die mithilfe der Maskentechnik erstellt werden. Formulare, Tabellen und Erfassungsvordrucke können damit schnell und vielseitig auf dem Bildschirm gestaltet und anschließend ausgedruckt werden.

Durch solche Formulare wird beispielsweise die Jahresabschlussinventur vereinfacht. Die EDV-gestützten Warenwirtschaftssysteme können aus der permanenten Lagerbestandsfortschreibung heraus Inventurlisten erstellen. Sie enthalten die Sollbestände und sind somit die Grundlage für die Erfassung der Inventurdifferenzen. Verwendet man sogar mobile Datenerfassungsgeräte, die die codierten Artikel im Lager und in den Verkaufsräumen direkt erfassen, vergleicht das Programm die festgestellten Istbestände automatisch mit den gespeicherten Sollbeständen.

23.12 Informationsvorteile von EDV-gestützten Warenwirtschaftssystemen

EDV-gestützte Warenwirtschaftssysteme sollen Informationen aus dem Bereich der Warenwirtschaft – z. B. in Form von betriebswirtschaftlichen Kennzahlen – bereitstellen, um die Qualität der Entscheidungen im Einzelhandelsunternehmen zu verbessern. Je mehr und je genauere Informationen zur Verfügung stehen, desto besser wird die Qualität der Entscheidungen im Betrieb sein.

EDV-gestützte Warenwirtschaftssysteme liefern aktuelle, vollständige sowie genaue Informationen über den Einsatz der Ware in der Einzelhandelsunternehmung. Damit lassen sich Entscheidungen begründen, die weit über die bloße Steuerung des Betriebsfaktors Ware hinausgehen.

23.12.1 Informationen für sortimentspolitische Entscheidungen

Die Sortimentszusammenstellung ist eine der grundlegenden Leistungen eines Handelsbetriebes. Das Unternehmen versucht durch eine geeignete Auswahl des Warenangebots größtmögliche Anziehungskraft auf die Käufer auszuüben. Im Rahmen der Sortimentspolitik muss dabei aber immer der Zielkonflikt zwischen Lieferservice und Lagerreduktion gelöst werden. Einerseits strebt der Einzelhändler eine hohe Lieferbereitschaft (große Auswahl, ständiges Angebot) an, damit ihm kein möglicher Gewinn entgeht. Andererseits versucht er sein Sortiment bzw. seine Lagerbestände so klein wie möglich zu halten, da jeder Artikel Lagerkosten verursacht, benötigtes Kapital bindet und eventuell wertvolle Verkaufsfläche besetzt. Den richtigen Weg zwischen den beiden konkurrierenden Zielen kann ein EDV-gestütztes Warenwirtschaftssystem zeigen.

Grundsätzlich spiegelt ein computergestütztes Warenwirtschaftssystem das Sortiment artikelgenau in Form von betriebswirtschaftlichen Kennzahlen wider. So informiert das Warenwirtschaftssystem im Rahmen einer Umsatzanalyse − in der Einzelhandelspraxis **kurzfristige Erfolgsrechnung (KER)** genannt − ständig warengruppen- und artikelgenau u. a. über folgende Größen:

- Umsatzentwicklung
- Lagerumschlagsgeschwindigkeit
- Rohertrag

- Wareneingang
- Preisänderungen

- Lagerbestände
- erzielte Handelsspanne

Diese Größen, die dem Einzelhändler negative Tatbestände und Entwicklungstendenzen andeuten und die Quellen der Rentabilität aufdecken können, werden vom Warenwirtschaftssystem auf statistischem Weg − außerhalb der Buchführung − ermittelt. Die KER macht die innerbetriebliche Lage aufgrund einer ständigen, kurzfristigen Rentabilitätskontrolle auf Abteilungs-, Warengruppen- oder Artikelebene genau und in allen erforderlichen Einzelheiten bekannt. Damit wird eine Reihe von Anhaltspunkten für die Sortimentspflege und -kontrolle geliefert.

Die KER liefert der Betriebsführung des Einzelhandelsunternehmens Entscheidungsunterlagen, die von der GuV-Rechnung der Buchführung aus zwei Gründen nicht zur Verfügung gestellt werden können:

- Der Jahresabschluss kommt zu spät, da er in der Regel erst einige Zeit nach Abschluss des Wirtschaftsjahres zur Verfügung steht: Es wäre unsinnig, z. B. die Disposition für die folgende Wirtschaftsperiode erst dann zu ändern, wenn das durch die GuV-Rechnung ermittelte Betriebsergebnis nicht den Erwartungen entspricht.

  Damit der Einzelhandelsbetrieb schlagartig auf Preisänderungen, Konjunkturbewegungen, modische Neuerungen und Konkurrenzmaßnahmen reagieren kann, muss das Betriebsergebnis in verhältnismäßig kurzen Zeitabständen überschaubar sein.

- Da das Ergebnis der GuV-Rechnung ein Gesamtbetriebsergebnis ist, macht es den Anteil einzelner Abteilungen, Warengruppen oder Artikel am Rohertrag oder an der Rentabilität nicht transparent.

Das Warenwirtschaftssystem kann aus den Ergebnissen der Umsatzanalyse so genannte **„Renner- und Pennerlisten"** erstellen. Eine Pennerliste enthält alle Artikel, die in einem bestimmten Zeitraum kaum verkauft wurden (die „Langsamdreher"), die für den Betrieb daher unrentabel sind. Rennerlisten erfassen alle Artikel, die sich sehr gut verkaufen lassen. Auch diese so genannten „Schnelldreher" müssen genau kontrolliert werden. Gerade bei solchen Artikeln ist die Gefahr sehr groß, dass sich bei falscher Kalkulation (zu niedrig kalkulierte Verkaufspreise, die keinen Gewinn erbringen) die Fehler multiplizieren und zu erheblichen Verlusten führen. Eine artikelgenaue Überwachung der Renner lässt Fehlkalkulationen oder mögliche Ausverkäufe rasch erkennen und rechtzeitige Maßnahmen ergreifen.

Durch EDV-gestützte Warenwirtschaftssysteme besteht die Möglichkeit festzustellen,

- wer (welcher Lieferant)
- was (welchen Artikel)
- wie viel

- zu welchen Bedingungen (Preis/Konditionen)
- wann (Zeitpunkt)
- wohin (Zentrale/Filiale)

geliefert hat oder zu liefern bereit war. Besonders vorteilhaft erweisen sich diese Informationen bei Einkaufsgesprächen. Viele Einzelhandelsbetriebe geben ihren Einkäufern bestimmte Einkaufsbeträge vor, die den Rahmen aufzeigen, in dem selbstständig Warendispositionen getroffen werden können. Bei der Planung der Einkaufsmenge wird in diesem Zusammenhang die Limitrechnung angewandt. Dies wird gemacht, um die Finanzverhältnisse des Betriebes zu kontrollieren und in Ordnung zu halten. Die auch **Limits** genannten Einkaufsbeträge zwingen den Einkäufer zu intensiver, streng am Markt orientierter Auseinandersetzung mit den Dispositionsalternativen. Eine solche Vorgehensweise ist unerlässlich, um eine unnötige Kapitalbindung durch zu große Lagerbestände zu vermeiden und um die Finanzen und Liquiditätsverhältnisse des Betriebes in Ordnung zu halten. Die geplanten Limits beruhen u. a. auf Schätzwerten für den Umsatz, die das Warenwirtschaftssystem aus den Verkäufen vergangener Perioden errechnet. In der laufenden Periode prüft das Warenwirtschaftssystem dann, ob das geplante Limit von der Einkaufsabteilung auch eingehalten wird. Das noch freie Restlimit wird unter Berücksichtigung der bereits getätigten Bestellungen an die tatsächliche Umsatzentwicklung angepasst.

23.12.2 Informationen für absatzpolitische Entscheidungen

Mit der gezielten Überwachung des Verkaufs einzelner Artikel durch computergestützte Warenwirtschaftssysteme ergeben sich zahlreiche Informationen zur Beurteilung absatzpolitischer Maßnahmen im Einzelhandelsbetrieb:

- Mithilfe eines Warenwirtschaftssystems kann der **Zusammenhang zwischen Verkaufsflächen und Absatzmenge** untersucht werden.
- Das Warenwirtschaftssystem gibt aber auch Auskunft über den Platzbedarf eines Artikels im Verkaufsraum.
- Durch Warenwirtschaftssysteme kann zudem der **Einfluss verkaufsfördernder Maßnahmen** wie Display und Videovorführungen auf die Absatzmenge sowie die Verkaufswirksamkeit unterschiedlicher Werbekonzepte (hinsichtlich Werbebotschaft, Anzeigengröße und -platzierung) festgestellt werden.
- Im Idealfall ist das computergestützte Warenwirtschaftssystem in der Lage die gesamte Präsentationspolitik selbstständig vorzunehmen, indem für jeden einzelnen Artikel Platzierungsmenge und -standort vorgeschlagen werden.
- Außerdem unterbreitet das Warenwirtschaftssystem dem Einzelhändler regelmäßig Vorschläge für Sonderangebote. Dabei werden dann natürlich neben dem Artikel gleichzeitig auch die empfohlene Preisreduktion und das geeignete Werbemedium vorgeschlagen.

23.12.3 Informationen für preispolitische Entscheidungen

Bei der Kalkulation der Verkaufspreise müssen viele Größen berücksichtigt werden. Es müssen z. B. Kosten, Umsatzsteuern, Gewinne, Umsätze, Marktchancen usw. beachtet werden, um die richtigen Verkaufspreise zu ermitteln. Zur Begründung preispolitischer Entscheidungen liefern EDV-gestützte Warenwirtschaftssysteme Informationen in mehrfacher Hinsicht.

So informiert das Warenwirtschaftssystem im Rahmen der kurzfristigen Erfolgsrechnung warengruppen- oder artikelgenau über die durchschnittlich erzielte Handelsspanne. Es bietet damit dem Einzelhändler eine **laufende Kontrolle,** ob in der Unternehmung bisher kosten- und gewinndeckend kalkuliert worden ist.

Bei vielen Artikeln besteht ein Kalkulationsspielraum, der nicht immer genutzt wird. Der Einzelhändler muss sich also fragen: Wo liegt die **Obergrenze des Verkaufspreises,** ohne dass Umsatz und Gewinn negativ beeinflusst werden? Der infrage kommende Artikel wird durch das Warenwirtschaftssystem über mehrere Perioden hinweg mit einem unterschiedlichen Verkaufspreis (und Gewinn) ermittelt. Gerade bei hochpreisigen und hochwertigen Artikeln, die nicht so sehr im Preisbewusstsein der Kunden verankert sind, sollte durch Untersuchungen der richtige Preis ausgelotet werden. Jede vertretbare Erhöhung des Verkaufspreises bei gleich bleibenden Kosten bedeutet einen wesentlichen Beitrag zur Erfolgssicherung des Unternehmens.

EDV-gestützte Warenwirtschaftssysteme geben auch wertvolle Hinweise für eine geeignete Mischkalkulation **(Kompensationskalkulation).** Es wird deutlich, welche Artikel mit einer sehr hohen Stückspanne belegt werden können, um niedrig kalkulierte Artikel zu unterstützen (z. B. Sonderangebote oder Ladenhüter, die verramscht werden sollen).

Warenwirtschaftssysteme zeigen auch auf, bei welchen Sortimentsteilen bzw. Artikeln **Preisnachlässe** zu gewähren sind, weil z. B. Verderb oder technische bzw. modische Veralterung droht:

● Es kann eine Liste gedruckt werden, die genau Auskunft über das Alter der Artikel im Sortiment gibt. Der Einzelhändler kann somit eine genaue **Altwarenkontrolle** vornehmen und entsprechende Maßnahmen treffen.

Schließlich lässt sich durch Warenwirtschaftssysteme auch die **Wirksamkeit psychologischer Preisgestaltungsprinzipien** sehr leicht überprüfen. Es wird untersucht, ob glatte Preise (30,00 DM z. B.) verkaufswirksamer sind als gebrochene (29,90 DM) oder ob die Endziffer des Preises (z. B. 0,95 oder 0,99) Einfluss auf die Verkaufswirksamkeit hat.

23.12.4 Informationen für personalpolitische Entscheidungen

Durch die Gewinnung exakter Daten kann ein Warenwirtschaftssystem Grundlagen für eine rationelle Planung des Personaleinsatzes zur Verfügung stellen.

● Die EDV-gestützten Warenwirtschaftssysteme können die **Arbeitseinsatzplanung** durch Kundenfrequenzuntersuchungen wesentlich verbessern.

● EDV-gestützte Warenwirtschaftssysteme lassen eine **Leistungskontrolle** der im Einzelhandel Beschäftigten zu.

23.13 Eine Auswahl von Auswertungen moderner Warenwirtschaftssysteme

Mit den folgenden Beispielen sollen Auswertungsmöglichkeiten moderner Warenwirtschaftssysteme aufgezeigt werden. Da der Leistungsumfang von Softwarepaketen zur Warenwirtschaft sehr unterschiedlich ist, wird kein Anspruch auf Vollständigkeit erhoben. Es werden Kenntnisse der Betriebswirtschaft, der Buchführung und des kaufmännischen Rechnens vorausgesetzt.

23.13.1 Bestellvorschlagslisten

Durch Ausdruck einer Bestellvorschlagsliste nimmt ein EDV-gestütztes Warenwirtschafts-system dem Disponenten in der Einkaufsabteilung einen Teil der Dispositionsarbeiten ab.

EAN	Artikel	Bestand alt	Absatz	Bestand neu	Melde-bestand	Bestell-vorschlag
5000119098702	Teebeutel	688	276	412	444	1 392
4005500220107	Cappuccino	206	84	122	132	420
4000425050389	Kakao	328	132	196	200	640
:	:	:	:	:	:	:

23.13.2 Limitrechnung

Für eine bestimmte Warengruppe wird im **HYPERMARKT** mithilfe des EDV-gestützten Warenwirtschaftssystems eine Limitrechnung durchgeführt.

```
  Umsatz                          500.000,00
- erzielte Kalkulation 40 %       200.000,00
= Planumsatz EK                   300.000,00
: Lagerumschlag 6,0
= durchschnittl. Lager             50.000,00

= Saisonlimit                     300.000,00
- Limitreserve 20 %                60.000,00
= Freies Limit                    240.000,00
- Ist-Bestellungen                186.712,00
= Restlimit                        53.288,00
- Freigabe ..-10-29                 8.263,00
= Restlimit neu                    45.025,00
```

Aufgrund früherer Umsatzzahlen für die Warengruppe strebt der Einkäufer innerhalb des Planungszeitraums einen Umsatz von 500.000,00 DM an. Er hofft einen Kalkulationsab-schlag (erzielte Kalkulation) von 40 % durchsetzen zu können. Der Bruttogewinn soll also 200.000,00 DM betragen. Für den Wareneinsatz (Planumsatz zu Einstandspreisen) müs-sen daher 300.000,00 DM eingeplant werden. Als Saisonlimit ergibt sich der Betrag von 300.000,00 DM. Dies ist der Gesamtbetrag, der im Planungszeitraum ausgegeben werden darf. Das Saisonlimit wird aufgeteilt in die Limitreserve und das freie Limit. Die Limitre-serve wird in der Regel als Prozentsatz ausgedrückt (20 % = 60.000,00 DM) und ist für Sonderfälle wie Sonderangebote oder kurzfristige Nachbestellungen vorgesehen. Das freie Limit (240.000,00 DM) ist der Betrag, für den im Rahmen vorhersehbarer Bestellungen eingekauft werden darf. Vom freien Limit wird der bisherige Auftragswert (Istbestellung = 186.712,00 DM) abgezogen. Der für Bestellungen noch offene Betrag von 53.288,00 DM ist das so genannte Restlimit. Momentan bestellt der Einkäufer Waren für 8.263,00 DM, sodass sich ein neues Restlimit von 45.025,00 DM ergibt.

23.13.3 Die kurzfristige Erfolgsrechnung (KER)

Das EDV-gestützte Warenwirtschaftssystem ermittelt im Rahmen der kurzfristigen Erfolgs-rechnung auf statistischem Weg – außerhalb der Buchführung – u. a. folgende Faktoren, die dem Einzelhändler negative Tatbestände und Entwicklungstendenzen andeuten und Quellen der Rentabilität aufdecken:

- Umsatz zu Verkaufspreisen (Spalte 2 des folgenden Beispiels)
- Prozentanteil des Umsatzes einer Warengruppe am Gesamtumsatz (Spalte 3)
- durchschnittlicher Warenbestand zu Einstandswerten (Spalte 4)
- Prozentanteil des Warenbestandes einer Warengruppe am Warenbestand (Spalte 5)
- „Erreichte Kalkulation": Rohertrag inkl. Umsatzsteuer
  (= Umsatz inkl. USt − Wareneinsatz)
  - in DM (Spalte 6)
  - Prozentanteil der „Erreichten Kalkulation" einer Warengruppe an der „Erreichten Kalkulation" des Gesamtbetriebes (Spalte 7)
  - Prozentualer Unterschied zwischen Umsatz und Wareneinsatz, auf den Umsatz bezogen (Spalte 8):

$$\frac{(\text{Umsatz} - \text{Wareneinsatz}) \cdot 100}{\text{Umsatz}}$$

- „Erreichter Aufschlag": Prozentualer Unterschied zwischen Umsatz und Wareneinsatz, auf den Wareneinsatz bezogen (Spalte 9)
- Lagerumschlag (Spalte 10)
- Rentabilitätszahl (Spalte 11)
  Die Rentabilitätszahl gibt an, welchen Rohertrag inkl. USt eine Investition von 100,00 DM in den Warenbestand zu Einstandswerten abwirft.

Hier die KER der Raumausstattungsabteilung des **Hypermarktes:**

1	2	3	4	5	6	7	8	9	10	11
Warengruppe	Umsatz		Ø WB zu EW		Erreichte Kalkulation			Erreicht.	LU	RZ
	in TDM	%-Anteil	DM	%-Anteil	TDM	%-Anteil	% vom Umsatz	Auf-schlag	X	
1 Bodenbelag	4.223,0	61,5	399.430,00	42,4	1.347,1	54,4	31,9	46,8	7,20	337
2 Teppiche	1.363,0	19,8	323.320,00	34,3	554,7	22,4	40,7	68,6	2,50	172
3 Gardinen	1.099,0	16,0	191.097,00	20,3	506,6	20,4	46,1	85,5	3,10	265
4 Tapeten	185,2	2,7	28.850,00	3,0	69,8	2,8	37,1	60,5	4,00	242
Gesamt	**6.870,2**	**100,0**	**942.697,00**	**100,0**	**2.478,2**	**100,0**	**36,1**	**56,4**	**4,66**	**263**

23.13.4 Renner-Penner-Liste

In der Lebensmittelabteilung des Hypermarkts lässt man über das EDV-gestützte Warenwirtschaftssystem die Artikel ausdrucken, die sehr oft bzw. sehr wenig verkauft wurden. Hier ein Auszug dieser Renner-/Pennerliste:

```
                *** Artikel mit VK-St. größer 100 ***
   EAN              Artikel           VK-St.      VK-Preis      Umsatz
   4011600001270    Milch, 1 l.       583         1,05          612,15
   4006272232121    Spagetti          327         1,25          408,75
       :                :               :           :             :

                *** Artikel mit VK-St. kleiner 5 ***
   EAN              Artikel           VK-St.      VK-Preis      Umsatz

   5000111001539    Schokoriegel      4           0,99          3,96
   4013330000293    Schwarztee        2           8,97          17,94
       :                :               :           :             :
```

23.13.5 Kennzahlen für die Unternehmensleitung

Der Leiter der Filiale einer Textilkette lässt sich durch das Warenwirtschaftssystem eine Liste verschiedener Kennzahlen für den Monat April ausdrucken.

```
Anzahl Verkaufstage                              22
Umsatz je Verkaufstag in DM               15.132,00
Anzahl Kunden                                 2 862
Umsatz je Kunde in DM                        116,00
Anzahl Kunden pro Verkaufstag                   130
Anzahl Verkaufskräfte                            20
Umsatz je Verkaufskraft in DM             16.645,00
Kunde je Verkaufskraft pro Tag                    7
Größe der Geschäftsfläche in m²               1 196
Umsatz je m² Geschäftsfläche in DM           278,00
Rohertrag in % vom Umsatz                      31,0
Rohertrag je m² Verkaufsfläche in DM          86,00
Rohertrag je Verkaufskraft in DM           5.160,00
                    :                             :
```

Die Vielzahl von Kennzahlen (z. B. über die Personal- oder Raumleistung) lässt – vor allem wenn Vergleichszahlen vorliegen – ein Urteil über die Leistungsfähigkeit und Wettbewerbskraft des Gesamtunternehmens oder von Abteilungen zu.

23.13.6 Kundenumsatzstatistik

Bei der Ausstellung von Kundenkreditkarten werden kundenbezogene Daten erfasst (z. B. Name, Vorname, Alter, Geburtsdatum, Anschrift). Das Warenwirtschaftssystem kann ein differenziertes Bild der Käufer zeichnen, weil jeder verkaufte Artikel unmittelbar dem Käufer zugeordnet werden kann.

Ein Ausschnitt aus einer Kundenumsatzstatistik:

Kunden-nummer	Name Ort Straße	Vorname	letzter Einkauf	Umsatz Quartal		Jahr	% Vorjahr
0 107	Wiechert Bonn Olsenweg 5	Gabi	30. Mai	Lfd. Vorj.	312,80 528,12	840,92 740,00	113,6
2 014	Senyk Bonn Clubgasse 14	Iris	24. Apr.	Lfd. Vorj.	412,97 123,80	536,77 1.457,89	36,8
1 277	Opitz Köln Littistr. 4	Horst	12. Mai	Lfd. Vorj.	112,20 –	112,20 –	–

6560124

23.13.7 Frequenzanalyse

Das Warenwirtschaftssystem ermittelt, zu welcher Tageszeit

- der Kundenandrang,
- der Umsatz

am größten sind. Liegen diese Informationen vor, kann das Unternehmen in Spitzenzeiten verstärkt Teilzeitkräfte beschäftigen bzw. in verkaufsschwachen Zeiten Vollzeitkräfte mit anderen Aufgaben betrauen.

Uhrzeit bis	Anzahl Kunden	Umsatz in DM	Prozentanteil
10	10	248,80	1,5
11	14	561,60	3,4
12	22	1.247,00	7,7
13	19	632,40	3,9
14	38	1.620,52	10,0
15	41	3.004,50	18,6
16	41	2.742,18	16,9
17	46	3.112,70	19,2
18	43	2.966,30	18,3
Total	274	16.136,00	100,0

23.13.8 Verkäuferumsatzleistung

Das Warenwirtschaftssystem ermittelt, mit wie viel Prozent der einzelne Verkäufer am Umsatz beteiligt ist. Diese Auswertung dient der Ermittlung der Beschäftigten, die unter dem Durchschnitt liegen hinsichtlich der Anzahl der Kunden oder des Umsatzes.

Verkäufer/in	Kunden	Umsatz in DM	Prozentanteil
Uwe Otte	2	263,20	4,7
Bernd Schneider	5	485,10	8,6
Babette Maibaum	3	99,80	1,8
Detlef Hansen	14	894,70	15,3
Renate Kreutz	8	593,65	10,5
Uli Mühlenbein	7	152,80	2,7
Gabi Rinkler	4	809,80	14,4
Eva Beck	9	405,10	7,2
Alexandra Voigt	2	262,40	4,6
Johanna Adolph	9	1.248,70	22,2
Miriam Weiberg	4	420,60	7,4
Gesamt	67	5.635,85	100,0
Durchschnitt	6	512,35	9,0

1 Der Warenwirtschaft wird im Einzelhandel sehr große Aufmerksamkeit geschenkt.

a) Was versteht man unter dem Begriff „Warenwirtschaft"?

b) Was ist ein Warenwirtschaftssystem?

2 Erläutern Sie die unterschiedliche Zielsetzung von Informationssystemen für die Buchführung, die Kosten- und Leistungsrechnung und die Warenwirtschaft.

3 In der Praxis gibt es manuelle und EDV-gestützte Warenwirtschaftssysteme.

a) Durch welche Merkmale sind herkömmliche Warenwirtschaftssysteme gekennzeichnet?

b) Welche Vorteile haben EDV-gestützte Warenwirtschaftssysteme gegenüber den herkömmlichen (manuellen)?

4 Warum muss im Rahmen eines EDV–gestützten Warenwirtschaftssystems jeder Artikel des Sortiments mit einer Artikelnummer versehen werden?

5 Im Einzelhandel werden für die Artikelnummerierung die EAN verwendet.

a) Wie ist eine EAN-Nummer aufgebaut?

b) Wie viel verschiedene Artikel kann ein Hersteller mit EAN-Nummern versehen?

6 Was versteht man unter dem Preisabrufverfahren?

7 Welche Rationalisierungsvorteile erbringt ein EDV-gestütztes Warenwirtschaftssystem?

8 Führen Sie die Informationsvorteile von Warenwirtschaftssystemen auf.

9 Welche Informationen erhält man über den Artikel „Milch, 1 l" in der Renner-Penner-Liste auf der Seite 123?

10 Wie kann die KER im Rahmen eines Warenwirtschaftssystems Aufschluss über die richtige Raumverwendung geben?

Gehen Sie z. B. davon aus, dass die Warengruppe Teppiche in der KER auf der Seite 123 37 % der Verkaufsfläche einnimmt.

11 Der Filialleiter einer Textilkette vergleicht die Kennzahlen seiner Filiale (S. 124) mit den Ergebnissen anderer Filialen. Als Durchschnitt wurden für diese ermittelt:

– Umsatz je Verkaufskraft 21.453,00 DM,

– Umsatz je m^2 Geschäftsfläche 242,00 DM.

Welche Maßnahmen wird der Filialleiter wahrscheinlich ergreifen?

12 Viele Einzelhandelsbetriebe wenden die Limitrechnung an.

a) Was sind Limits?

b) Welche Vorteile hat die Limitrechnung?

6560126

13 In einer Filiale der reell – SB Warenhaus GmbH wird ein Umsatz von 2.000.000,00 DM für eine bestimmte Warengruppe angestrebt. Die Einkäufer hoffen einen Kalkulationsabschlag von 30 % durchsetzen zu können. Der Lagerumschlag in dieser Warengruppe beträgt 5. Es wird von einer Limitreserve von 10 % ausgegangen.

Führen Sie eine Limitrechnung durch.

a) Ermitteln Sie das freie Limit.

b) Der bisherige Auftragswert beträgt 25.400,00 DM.

c) Der Einkäufer bestellt Waren für 3.012,00 DM.

Wie hoch ist das neue Restlimit?

---

14 Was versteht man unter einem sprechenden Kassenbon?

---

15 Auf Seite 125 ist die Frequenzanalyse eines EDV-gestützten Warenwirtschaftssystems abgebildet.

Zu welcher Uhrzeit muss das Personal in voller Besetzung anwesend sein?

---

16 In der Abbildung auf Seite 125 ermittelt ein EDV-gestütztes Warenwirtschaftssystem die Verkäuferumsatzleistung.

a) Welche Beschäftigten liegen mit ihrer Umsatzleistung über dem Durchschnitt?

b) Babette Maibaum hat nur 1,8 % des Umsatzes erzielt.

Deutet dieses Ergebnis in jedem Fall darauf hin, dass sie eine schlechte Verkäuferin ist?

---

17 Bisher konnten Daten über Kunden im Einzelhandel nicht erfasst werden. EDV-gestützte Warenwirtschaftssysteme ermöglichen bei Ausstellung von Kundenkreditkarten Kundenumsatzstatistiken. Welche Vorteile ergeben sich für ein Einzelhandelsunternehmen?

---

18 Erkunden Sie
- in Ihrer Berufsschule,
- in Ihrem Ausbildungsbetrieb,

a) welches Warenwirtschaftssystem dort verwendet wird,

b) welche der bisher aufgeführten Auswertungen mit dem jeweiligen Programm möglich sind.

---

19 Erläutern Sie die Vorteile EDV-gestützter Warenwirtschaftssysteme bei der Kalkulation der Verkaufspreise.

---

20 Auf welche Weise vereinfachen EDV-gestützte Warenwirtschaftssysteme die Inventur?

24   Buchungen beim Warenverkehr

24.1   Bezugskosten

Beim Einkauf von Waren entstehen häufig Aufwendungen für Verpackung, Bahn- und Hausfracht, Zustellgebühren der Post, Transportversicherung, Einfuhrzoll u. a. Da sie in direktem Zusammenhang mit dem Warenbezug stehen, heißen sie **Bezugskosten.**

Bezugskosten sind Anschaffungsnebenkosten; sie erhöhen den Einkaufspreis (Anschaffungspreis) der Ware und müssen deshalb auf dem Konto Aufwendungen für Waren erfasst werden. Einstandspreis = Einkaufspreis + Bezugskosten.

Um eine klare Einkaufskalkulation vornehmen zu können und genauen Aufschluss über die Art, Zusammensetzung und Höhe der Bezugskosten zu bekommen, bucht man sie nicht sofort auf das Konto Aufwendungen für Waren, sondern auf

6001 Bezugskosten,

ein Unterkonto von 6000 Aufwendungen für Waren.

Soweit <u>Bezugskosten mit Umsatzsteuer</u> belastet sind, ist diese im Konto 2600 Vorsteuer zu erfassen.

Zieleinkauf, ER 346, Warenwert	4.000,00 DM◄	─── Einkaufspreis, netto
Verpackung	60,00 DM◄	
Fracht	40,00 DM◄	─── Bezugskosten, netto
	4.100,00 DM◄	─── Einstandspreis, netto
Umsatzsteuer	656,00 DM	
Rechnungsbetrag	4.756,00 DM	

Buchung: 6000 Aufwendungen für Waren 4.000,00
           6001 Bezugskosten 100,00
           2600 Vorsteuer 656,00
      an   4400 Verbindlichkeiten a. LL 4.756,00

Beim **Kontenabschluss** wird der Saldo des Kontos 6001 auf „6000 Aufwendungen für Waren" übertragen.

Buchung: 6000 Aufwendungen für Waren 100,00
      an   6001 Bezugskosten   100,00

S	6000 Aufwendungen für Waren	H		S	2600 Vorsteuer	H
4400	4.000,00			4400	656,00	
►6001	100,00					

S	6001 Bezugskosten	H		S	4400 Verbindlichkeiten a. LL	H
4400	100,00	6000 100,00 ●			6000, 6001,	
					2600 4.756,00	

> Der Einstandspreis ergibt sich aus Einkaufspreis + Bezugskosten.
>
> Die Bezugskosten werden auf dem Konto „6001 Bezugskosten" erfasst, das damit einen klaren Überblick über die Anschaffungsnebenkosten beim Wareneinkauf gewährt.
>
> Vor Errechnung des Wareneinsatzes wird das Konto „6001 Bezugskosten" auf das Konto „6000 Aufwendungen für Waren" abgeschlossen.

6560128

24.2 Warenvertriebskosten

Auch beim Warenverkauf entstehen häufig Aufwendungen für **Warenabgabe** (Verpackungsmaterial) oder **Warenzustellung** (Bahn- und Hausfracht, Porto, Transportversicherung u. a.). Da sie in direktem Zusammenhang mit dem Vertrieb von Waren stehen, heißen sie **Warenvertriebskosten.** Sie werden erfasst in der Kontengruppe

61 Aufwendungen für Material und bezogene Leistungen.

Um genauen Aufschluss über die einzelnen Arten der Vertriebskosten zu erhalten, werden sie in der Praxis auf eigenen Aufwandskonten gebucht. Die dem Unternehmer zu diesen Kosten in Rechnung gestellte Umsatzsteuer ist für ihn Vorsteuer. Die **Warenvertriebskosten werden als Aufwandskonten über das Gewinn- und Verlustkonto abgeschlossen.**

Der Einzelhändler Wilms in Duisburg liefert an einen Kunden in Koblenz „frei Haus".

Vom Spediteur erhält er folgende Rechnung, die er durch Bankscheck begleicht:

Fracht Duisburg – Koblenz	150,00 DM
Umsatzsteuer	24,00 DM
Rechnungsbetrag	174,00 DM

Buchung:	6110	Frachten und Fremdlager	....	150,00	
	2600	Vorsteuer		24,00	
an	2800	Bank			174,00

Liefert der Einzelhändler Wilms jedoch „ab Lager", dann belastet er den Kunden mit der vorgelegten Fracht. **Kunden in Rechnung gestellte Warenvertriebskosten werden Bestandteil der Verkaufserlöse;** die Aufwandskonten werden nicht entlastet.

Ausgangsrechnung 720 an den Kunden Ermert, Koblenz:

1 Schlafsofa und 2 Sessel	5.250,00 DM
Warenzustellung	150,00 DM
Umsatzsteuer	864,00 DM
Rechnungsbetrag	6.264,00 DM

Buchung:	2400	Forderungen a. LL	....	6.264,00	
an	5000	Umsatzerlöse			5.400,00
an	4800	Umsatzsteuer			864,00

Dem Kunden berechnete Leihverpackung (Pfandgebühr für Flaschen o. Ä.) wird ebenfalls als Umsatzerlös gebucht. Bei Rückgabe der Leihverpackung erhält der Kunde eine Gutschrift, die an der Kasse erstattet oder verrechnet wird (vgl. Kapitel 24.3.2).

> Warenvertriebskosten sind alle Kosten, die unmittelbar mit dem Vertrieb von Waren anfallen. Sie werden auf eigenen Aufwandskonten in der Kontengruppe „61 Aufwendungen für Material und bezogene Leistungen" gebucht.
>
> Dem Kunden in Rechnung gestellte Warenvertriebskosten sind Bestandteil der Verkaufserlöse.

24.3 Rücksendungen

Beim Einkauf und Verkauf kommt es vor, dass zu viel Ware, falsche oder mangelhafte Ware bei uns eintrifft bzw. von uns verkauft wird. Wird diese Ware an den Lieferer oder an uns zurückgegeben, dann verringern sich die Anschaffungskosten bzw. die Verkaufserlöse.

Der Warenwert ist Bemessungsgrundlage für die Umsatzsteuer. Durch Rücksendungen von Waren hat sich diese Bemessungsgrundlage nachträglich geändert. Deshalb muss auch eine Minderung der Umsatzsteuer auf den Konten „2600 Vorsteuer" und „4800 Umsatzsteuer" vorgenommen werden.

24.3.1 Rücksendungen an den Lieferer

Schicken wir falsch, zu viel oder mangelhaft gelieferte Ware an den Lieferer zurück, so verringern sich die Anschaffungskosten der bezogenen Waren, die Vorsteuern und die Verbindlichkeiten aus dieser Lieferung.

1. Dem folgenden Geschäftsvorfall ist der Wareneinkauf auf Ziel lt. ER 346 vorausgegangen (vgl. Seite 188).	
2. Rücksendung falscher Waren an den Lieferer,	
Warenwert	200,00 DM
Umsatzsteuer	32,00 DM
Gutschrift	232,00 DM

Buchung zu 2.: 4400 **Verbindlichkeiten a. LL** **232,00**

an 6000 **Aufwendungen für Waren** **200,00**

an 2600 **Vorsteuer** **32,00**

Beide Geschäftsvorfälle stellen sich auf den Konten (vor Abschluss des Kontos 6001) wie folgt dar:

S	4400 Verbindlichkeiten a. LL	H		S	6000 Aufwendungen für Waren	H
2. 6000, 2600 232,00	1. 6000, 6001, 2600 4.756,00			1. 4400 4.000,00	2. 4400 200,00	

S	6001 Bezugskosten	H
1. 4400 100,00	

S	2600 Vorsteuer	H
1. 4400 656,00	2. 4400 32,00

Die **Rücksendung von Leihverpackung** (Kisten, Fässer) oder eine **Gutschrift für zurückgesandte Verpackung** wird ebenfalls auf „**6001 Bezugskosten**" gebucht:

4400 **Verbindlichkeiten a. LL**

an 6001 **Bezugskosten**

an 2600 **Vorsteuer**

Rücksendungen von Waren oder Verpackung an den Lieferer werden netto gebucht.
Gutschrift für Warenrücksendung: „6000 Aufwendungen für Waren"
Gutschrift für Verpackung: „6001 Bezugskosten".
Die Vorsteuer ist entsprechend zu berichtigen, da sich auch die Anschaffungskosten verringert haben.

6560130

1 Buchen Sie die beiden folgenden Belege:

Beleg 1:

Jansen & Wagner, Hauptstr. 12, 52066 Aachen

ELEKTROGROSSHANDEL
JANSEN & WAGNER

Josef Esser
Elektrofachgeschäft
Jägerstraße 7

Hauptstraße 12   Tel.: (02 41) 62 34 -0
52066 Aachen   Fax: (02 41) 62 34 78

68309 Mannheim

Eingang:
.. -07-06

Datum
..07-05

Rechnung Nr. 3 791
Ihre Bestellung vom 28. Juni ..
Wir sandten Ihnen auf Ihre Rechnung und Gefahr:

Artikel-Nr.	Stückzahl	Gegenstand	Stückpreis (DM)	Gesamtpreis (DM)
DA 120	15	Bono Dampfbügeleisen	39,00	585,00
HL 77	10	Heizlüfter 2000 W	59,50	595,00
HTR 81	15	Haartrockner 1500 W	20,00	300,00
TA 20	20	Toaster KA	15,50	310,00
MK 73	5	Morex Küchenmaschinen	60,00	300,00
MW 80	4	Mallo Mikrowellen 750	200,00	800,00
				2.890,00
		Frachtkosten		120,00
		Transportversicherung		50,00
				3.060,00
		16 % Umsatzsteuer		489,60
				3.549,60

Konto | Soll | Haben
geprüft und gebucht

Bei Zahlung innerhalb von 10 Tagen 2 % Skonto.

Deutsche Bank Aachen, Konto 79 54 61 (BLZ 390 700 20)
Postbank Köln, Konto 4720 54-506 (BLZ 370 100 50)

Beleg 2:

Jansen & Wagner, Hauptstr. 12, 52066 Aachen

ELEKTROGROSSHANDEL
JANSEN & WAGNER

Josef Esser
Elektrofachgeschäft
Jägerstraße 7

Hauptstraße 12   Tel.: (02 41) 62 34 -0
52066 Aachen   Fax: (02 41) 62 34 78

68309 Mannheim

Konto | Soll | Haben
geprüft und gebucht

Eingang:
.. -07-17

Ihr Zeichen, Ihre Nachricht vom   Unser Zeichen, unsere Nachricht vom   Telefon, Name
(02 41) 62 34- 73
Wagner

Datum
..-07-16

Gutschrift wegen Ihrer Mängelrüge vom 9. Juli ..

Sehr geehrter Herr Esser,

wir bedauern Ihnen 3 falsche Haartrockner geliefert zu haben und
bitten Sie unseren Irrtum zu entschuldigen.

Wir schreiben Ihnen gut,   netto   60,00 DM
                            + 16 % Umsatzsteuer   9,60 DM
                                              69,60 DM

Mit freundlichen Grüßen

Werner Wagner
Werner Wagner

Deutsche Bank Aachen, Konto 79 54 61 (BLZ 390 700 20)
Postbank Köln, Konto 4720 54-506 (BLZ 370 100 50)

24.3.2 Warenrückgaben von Kunden

Haben wir an einen Kunden Waren auf Ziel verkauft und schickt dieser Kunde uns vor Zahlung des Kaufpreises falsch, zu viel oder mit Mängeln gelieferte Ware zurück, so verringern sich die Verkaufserlöse, die darauf entfallende Umsatzsteuer und die Forderungen.

1. Warenverkauf auf Ziel lt. AR 219, Warenwert .... 1.500,00 DM
   Umsatzsteuer .... 240,00 DM
   Rechnungsbetrag .... 1.740,00 DM

2. Warenrücksendung durch den Kunden wegen Falschlieferung
   Warenwert .... 300,00 DM
   Umsatzsteuer .... 48,00 DM
   Gutschriftsbetrag .... 348,00 DM

Buchung zu 2.:　　5000　Umsatzerlöse ....　300,00
　　　　　　　　　　　4800　Umsatzsteuer ....　48,00
　　　　　　　　an　2400　Forderungen a. LL ....　　　　　348,00

S	2400 Forderungen a. LL		H
1. 5000,		2. 5000, 4800	**348,00**
4800	1.740,00		

S	5000 Umsatzerlöse		H
2. 2400	**300,00**	1. 2400	1.500,00

S	4800 Umsatzsteuer		H
2. 2400	**48,00**	1. 2400	240,00

Eine Buchung der Warenrückgabe von Kunden ist ebenfalls erforderlich, wenn der Kunde den Rechnungsbetrag aus dem Zielverkauf bereits überwiesen hat; Buchung:

　　　　　　　　5000　Umsatzerlöse
　　　　　　　　4800　Umsatzsteuer
　　　　　an　2800　Bank bzw. 2850 Postbank

Kaufpreiserstattung aus der Tageskasse. Wird einem Kunden der Kaufpreis wegen einer Warenrückgabe bar erstattet, so verringern sich die Verkaufserlöse, die Umsatzsteuer und die Tageseinnahmen; mögliche Buchung:

　　　　　　　　5000　Umsatzerlöse
　　　　　　　　4800　Umsatzsteuer
　　　　　an　2880　Kasse

Auf eine Buchung wird in diesem Fall jedoch meist verzichtet, da der Erstattungsbetrag mit den Verkaufserlösen des Tages (Tageslosung) verrechnet werden kann.

Warenumtausch: Tauscht ein Kunde eine Ware zum gleichen Preis gegen eine andere, ändern sich Verkaufserlöse und Umsatzsteuer nicht. Eine Buchung ist daher nicht notwendig. Das gilt auch für ausgegebene Warengutscheine, die erst später eingelöst werden.

> Eine Warenrückgabe durch Kunden mindert Verkaufserlöse und Umsatzsteuer.
>
> Bei Gutschrift des Kaufpreises oder bei seiner Rückzahlung über Bank- bzw. Postbankkonto werden Verkaufserlöse und Umsatzsteuer ebenfalls berichtigt.
>
> Bei Barerstattung des Kaufpreises wegen Warenrückgabe ist keine Buchung erforderlich, wenn sie mit den Verkäufen des Tages verrechnet wird.
>
> Ein Warenumtausch zum gleichen Preis wird nicht gebucht.

6560132

2 Bilden Sie die Buchungssätze unter Verwendung des allgemeinen Steuersatzes.

1. ER 97 für uns berechnete Verpackung und Fracht, netto ..   130,00
   + Umsatzsteuer ....   ?   ?
2. Warenrückgabe durch Kunden, Gutschrift Nr. 17, netto   80,00
   + Umsatzsteuer ....   ?   ?
3. Lieferergutschrift Nr. 8 für zurückgesandte Kisten, netto ..   60,00
   + Umsatzsteuer ....   ?   ?
4. Abschluss des Kontos „6001 Bezugskosten" ....   ?

3 Buchen Sie in den Konten 2000, 2400, 2600, 2880, 4400, 4800, 5000, 6000, 6001, 6110.

Geschäftsvorfälle, denen der allgemeine Steuersatz zugrunde liegt:

1. Wareneinkauf auf Ziel, Warenwert 3.580,00
   Berechnete Verpackung, netto   20,00
   + Umsatzsteuer   576,00   4.176,00
2. Barzahlung der Hausfracht, netto   25,00
   + Umsatzsteuer   4,00   29,00
3. Warenrücksendung an den Lieferer, Warenwert   40,00
   + Umsatzsteuer   6,40   46,40
4. Warenverkauf auf Ziel, Warenwert 5.020,00
   + Umsatzsteuer   803,20   5.823,20
5. Warenrückgabe von diesem Kunden + Gutschrift, netto ...   60,00
   + Umsatzsteuer   9,60   69,60
6. Barzahlung der Paketgebühr f. Warenzustellung a. Kunden   6,20

Abschlussangaben: Warenbestände lt. Inventur: AB = 20.580,00 − EB = 21.635,00.
Abschluss der Konten 2600, 4800, 8020.

4 **Anfangsbestände:** Geschäftsausstattung 12.700,00 DM, Waren 24.630,00 DM, Verpackungsmaterial 840,00 DM, Forderungen a. LL 980,00 DM, Bankguthaben 8.290,00 DM, Kasse 650,00 DM, Verbindlichkeiten a. LL 5.480,00 DM, Umsatzsteuer 208,00 DM.

Kontenplan: 0800, 2000, 2200, 2400, 2600, 2800, 2880, 3000, 3001, 4400, 4800, 5000, 6000, 6001, 6101, 6700, 8000, 8010, 8020.

Geschäftsvorfälle mit dem ermäßigten Steuersatz bei den Warengeschäften:

1. Warenrückgabe und Gutschrift auf Kundenkonto, netto ...   20,00
   + Umsatzsteuer   1,40   21,40
2. Privatentnahme bar   200,00
3. Wareneinkauf auf Ziel, Warenwert 2.600,00
   + Umsatzsteuer   182,00   2.782,00
4. Barzahlung für Fracht auf diese Sendung, netto   40,00
   + Umsatzsteuer   6,40   46,40
5. Banküberweisung der Geschäftsmiete 2.600,00
6. Barkauf von Packpapier, Tüten usw., Warenwert   250,00
   + Umsatzsteuer   40,00   290,00
7. Warenrucksendung an einen Lieferer, Warenwert   100,00
   + Umsatzsteuer   7,00   107,00
8. Tageslosung 5.628,20

Abschlussangaben: Warenbestand lt. Inventur 24.210,00
                 Verpackungsmaterialbestand lt. Inventur   1.020,00

24.4   Nachlässe

Im Warenhandel werden aus verschiedenen Gründen Preisnachlässe gewährt. Man unterscheidet dabei Rabatte, Preisnachlässe aufgrund von Mängelrügen, Boni und Skonti.

Rabatte sind die handelsüblichen Sofortrabatte, die als Mengen- oder Sonderrabatte eingeräumt werden. Sie stellen einen im Voraus gewährten Preisnachlass dar und **werden weder beim Einkauf noch beim Verkauf gebucht.** Ausgangspunkt in der Buchführung sind die tatsächlich in Rechnung gestellten Beträge.

Heinz Hopp ➞ Video – Produktions-Systeme

Wir lieferten auf Ihre Rechnung und Gefahr:

Rechnungs-Nr.: 2 428   Datum: ..-06-25

	5 Videorekorder ASF 27 zum Stückpreis von 1.250,00 DM	6.250,00 DM
−	20 % Sonderrabatt	1.250,00 DM
=	Nettowarenwert	5.000,00 DM
+	16 % Umsatzsteuer	800,00 DM
=	Rechnungsbetrag	5.800,00 DM

Zahlungsbedingungen: Zahlung innerhalb von 14 Tagen mit 2 % Skonto oder 30 Tage netto.

Buchungen

als **Eingangs**rechnung:

6000 Aufwendungen für Waren	5.000,00	
2600 Vorsteuer	800,00	
an 4400 Verbindlichkeiten a. LL		5.800,00

als **Ausgangs**rechnung:

2400 Forderungen a. LL	5.800,00	
an 5000 Umsatzerlöse		5.000,00
an 4800 Umsatzsteuer		800,00

Preisnachlässe aufgrund von Mängelrügen können gewährt werden, wenn die gelieferte Ware eine mindere Qualität aufweist als die bestellte (z. B. Beschädigungen, technische Fehler, Mängel in der Aufmachung oder Fehlen einer zugesicherten Eigenschaft).

Boni sind nachträglich (oft erst am Ende des Geschäftsjahres) gewährte Preisnachlässe, die als Treue- oder Umsatzprämie gegeben werden. Im Gegensatz zu den Sofortrabatten **müssen Boni und Preisnachlässe aufgrund von Mängelrügen buchmäßig erfasst werden,** da sie die bereits gebuchten Anschaffungskosten bzw. Verkaufserlöse verringern.

Skonti sind Preisnachlässe, die bei Zahlung innerhalb einer vereinbarten Frist vor Ablauf des Ziels eingeräumt werden. Beispiel: „Ziel 2 Monate, bei Zahlung innerhalb 10 Tagen 2 % Skonto". Da auch Skonti nachträglich die Anschaffungskosten bzw. die Verkaufserlöse mindern, **müssen** sie **gesondert ausgewiesen werden.**

Bei Preisnachlässen aufgrund von Mängelrügen, bei Boni und Skonti vermindert sich der Warenwert oder das Entgelt nachträglich. **Deshalb ist auch die Umsatzsteuer** im Konto „2600 Vorsteuer" bzw. „4800 Umsatzsteuer" **entsprechend zu mindern.**

Aus Gründen der Übersichtlichkeit und der Erfolgskontrolle werden Preisnachlässe, Boni und Skonti nicht sofort in den Konten Aufwendungen für Waren oder Umsatzerlöse erfasst, sondern auf eigenen Konten.

> Sofortrabatte werden buchmäßig nicht erfasst.
>
> Nachträglich gewährte Preisnachlässe müssen gebucht werden. Die Umsatzsteuer ist zu berichtigen.

6560134

24.4.1 Nachlässe beim Wareneinkauf .

Ziehen wir von der Eingangsrechnung **Skonto** ab oder gewährt uns ein Lieferer nachträglich einen **Preisnachlass** oder einen **Bonus,** so buchen wir die Beträge im Haben des Kontos

6002 Nachlässe.

Die Eingangsrechnung Nr. 2428 vom Lieferer Hopp über .... 5.800,00 DM
(Warenwert 5.000,00 DM + Umsatzsteuer 800,00 DM)
wird abzüglich 2 % Skonto .... 116,00 DM
durch Banküberweisung beglichen .... 5.684,00 DM

In den Bruttorechnungsbeträgen ist aber nicht nur der Warenwert enthalten, sondern auch die Umsatzsteuer. Berechnet man also den Skonto vom Bruttorechnungsbetrag, so kürzt man sowohl den Warenwert als auch die Vorsteuer um den Skontosatz. Da sich die Vorsteuer in demselben Verhältnis vermindert wie der Warenwert, kommt man zu demselben Ergebnis, ob man den Abzug vom Warenwert und der Vorsteuer einzeln berechnet oder ob man vom Gesamtwert ausgeht.

$$
\begin{array}{llllll}
\text{Warenwert} & 100\,\% = & 5.000,00 & - \ 2\,\% = & 100,00 = & 4.900,00 \\
\text{Vorsteuer} & 16\,\% = & 800,00 & - \ 2\,\% = & 16,00 = & 784,00 \\
\hline
\text{Bruttobetrag } 116\,\% = & & 5.800,00 & - \ 2\,\% = & 116,00 = & 5.684,00
\end{array}
$$

Es dürfen also nur 100,00 DM als Skonto vom Warenwert ausgewiesen werden. Die restlichen 16,00 DM sind kein Skontoertrag, sondern ein Abzug von der Vorsteuer, die bisher noch mit 800,00 DM zu Buche steht.

Nach Berichtigung entspricht die Vorsteuer von 784,00 DM dem Warenwert von 5.000,00 DM – 100,00 DM = 4.900,00 DM.

Die Berechnung des Umsatzsteuerbetrages aus dem Bruttoskonto kann auch wie folgt vorgenommen werden:

$$
\frac{\text{Bruttoskonto} \cdot 16}{116} = \frac{116 \cdot 16}{116} = \frac{1856}{116} = 16,00
$$

Buchung: 4400 **Verbindlichkeiten a. LL** 5.800,00
  an 2800 **Bank** 5.684,00
  an 6002 **Nachlässe** 100,00
  an 2600 **Vorsteuer** 16,00

Das Konto „6002 Nachlässe" ist ein Unterkonto des Kontos „6000 Aufwendungen für Waren". **Beim Abschluss wird** deshalb **der Saldo übertragen** durch die

Buchung: 6002 **Nachlässe** 100,00
  an 6000 **Aufwendungen für Waren** 100,00

S	6000 Aufwendungen für Waren	H	S	6002 Nachlässe	H
4400	5.000,00	2. 6002 100,00 ←	2. 6000 100,00	1. 4400	100,00

S	4400 Verbindlichkeiten a. LL	H	S	2800 Bank	H
1. 2800, 6002, 2600 5.800,00	6000, 2600 5.800,00			1. 4400	5.684,00

S	2600 Vorsteuer	H
4400	800,00	1. 4400 16,00

Die **Buchung von Preisnachlässen** aufgrund von Mängelrügen **und** die Buchung von **Boni** wird entsprechend vorgenommen; es entfällt jedoch die Buchung auf dem Bankkonto.

Heinz Hopp ⟶ Video – Produktions-Systeme

Ihre Mängelrüge betr. Rechnungs-Nr. 2 428   Datum: ..-07-10

Wir bedauern den kleinen technischen Fehler, den Sie inzwischen selbst behoben haben, und schreiben Ihnen gut:

Warenwert	120,00 DM
Umsatzsteuer	19,20 DM
	139,20 DM

Mit freundlichem Gruß

Hopp

Buchung: **4400 Verbindlichkeiten a. LL** **139,20**

    an **6002 Nachlässe** **120,00**

    an **2600 Vorsteuer** **19,20**

> Auf dem Konto „6002 Nachlässe" werden gebucht:
> Preisnachlässe aufgrund von Mängelrügen, Boni und Skonti, die
> uns der Lieferer gewährt.
> Die in den Nachlassbeträgen enthaltene Vorsteuer ist zu berichtigen.
> Das Konto „6002 Nachlässe" ist ein Unterkonto des Kontos Aufwendungen
> für Waren. Sein Saldo wird beim Abschluss auf „6000 Aufwendungen für
> Waren" übertragen.

---

5   Bilden Sie die Buchungssätze (allgemeiner Steuersatz).

1. Barzahlung für Eingangsfracht, netto 30,00
+ Umsatzsteuer 4,80   34,80

2. Preisnachlass eines Lieferers aufgrund unserer Mängelrüge,
Warenwert 80,00
+ Umsatzsteuer 12,80   92,80

3. Gutschrift eines anderen Lieferers für Boni, netto 240,00
+ Umsatzsteuer 38,40   278,40

4. Gutschrift eines Lieferers für Warenrücksendung, netto 70,00
+ Umsatzsteuer 11,20   81,20

5. Ausgleich einer Liefererrechnung, Rechnungsbetrag 3.480,00
– 2 % Skonto 69,60

Banküberweisung 3.410,40

6. Ausgangsrechnung an einen Kunden,
Warenwert 6.200,00
Warenzustellung 100,00
+ Umsatzsteuer 1.008,00 7.308,00

7. Warenrückgabe vom Kunden wegen Falschlieferung,
Warenwert 200,00
+ Umsatzsteuer 32,00

Gutschrift 232,00

8. Wie lauten die Buchungen beim Abschluss der Konten 6001 und 6002?

---

6 Buchen Sie in den Konten: 2000 Waren, 2800 Bank, 2880 Kasse, 2400 Forderungen a. LL, 2600 Vorsteuer, 4400 Verbindlichkeiten a. LL, 4800 Umsatzsteuer, 5000 Umsatzerlöse, 6000 Aufwendungen für Waren, 6001 Bezugskosten, 6002 Nachlässe, 8020 GuV. (Den Geschäftsvorfällen liegt der allgemeine Steuersatz zugrunde.)

1. Wareneinkauf auf Ziel, Listenpreis	4.600,00	
− 25 % Wiederverkäuferrabatt	1.150,00	
Warenwert	3.450,00	
berechnete Verpackung, netto	50,00	
+ Umsatzsteuer	560,00	4.060,00
2. Warenrücksendung an einen Lieferer, Warenwert	120,00	
+ Umsatzsteuer	19,20	139,20
3. Preisnachlass eines Lieferers (Mängelrüge), netto	90,00	
+ Umsatzsteuer	14,40	104,40
4. Warenrückgabe vom Kunden und Kontogutschrift, netto	65,00	
+ Umsatzsteuer	10,40	75,40
5. Banküberweisung an einen Lieferer, Rechnungsbetrag	2.900,00	
− 2 % Skonto	58,00	2.842,00
6. Tageslosung		3.062,40
7. Gutschrift eines Lieferers für Boni, netto	130,00	
+ Umsatzsteuer	20,80	150,80

8. Schließen Sie die Konten 5000, 6000, 6001, 6002 sowie die Konten 2600, 4800 ab. Warenbestände lt. Inventur: AB = 20.250,00 − EB = 21.680,00

7 **Anfangsbestände:** Geschäftsausstattung 16.200,00 DM, Waren 27.460,00 DM, Forderungen a. LL 960,00 DM, Bankguthaben 14.830,00 DM, Kasse 1.675,00 DM, Eigenkapital 48.755,00 DM, Verbindlichkeiten a. LL 12.370,00 DM.

Kontenplan: 0800, 2000, 2400, 2600, 2800, 2880, 3000, 4400, 4800, 5000, 6000, 6001, 6002, 6103, 6520, 6870, 8000, 8010, 8020.

Geschäftsvorfälle (mit dem allgemeinen Steuersatz):

1. Gutschrift eines Lieferers für Boni, netto	200,00	
+ Umsatzsteuer	32,00	232,00
2. Banküberweisung an einen Lieferer, Gesamtbetrag	1.392,00	
abzüglich 2 % Skonto	27,84	1.364,16
3. Wareneinkauf auf Ziel, Warenwert	4.500,00	
+ Fracht	30,00	
+ Umsatzsteuer	724,80	5.254,80
4. Warenrückgabe und Gutschrift auf Kundenkonto, netto	150,00	
+ Umsatzsteuer	24,00	174,00
5. Banküberweisung für Heizöl (Geschäft), Nettopreis	2.250,00	
+ Umsatzsteuer	360,00	2.610,00
6. Preisnachlass eines Lieferers (Mängelrüge), Warenwert	60,00	
+ Umsatzsteuer	9,60	69,60
7. Barkauf von Dekorationsmaterial, netto	140,00	
+ Umsatzsteuer	22,40	162,40
8. Tageslosung		8.468,00
Abschlussangaben: Abschreibung auf Geschäftsausstattung		1 %
Warenbestand lt. Inventur		27.646,00

24.4.2 Nachlässe beim Warenverkauf

Zieht ein Kunde von der Rechnung **Skonto** ab, gewähren wir ihm einen **Preisnachlass** aufgrund einer Mängelrüge oder nachträglich einen **Bonus,** so verringern sich unsere Verkaufserlöse. Wir buchen diese Entgeltsminderungen nicht sofort im Konto Umsatzerlöse, sondern zur besseren Übersicht im Soll des Kontos

5001 Erlösberichtigungen.

Die Ausgangsrechnung Nr. 296 an den Kunden Simons über	580,00 DM
(Warenwert 500,00 DM + Umsatzsteuer 80,00 DM)	
wird abzüglich 2 % Skonto	11,60 DM
durch Banküberweisung beglichen	568,40 DM

Erlösberichtigungen werden vom Bruttobetrag berechnet. In dem Skonto von 11,60 DM ist daher noch ein Umsatzsteueranteil von 1,60 DM enthalten, der vor der Buchung herausgerechnet werden muss. **(Umsatzsteuerberechnung s. Seite 135).**

Buchung:	2800 Bank	568,40	
	5001 Erlösberichtigungen	10,00	
	4800 Umsatzsteuer	1,60	
an	2400 Forderungen a. LL		580,00

Das Konto „5001 Erlösberichtigungen" ist ein Unterkonto des Kontos „5000 Umsatzerlöse". **Beim Abschluss wird der Saldo** daher **übertragen** durch die

Buchung:	5000 Umsatzerlöse	10,00	
an	5001 Erlösberichtigungen		10,00

S	5001 Erlösberichtigungen	H	S	5000 Umsatzerlöse	H
1. 2400	10,00	2. 5000 10,00 ➡	2. 5001	10,00	2400 500,00

S	2800 Bank	H	S	2400 Forderungen a. LL	H
1. 2400	568,40		5000, 4800	580,00	1. 2800, 5001,
S	4800 Umsatzsteuer	H			4800 580,00
1. 2400	1,60	2400 80,00			

Eine Gesamtdarstellung der Buchungen und Abschlüsse im Warenverkehr finden Sie auf Seite 139.

> Auf dem Konto „5001 Erlösberichtigungen" werden gebucht:
>
> Preisnachlässe aufgrund von Mängelrügen, Boni und Skonti, die wir unseren Kunden gewähren.
>
> Die in den Nachlassbeträgen enthaltene Umsatzsteuer ist zu berichtigen.
>
> Das Konto „5001 Erlösberichtigungen" ist ein Unterkonto des Kontos Umsatzerlöse. Sein Saldo wird beim Abschluss auf „5000 Umsatzerlöse" übertragen.

6560138

Buchungen und Abschlüsse im Warenverkehr

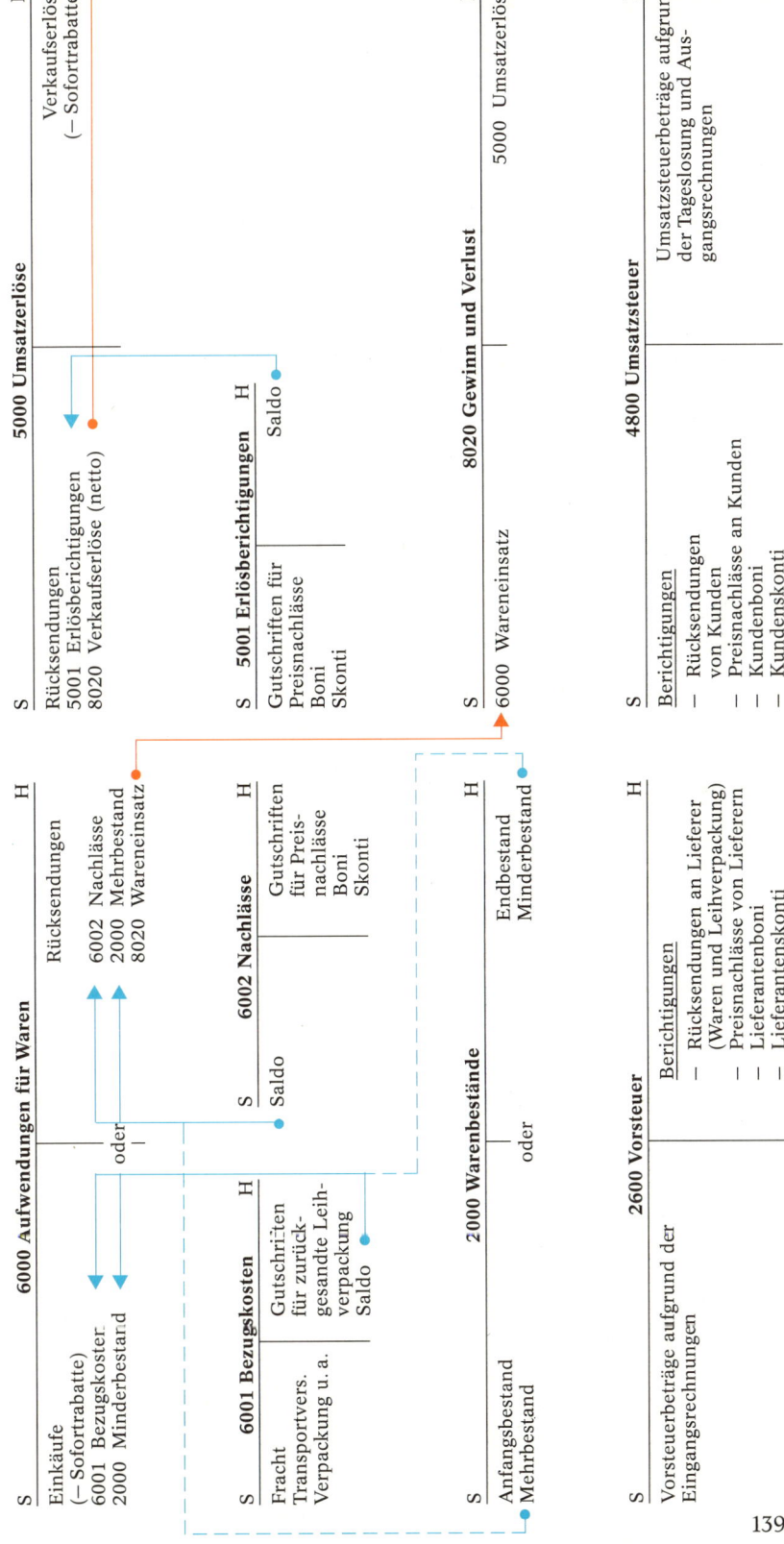

S 6000 Aufwendungen für Waren H

Einkäufe
(– Soforttrabatte)
6001 Bezugskosten
2000 Minderbestand

Rücksendungen

6002 Nachlässe
2000 Mehrbestand
8020 Wareneinsatz

oder

S 6001 Bezugskosten H

Fracht
Transportvers.
Verpackung u. a.

Gutschriften
für zurück-
gesandte Leih-
verpackung
Saldo

S 6002 Nachlässe H

Saldo

Gutschriften
für Preis-
nachlässe
Boni
Skonti

S 2000 Warenbestände H

Anfangsbestand
Mehrbestand

Endbestand
Minderbestand

oder

S 5000 Umsatzerlöse H

Rücksendungen
5001 Erlösberichtigungen
8020 Verkaufserlöse (netto)

Verkaufserlöse
(– Soforttrabatte)

S 5001 Erlösberichtigungen H

Gutschriften für
Preisnachlässe
Boni
Skonti

Saldo

S 8020 Gewinn und Verlust H

6000 Wareneinsatz

5000 Umsatzerlöse

S 4800 Umsatzsteuer H

Berichtigungen
– Rücksendungen
von Kunden
– Preisnachlässe an Kunden
– Kundenboni
– Kundenskonti

Umsatzsteuerbeträge aufgrund
der Tageslosung und Aus-
gangsrechnungen

S 2600 Vorsteuer H

Vorsteuerbeträge aufgrund der
Eingangsrechnungen

Berichtigungen
– Rücksendungen an Lieferer
(Waren und Leihverpackung)
– Preisnachlässe von Lieferern
– Lieferantenboni
– Lieferantenskonti

6560139

139

8   Bilden Sie die Buchungssätze.

1. Ein Kunde gibt Ware zurück und erhält eine Gutschrift, netto   30,00
   + Umsatzsteuer   4,80   34,80
2. Wir gewähren einem Kunden Preisnachlass, Gutschrift netto   70,00
   + Umsatzsteuer   11,20   81,20
3. Ein Kunde begleicht durch Postbanküberweisg. AR 184 über   928,00
   unter Abzug von 2 % Skonto   18,56   909,44

---

9   Ein Einzelhändler ermittelt auf seinen Konten die folgenden Werte, die auf den entsprechenden Konten noch einzutragen sind:

Warenanfangsbestand ... 45.620,00 DM   Bezugskosten .... 1.460,00 DM
Wareneinkäufe .... 37.840,00 DM   Nachlässe .... 2.140,00 DM
Warenbestand lt. Inventur 50.470,00 DM   Rücksendungen an Lief. . 1.920,00 DM

Wie lauten die Umbuchungen und wie hoch ist der Wareneinsatz?

---

10   Ein Einzelhändler stellt auf seinen Konten die folgenden Werte fest, die noch auf den entsprechenden Konten einzutragen sind:

Warenverkäufe .... 96.330,00 DM   Erlösberichtigungen .... 2.166,00 DM
Rücksend. von Kunden .. 4.104,00 DM

Welche Umbuchungen sind vorzunehmen und wie hoch sind die Nettoverkaufserlöse?

---

11   **Anfangsbestände:** Geschäftsausstattung 18.600,00 DM, Waren 47.460,00 DM, Forderungen a. LL 3.900,00 DM, Bankguthaben 14.210,00 DM, Kasse 3.370,00 DM, Eigenkapital 64.243,00 DM, Verbindlichkeiten a. LL 22.872,00 DM, Umsatzsteuer 425,00 DM.

Kontenplan: 0800, 2000, 2400, 2600, 2800, 2880, 3000, 4400, 4800, 5000, 5001, 6000, 6001, 6002, 6103, 6300, 6520, 8000, 8010, 8020.

Geschäftsvorfälle (mit dem allgemeinen Steuersatz):

1. Barzahlung der Stromrechnung fürs Geschäft, netto   270,00
   + Umsatzsteuer   43,20   313,20
2. Banküberweisung an einen Lieferer 3.410,40
   2 % Skonto   60,00
   Umsatzsteuer   9,60   3.480,00
3. Banküberweisung der Umsatzsteuer   425,00
4. Wareneinkauf auf Ziel, Warenwert 4.550,00
   + Umsatzsteuer   728,00   5.278,00
5. Barzahlung der Fracht für diese Sendung, netto   40,00
   + Umsatzsteuer   6,40   46,40
6. Banküberweisung für Gehalt 2.540,00
7. Banküberweisung von einem Kunden, Rechnungsbetrag ...   2.900,00
   abzüglich 2 % Skonto   58,00   2.842,00
8. Tageslosung 9.976,00
9. Bareinzahlung auf das Bankkonto 7.000,00
10. Warenrückgabe eines Kunden und Gutschrift, Warenwert ..   100,00
    + Umsatzsteuer   16,00   116,00

Abschlussangaben:

Abschreibung von der Geschäftsausstattung 1 % v. d. Anschaffungskosten   20.000,00
Warenbestand lt. Inventur 47.070,00

12 Welche Geschäftsvorfälle liegen folgenden Buchungssätzen zugrunde?

1. 6000	4. 2400 an 5000	7. 4400 an 6000
2600 an 4400	an 4800	an 2600
2. 4400 an 6002	5. 2880 an 5000	8. 4400 an 6001
an 2600	an 4800	an 2600
3. 6001	6. 2800	9. 4400 an 2800
2600 an 4400	5001	an 6002
	4800 an 2400	an 2600

13 **Anfangsbestände:**

Geschäftsausstattung ..	14.200,00 DM	Eigenkapital	28.860,00 DM
Waren	33.642,00 DM	Sparkassenschulden ..	6.736,00 DM
Forderungen a. LL	756,00 DM	Verbindlichkeiten a. LL	13.068,00 DM
Kasse	328,00 DM	Umsatzsteuer	262,00 DM

Kunden:

Karl Deuster, hier	331,00 DM
Otto Blume, hier	153,00 DM
Martha Brandes, hier .	272,00 DM

Lieferer:

Hans Groß & Co.	3.215,00 DM
Hermann Glarus KG..	2.843,00 DM
Sommer & Verres	7.010,00 DM

Kontenplan: 0800, 2000, 2400, 2600, 2880, 3000, 3001, 4200, 4400, 4800, 5000, 5001, 5420, 6000, 6002, 6300, 6520, 6700, 8000, 8010, 8020.

Geschäftsvorfälle (mit dem ermäßigten Steuersatz von 7 %):

1. Gutschrift für Otto Blume wegen Mängelrüge, netto	40,00	
+ Umsatzsteuer	2,80	42,80
2. Wareneinkauf auf Ziel von H. Glarus KG, Warenwert	1.500,00	
+ Umsatzsteuer	105,00	1.605,00
3. Sparkassenüberweisung von Martha Brandes		120,00
4. Privatentnahme bar		250,00
5. Warenrücksendung an Groß & Co., Warenwert	400,00	
+ Umsatzsteuer	28,00	428,00
6. Banküberweisung der Umsatzsteuer		262,00
7. Sparkassenüberweisung an Sommer & Verres	2.675,00	
abzüglich 2 % Skonto	53,50	2.621,50
8. Tageslosung		8.774,00
9. Barzahlung der Miete fürs Geschäft		2.480,00
10. Bareinzahlung bei der Sparkasse		6.000,00
11. Privatentnahme von Waren, Warenwert	100,00	
+ Umsatzsteuer	7,00	107,00
12. Sparkassenüberweisung an Groß & Co.	2.140,00	
abzüglich 2 % Skonto	42,80	2.097,20
13. Warenverkauf auf Ziel an Karl Deuster, Warenwert	200,00	
+ Umsatzsteuer	14,00	214,00
14. Gehaltszahlung durch Sparkassenscheck		1.940,00

Abschlussangaben:

Abschreibung auf 0800 = 1 % v. d. Anschaffungskosten 26.000,00

Warenbestand lt. Inventur 28.782,00

14 Ermitteln Sie unter Berücksichtigung der folgenden Angaben den Wareneinsatz und die Nettoverkaufserlöse.

S	2000 Warenbestände		H
AB	86.800,00		

S	5000 Umsatzerlöse		H
2400	750,00	2880	120.600,00

S	6000 Aufwendungen für Waren		H
4400	25.400,00	4400	1.600,00

S	5001 Erlösberichtigungen		H
2400	1.400,00		

S	6001 Bezugskosten		H
4400	1.420,00		

S	6002 Nachlässe		H
		4400	800,00

Warenbestand lt. Inventur 21.170,00

15 Sie sollen im Küchenstudio Hans Korsing, Köln, aufgrund der beiden Belege die 4 Geschäftsvorfälle buchen.

Beleg 1:

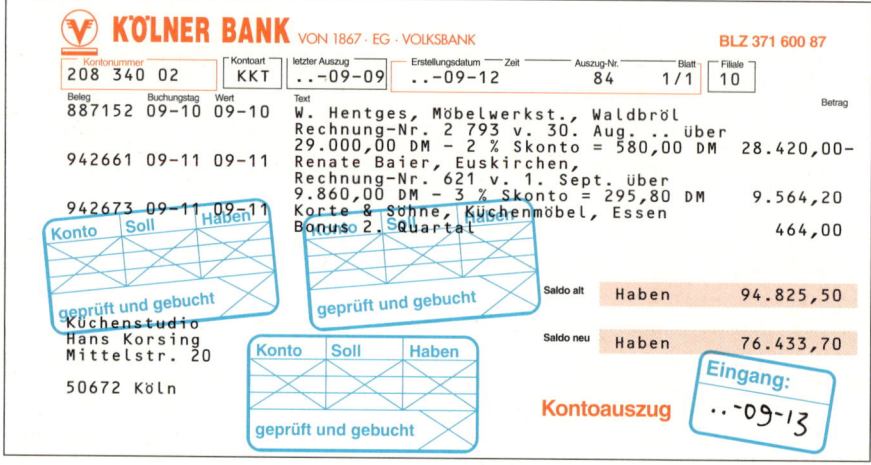

Beleg 2:

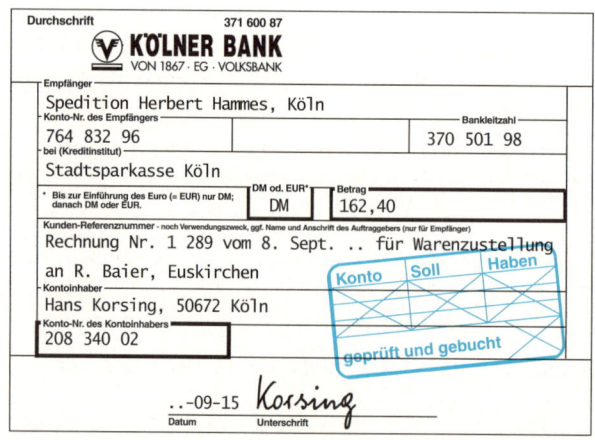

24.5 Aufteilung der Warenkonten nach Warengruppen

Bisher haben wir nur e i n Konto Aufwendungen für Waren und e i n Konto Umsatzerlöse geführt. Dadurch war es lediglich möglich, Einstandspreise (Anschaffungskosten), Umsätze und den Warenerfolg in einer Summe zu ermitteln. Das Sortiment eines Einzelhändlers besteht jedoch häufig aus mehreren Warengruppen. **Aus betriebswirtschaftlichen und kalkulatorischen Gründen richtet man für jede Warengruppe ein besonderes Konto Aufwendungen für Waren** (Konten 6000, 6010 usw.) **und ein entsprechendes Konto Umsatzerlöse** (Konten 5000, 5010 usw.) **ein.** Diese Trennung ist **auch** erforderlich **bei unterschiedlichen Umsatzsteuersätzen** (Vorsteuerkonten: 2600 und 2610, Umsatzsteuerkonten: 4800 und 4810).

Wenn verschiedene Konten Aufwendungen für Waren und Umsatzerlöse geführt werden, dann müssen auch die Bezugskosten, die Rücksendungen und Nachlässe bzw. Erlösberichtigungen für jede Warengruppe einzeln erfasst werden.

Die Warenbestände werden für jede Warengruppe in den Konten 2000, 2010 usw. ausgewiesen.

Alle Konten Aufwendungen für Waren und Umsatzerlöse werden direkt über das Gewinn- und Verlustkonto abgeschlossen, sodass der Umsatzerfolg jeder Warengruppe klar zu erkennen ist. Dadurch wird der Aussagewert des Gewinn- und Verlustkontos erhöht.

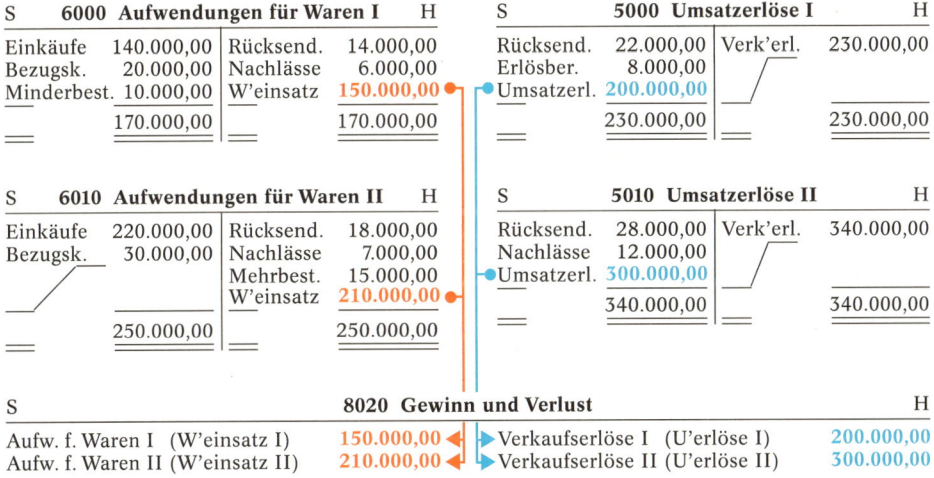

Der **Umsatzerfolg** der Warengruppen kann nun auch wie folgt dargestellt werden:

	Warengruppe I		Warengruppe II	
Umsatzerlöse	200.000,00	100 %	300.000,00	100 %
− Wareneinsatz	150.000,00	75 %	210.000,00	70 %
= Warenrohgewinn je Warengruppe	50.000,00	25 %	90.000,00	30 %

Ermitteln Sie auch den Prozentanteil jeder Warengruppe am Gesamtrohgewinn.

> Die Aufteilung der Warenkonten nach Warengruppen gibt klare Auskunft über Wareneinsatz, Warenumsatz und Erfolg jeder einzelnen Warengruppe.

16 **Anfangsbestände:**

Geschäftsausstattung	24.000,00	Kasse	4.500,00
Waren I	45.200,00	Eigenkapital	80.700,00
Waren II	31.600,00	Langfr. Bankverbindlichk.	25.000,00
Verpackungsmaterial	500,00	Verbindlichkeiten a. LL	44.800,00
Forderungen a. LL	28.100,00	Umsatzsteuer (16 %)	880,00
Bankguthaben	17.800,00	Umsatzsteuer (7 %)	320,00

Kontenplan: 0800, 2000, 2010, 2200, 2400, 2600, 2610, 2800, 2880, 3000, 4250, 4400, 4800, 4810, 5000, 5010, 5011, 6000, 6001, 6002, 6010, 6011, 6101, 6300, 6520, 6700, 7510, 8000, 8010, 8020.

Geschäftsvorfälle (für **Waren I** = allg., für **Waren II** = ermäßigter Steuersatz):

1. Eingangsrechnung für Waren I, Warenwert 7.800,00
   Fracht und Versicherung 150,00
   + Umsatzsteuer 1.272,00   9.222,00

2. Banküberweisung für Umsatzsteuerschulden 1.200,00
   für Miete 3.800,00
   für Darlehenszinsen 320,00   5.320,00

3. Mängelrüge eines Kunden für Waren II, Nettogutschrift 100,00
   + Umsatzsteuer 7,00   107,00

4. Barkauf von Verpackungsmaterial, netto 200,00
   + Umsatzsteuer 32,00   232,00

5. Tageslosung, Waren I 16.240,00

6. Preisnachlass eines Lieferers (Mängelrüge)
   Nettowert der Waren I 300,00
   + Umsatzsteuer 48,00   348,00

7. Banküberweisung von Kunden 8.700,00

8. Eingangsrechnung für Waren II, Warenwert 5.000,00
   + Umsatzsteuer 350,00
   in Rechnung gestellte Leihverpackung, netto 100,00
   + Umsatzsteuer 16,00   5.466,00

9. Rücksendung von Waren II an Lieferer, Warenwert ... 200,00
   + Umsatzsteuer 14,00   214,00

10. Banküberweisung an Lieferer 6.200,00
    für Gehalt 3.450,00   9.650,00

11. Tageslosung, Waren II 12.840,00

12. Gutschrift des Lieferers
    für zurückgeschickte Leihverpackung, Nettowert 50,00
    + Umsatzsteuer 8,00   58,00

Abschlussangaben:

Abschreibung auf Geschäftsausstattung 1 % von den AK		60.000,00
Bestände lt. Inventur:	Waren I	45.700,00
	Waren II	29.650,00
	Verpackungsmaterial	400,00

6560144

25 Buchungen im Personalbereich

25.1 Lohn und Gehalt

Die Arbeitnehmer werden für ihre Arbeitsleistung vom Unternehmer entlohnt. Die Arbeiter erhalten **Lohn,** die Angestellten **Gehalt.** Löhne und Gehälter sind für die Arbeitnehmer Einkommen, für den Arbeitgeber Aufwand (Personalkosten).

Vom Arbeitgeber sind aufgrund gesetzlicher Bestimmungen **vom Bruttoentgelt** jedes Arbeitnehmers **Lohnsteuer, Kirchensteuer und Sozialversicherungsbeiträge einzubehalten.** Seit 1. Januar 1996 wird auch das **Kindergeld** vom Arbeitgeber ausgezahlt. (Unternehmen mit weniger als 50 auf Lohnsteuerkarte Beschäftigten können sich von dieser Pflicht befreien lassen. Dann zahlt die Familienkasse.) Das auszuzahlende Nettoentgelt berechnet sich wie folgt:

> Bruttolohn/-gehalt
> – Lohnsteuer, Solidaritätszuschlag und Kirchensteuer
> – Arbeitnehmeranteil an der Sozialversicherung
>   (Kranken-, Pflege-, Renten- und Arbeitslosenversicherung)
>
> = **Nettolohn/-gehalt**
> + Kindergeld
>
> = **Auszahlung**

Lohnsteuer wird vom Einkommen aus nicht selbstständiger Arbeit erhoben.
Die **Höhe der Lohnsteuer** richtet sich nach:

- der Höhe des Bruttolohnes bzw. -gehaltes
- der Steuerklasse (Familienstand, Allein- oder Doppelverdiener)
- etwaigen Freibeträgen[1]

Jeder Arbeitnehmer erhält jährlich von seiner Gemeindebehörde eine **Lohnsteuerkarte,** die alle für die Lohnsteuerberechnung wichtigen Daten enthält (Name und Anschrift, Geburtsdatum, Steuerklasse, Zahl der Kinderfreibeträge und Abkürzung für den Kirchensteuerabzug). Auf Antrag können vom Finanzamt weitere Daten eingetragen werden, z. B. persönliche Freibeträge[1] und Kinder über 18 Jahren, wenn sie in der Berufsausbildung sind und weniger als 12.000,00 DM im Jahr verdienen. Die Lohnsteuerkarte ist dem Arbeitgeber auszuhändigen, der die Steuerschuld den Angaben entsprechend berechnet.

Steuerklassen	
I	Ledige, verwitwete, geschiedene sowie verheiratete Arbeitnehmer, die dauernd getrennt leben.
II	Gleicher Personenkreis wie Steuerklasse I mit mindestens 1 Kind.
III	Verheiratete Arbeitnehmer, die nicht dauernd getrennt leben und deren Ehepartner keinen Arbeitslohn beziehen **oder** deren Ehepartner Arbeitslohn beziehen und in die Steuerklasse V eingestuft sind.
IV	Verheiratete Arbeitnehmer, wenn beide Ehepartner Arbeitslohn beziehen und nicht dauernd getrennt leben.
V	Gleicher Personenkreis wie Steuerklasse IV, wenn einer der Ehepartner auf gemeinsamen Antrag in Steuerklasse III eingestuft ist.
VI	Alle Arbeitnehmer, die gleichzeitig Arbeitslohn von mehreren Arbeitgebern beziehen. Die zweite und gegebenenfalls jede weitere Lohnsteuerkarte weist die Steuerklasse VI aus.

> **Die Lohnsteuerkarte enthält alle für die Berechnung der Lohn- und Kirchensteuer sowie des Solidaritätszuschlages notwendigen Daten.**

---

1 Freibeträge nur für erhöhte Werbungskosten, erhöhte Sonderausgaben oder außergewöhnliche Belastungen, wenn diese Aufwendungen zusammen 1.200,00 DM überschreiten. Pauschbeträge für Behinderte und Hinterbliebene sowie der Steuerfreibetrag für eigengenutztes Wohneigentum werden uneingeschränkt eingetragen.

Kinderfreibetrag. Jedes Kind unter 18 Jahren wird ohne Einschränkung auf der Lohnsteuerkarte mit dem Zähler 0,5 berücksichtigt. Der Zähler erhöht sich auf 1,0 bei verheirateten und nicht dauernd getrennt lebenden Arbeitnehmern.[1] Kinderfreibeträge haben keinen Einfluss auf die Höhe der Lohnsteuer; sie verringern jedoch Solidaritätszuschlag und Kirchensteuer.

Der **Solidaritätszuschlag** wird seit dem 1. Januar 1995 zur Finanzierung der Deutschen Einheit erhoben. Er beträgt zz. 5,5 % der Lohnsteuer.

Die **Kirchensteuer** wird ebenfalls prozentual von der Lohnsteuer berechnet. In einigen Bundesländern beträgt sie 9 %, in anderen 8 %.

Das **Kindergeld** zahlt der Arbeitgeber entsprechend der vom Arbeitnehmer vorgelegten Kindergeldbescheinigung aus, die als Beleg beim Lohn- bzw. Gehaltskonto aufbewahrt werden muss.[2] Die ausgezahlten Kindergeldbeträge verrechnet der Arbeitgeber mit den einbehaltenen Lohnsteuern.

Der **Sozialversicherungsbeitrag**, der zz. (je nach Höhe des Beitragssatzes der örtlichen Krankenkassen) rd. 42 % des Bruttoentgelts beträgt, wird je zur Hälfte vom Arbeitgeber und Arbeitnehmer getragen. Der Arbeitgeber hat also den gleichen Beitrag zur Sozialversicherung zu leisten wie der Arbeitnehmer, sodass für den Arbeitgeber über das Bruttoentgelt hinaus ein zusätzlicher Aufwand für das bei ihm beschäftigte Personal entsteht. Der Arbeitgeberanteil zur Sozialversicherung wird gebucht im Soll des Kontos

6400 Arbeitgeberanteil zur Sozialversicherung[3].

Lohnsteuer, Solidaritätszuschlag, Kirchensteuer und Sozialversicherungsbeitrag können aus **Abzugstabellen** entnommen werden, in die für die Berechnung von Solidaritätszuschlag und Kirchensteuer die Kinderfreibeträge eingearbeitet sind. Die Tabelle berücksichtigt auch die verschiedenen Krankenkassen-Beitragssätze (s. S. 148).

Beitragsgruppen:	G:	allgemeiner Beitrag zur Krankenversicherung (KV)	= 13,5 %
(Stand: 1. Jan. 98)	K/L:	Beitrag zur Rentenversicherung (RV)	= 20,3 %
		(K = Arbeiter; L = Angestellte)	
	M:	Beitrag zur Arbeitslosenversicherung (ALV)	= 6,5 %
	P:	Beitrag zur Pflegeversicherung (P)	= 1,7 %

In beiden Abzugstabellen wird jeweils nur der Arbeitnehmeranteil zur Sozialversicherung (= 50 %) ausgewiesen.

Die **einbehaltenen Lohnsteuern** (abzüglich Kindergeld), den **Solidaritätszuschlag** und die **Kirchensteuern** muss der Arbeitgeber bis zum 10. des folgenden Monats an das Finanzamt, die **gesamten Sozialversicherungsbeiträge** bis zum 15. des folgenden Monats an die Krankenkassen **abführen**. Bis dahin stellen sie Verbindlichkeiten dar und werden gebucht im Haben der Konten

4830 Sonstige Verbindlichkeiten geg. Finanzbehörden (LSt/SolZ/KSt) und
4840 Verbindlichkeiten gegenüber Sozialversicherungsträgern.

> Alle Abzüge des Arbeitnehmers werden in der Lohnbuchhaltung aus Abzugstabellen ermittelt.
>
> Die Sozialversicherungsbeiträge werden je zur Hälfte vom Arbeitgeber und Arbeitnehmer getragen.

In der **Lohnbuchhaltung** (Nebenbuchhaltung) wird für jeden Arbeitnehmer ein eigenes Lohn- und Gehaltskonto angelegt, das neben den Personalien, den Merkmalen der Lohnsteuerkarte und den Abrechnungsdaten den Bruttoverdienst, die einzelnen Abzüge, den Gesamtabzug, das Kindergeld und die Auszahlung enthält. Alle Einzelabrechnungen werden in Lohn- bzw. Gehaltslisten zusammengefasst, die den Sammelbeleg für die Buchungen im Hauptbuch bilden.

---

1 jährliche Kinderfreibeträge 1998: Zähler 0,5 = 3.456,00 DM, Zähler 1,0 = 6.912,00 DM
2 monatl. Kindergeld 1998: 1. und 2. Kind = 220,00 DM, 3. Kind = 300,00 DM, 4. und weitere Kinder = 350,00 DM
3 Auf diesem Konto werden auch die Beiträge zur Berufsgenossenschaft erfasst, die der Arbeitgeber allein trägt.

6560146

Das gesamte **Bruttoentgelt** wird im Soll der Konten „**6200 Löhne**" bzw. „**6300 Gehälter**" erfasst. Die **einbehaltenen Abzüge** werden als Sonstige Verbindlichkeiten im Haben der Konten „**4830 Sonstige Verbindlichkeiten gegenüber Finanzbehörden**" und „**4840 Verbindlichkeiten gegenüber Sozialversicherungträgern**" gebucht und das **Nettoentgelt** im Haben des **Kassen-** bzw. **Bankkontos.** Der **Arbeitgeberanteil zur Sozialversicherung** ist als zusätzlicher Aufwand im Soll des Kontos „**6400 Arbeitgeberanteil zur Sozialversicherung**" und im Haben des Kontos „**4840 Verbindlichkeiten gegenüber Sozialversicherungsträgern**" zu buchen.

Wir zahlen dem Angestellten Werner Bogers ein Bruttogehalt von 4.365,00 DM.
Steuerklasse: III – Kinderfreibetrag: 1,0
Abzüge (vgl. S. 148): Lohnsteuer 352,16 DM, Solidaritätszuschlag 0,00 DM, Kirchensteuer 17,68 DM, Sozialversicherungsanteil 916,20 DM (KV = 13,5 % = 294,50 DM, P = 37,08 DM, RV = 442,83 DM, ALV = 141,79 DM) – Nettogehalt 3.078,96 DM + 220,00 DM Kindergeld = Banküberweisung 3.298,96 DM. Arbeitgeberanteil zur Sozialversicherung 916,20 DM.

Auszug aus der **Gehaltsliste** im Monat Juni:

Name St.-Klasse	Brutto-gehalt	Abzüge					Gesamt-abzüge	Kinder-geld	Aus-zahlung
		LSt	SolZ	KSt	Steuer-abzüge	Sozial-versich.			
Bogers, W. III/1,0	4.365,00	352,16	0,00	17,68	369,84	916,20	1.286,04	220,00	3.298,96

Die Buchungen bei der Gehaltszahlung lauten:

1. 6300 Gehälter 4.365,00
   an 2800 Bank 3.298,96
   an 4830 Sonstige Verbindlichk. geg. Finanzbeh. 149,84
   an 4840 Verbindlichkeiten geg. Sozialversicherungstr. 916,20

2. 6400 Arbeitgeberanteil zur Sozialversicherung .. 916,20
   an 4840 Verbindlichkeiten geg. Sozialversicherungstr. 916,20

S	6300 Gehälter	H
1. 2800, 4830, 4840 4.365,00		

S	2800 Bank	H
8000 31.600,00	1. 6300 3.298,96	

S 4830	Sonstige Verbindlk. geg. Finanzbeh.	H
	1. 6300 149,84	

S	6400 Arbeitgeberanteil zur Sozialvers.	H
2. 4840 916,20		

S	4840 Verbindlichk. geg. Sozialvers.	H
	1. 6300 916,20	
	2. 6400 916,20	

Bei **Überweisung der gesamten Abzüge** an Finanzamt und Krankenkasse lautet die

Buchung: 4830 Sonstige Verbindlichk. geg. Finanzbeh. 149,84
4840 Verbindlichkeiten geg. Sozialversicherungstr. 1.832,40
an 2800 Bank oder 2850 Postbank 1.982,24

Sind die **Beträge der Konten 4830 und 4840 am Bilanzstichtag noch nicht abgeführt,** so müssen sie passiviert werden.

Buchung: 4830 Sonstige Verbindlichk. geg. Finanzbeh. 149,84
4840 Verbindlichkeiten geg. Sozialversicherungstr. 1.832,40
an 8010 Schlussbilanzkonto 1.982,24

Auszug aus der Gesamtabzugstabelle für monatliche Lohn- und Gehaltszahlung

Abzüge an Lohnsteuer, Solidaritätszuschlag (SolZ) und Kirchensteuer (8%, 9%) in den Steuerklassen

Sozial-Vers. Gruppe K/L (RV), M (AV), P (PV) neue und alte BL — Lohn/Gehalt Versorgungs-Bezug bis DM

I–VI ohne Kinderfreibeträge

Sozial-Vers.	Lohn/Gehalt	Steuerklasse	LSt	SolZ	8%	9%
442,38 / 141,65 / 37,05	4 360,65 / 4 860,65	I,IV	820,75	45,14	65,96	73,86
		II	672,91	37,01	53,83	60,55
		III	349,66	8,73	27,97	31,46
		V	1 376,83	75,72	110,14	123,91
		VI	1 450,16	79,75	116,01	130,51
442,83 / 141,79 / 37,08	4 365,15 / 4 865,15	I,IV	822,16	45,21	65,77	73,99
		II	674,33	37,08	53,94	60,68
		III	352,16	9,23	28,17	31,69
		V	1 378,66	75,82	110,29	124,07
		VI	1 452,16	79,86	116,17	130,69
443,29 / 141,94 / 37,12	4 369,65 / 4 869,65	I,IV	823,58	45,29	65,88	74,12
		II	675,75	37,16	54,06	60,81
		III	352,16	9,23	28,17	31,69
		V	1 380,66	75,93	110,45	124,25
		VI	1 454,16	79,97	116,33	130,87
443,75 / 142,09 / 37,16	4 374,15 / 4 874,15	I,IV	825,08	45,37	66,—	74,25
		II	677,08	37,23	54,16	60,93
		III	354,66	9,73	28,37	31,91
		V	1 382,66	76,04	110,61	124,43
		VI	1 456,16	80,08	116,49	131,05
444,20 / 142,23 / 37,20	4 378,65 / 4 878,65	I,IV	826,50	45,45	66,12	74,38
		II	678,50	37,31	54,28	61,06
		III	354,66	9,73	28,37	31,91
		V	1 384,66	76,15	110,77	124,61
		VI	1 458,16	80,19	116,65	131,23
444,66 / 142,38 / 37,24	4 383,15 / 4 883,15	I,IV	827,91	45,53	66,23	74,51
		II	679,91	37,39	54,39	61,19
		III	357,—	10,20	28,59	32,13
		V	1 386,66	76,26	110,93	124,79
		VI	1 460,33	80,31	116,82	131,42

I, II, III, IV mit Zahl der Kinderfreibeträge ...

Lohn/Gehalt	Kl	LSt	0,5 SolZ	0,5 8%	0,5 9%	1 SolZ	1 8%	1 9%	1,5 SolZ	1,5 8%	1,5 9%	2 SolZ	2 8%	2 9%	2,5 SolZ	2,5 8%	2,5 9%	3 SolZ	3 8%	3 9%
4 360,65	I	820,75	40,10	58,33	65,62	35,17	51,16	57,55	30,33	44,12	49,64	25,60	37,24	41,89	20,96	30,50	34,31	16,43	23,90	26,89
	II	672,91	32,13	46,74	52,58	27,36	39,80	44,78	22,69	33,01	37,13	18,12	26,36	29,65	13,64	19,85	22,33	3,13	13,49	15,17
	III	349,66	—	21,70	24,41	—	15,52	17,46	—	9,40	10,57	—	3,36	3,78						
	IV	820,75	42,61	61,98	69,72	40,10	58,33	65,62	37,62	54,72	61,56	35,17	51,16	57,55	32,74	47,62	53,57	30,33	44,12	49,64
4 365,15	I	822,16	40,18	58,44	65,75	35,25	51,27	57,68	30,41	44,23	49,76	25,67	37,34	42,01	21,04	30,60	34,43	16,50	24,—	27,—
	II	674,33	32,21	46,86	52,71	27,44	39,91	44,90	22,76	33,11	37,25	18,19	26,46	29,77	13,71	19,95	22,44	3,38	13,59	15,29
	III	352,16	—	21,90	24,64	—	15,72	17,68	—	9,60	10,80	—	3,54	3,98						
	IV	822,16	42,68	62,09	69,85	40,18	58,44	65,75	37,70	54,84	61,69	35,25	51,27	57,68	32,81	47,73	*53,69	30,41	44,23	49,76
4 369,65	I	823,58	40,26	58,56	65,88	35,32	51,38	57,80	30,48	44,34	49,88	25,74	37,45	42,13	21,11	30,70	34,54	16,57	24,10	27,11
	II	675,75	32,28	46,96	52,83	27,51	40,02	45,02	22,83	33,22	37,37	18,26	26,56	29,88	13,79	20,06	22,56	3,63	13,69	15,40
	III	352,16	—	21,90	24,64	—	15,72	17,68	—	9,60	10,80	—	3,54	3,98						
	IV	823,58	42,76	62,20	69,98	40,26	58,56	65,88	37,78	54,95	61,82	35,32	51,38	57,80	32,89	47,84	53,82	30,48	44,34	49,88
4 374,15	I	825,08	40,33	58,67	66,—	35,40	51,49	57,92	30,56	44,45	50,—	25,82	37,56	42,25	21,18	30,81	34,66	16,64	24,21	27,23
	II	677,08	32,36	47,07	52,95	27,58	40,12	45,14	22,91	33,32	37,49	18,33	26,66	29,99	13,86	20,16	22,68	3,88	13,79	15,51
	III	354,66	—	22,10	24,86	—	15,90	17,89	—	9,78	11,—	—	3,73	4,19						
	IV	825,08	42,84	62,32	70,11	40,33	58,67	66,—	37,85	55,06	61,94	35,40	51,49	57,92	32,96	47,95	53,94	30,56	44,45	50,—
4 378,65	I	826,50	40,41	58,78	66,13	35,47	51,60	58,05	30,63	44,56	50,13	25,89	37,66	42,37	21,25	30,92	34,78	16,71	24,31	27,35
	II	678,50	32,44	47,18	53,08	27,66	40,23	45,26	22,98	33,43	37,61	18,40	26,77	30,11	13,92	20,26	22,79	4,11	13,88	15,62
	III	354,66	—	22,10	24,86	—	15,90	17,89	—	9,78	11,—	—	3,73	4,19						
	IV	826,50	42,92	62,44	70,24	40,41	58,78	66,13	37,93	55,18	62,07	35,47	51,60	58,05	33,04	48,06	54,07	30,63	44,56	50,13
4 383,15	I	827,91	40,49	58,90	66,26	35,55	51,71	58,17	30,71	44,67	50,25	25,96	37,77	42,49	21,32	31,02	34,89	16,78	24,41	27,46
	II	679,91	32,51	47,29	53,20	27,73	40,34	45,38	23,05	33,54	37,73	18,47	26,87	30,23	13,99	20,36	22,90	4,36	13,98	15,73
	III	357,—	—	22,29	25,07	—	16,10	18,11	—	9,97	11,21	—	3,92	4,41						
	IV	827,91	43,—	62,55	70,37	40,49	58,90	66,26	38,01	55,29	62,20	35,55	51,71	58,17	33,11	48,17	54,19	30,71	44,67	50,25

Abzüge an Krankenversicherung bei einem Beitragssatz (in %) von

11,4 / 13,3 / 15,2	11,5 / 13,4 / 15,3	11,6 / 13,5 / 15,4	11,7 / 13,6 / 15,5	11,8 / 13,7 / 15,6	11,9 / 13,8 / 15,7	12,0 / 13,9 / 15,8	12,1 / 14,0 / 15,9	12,2 / 14,1 / 16,0	Arbeitsentgelt neue und alte BL bis DM	12,3 / 14,2 / 16,1	12,4 / 14,3 / 16,2	12,5 / 14,4 / 16,3	12,6 / 14,5 / 16,4	12,7 / 14,6 / 16,5	12,8 / 14,7 / 16,6	12,9 / 14,8 / 16,7	13,0 / 14,9 / 16,8	13,1 / 15,0 / 16,9	13,2 / 15,1 / 17,0
G 248,43	250,61	252,79	254,97	257,15	259,32	261,50	263,68	265,86	4 360,65	268,04	270,22	272,40	274,58	276,76	278,94	281,12	283,30	285,48	287,65
H 289,83	292,01	294,19	296,37	298,55	300,73	302,91	305,09	307,27		309,45	311,63	313,80	315,98	318,16	320,34	322,52	324,70	326,88	329,06
F 331,24	333,42	335,60	337,78	339,96	342,13	344,31	346,49	348,67		350,85	353,03	355,21	357,39	359,57	361,75	363,93	366,11	368,28	370,46
G 248,69	250,87	253,05	255,23	257,41	259,59	261,77	263,96	266,14	4 365,15	268,32	270,50	272,68	274,86	277,04	279,23	281,41	283,59	285,77	287,95
H 290,13	292,31	294,50	296,68	298,86	301,04	303,22	305,40	307,58		309,77	311,95	314,13	316,31	318,49	320,67	322,85	325,04	327,22	329,40
F 331,58	333,76	335,94	338,12	340,31	342,49	344,67	346,85	349,03		351,21	353,39	355,58	357,76	359,94	362,12	364,30	366,48	368,67	370,85
G 248,94	251,13	253,31	255,49	257,68	259,86	262,04	264,23	266,41	4 369,65	268,60	270,78	272,96	275,15	277,33	279,51	281,70	283,88	286,06	288,25
H 290,43	292,62	294,80	296,98	299,17	301,35	303,53	305,72	307,90		310,09	312,27	314,45	316,64	318,82	321,—	323,19	325,37	327,56	329,74
F 331,92	334,11	336,29	338,47	340,66	342,84	345,02	347,21	349,39		351,58	353,76	355,94	358,13	360,31	362,49	364,68	366,86	369,05	371,23
G 249,20	251,38	253,57	255,76	257,94	260,13	262,31	264,50	266,69	4 374,15	268,87	271,06	273,24	275,43	277,62	279,80	281,99	284,17	286,36	288,55
H 290,73	292,92	295,10	297,29	299,48	301,66	303,85	306,03	308,22		310,40	312,59	314,78	316,96	319,15	321,33	323,52	325,71	327,89	330,08
F 332,26	334,45	336,64	338,82	341,01	343,19	345,38	347,57	349,75		351,94	354,12	356,31	358,50	360,68	362,87	365,05	367,24	369,43	371,61
G 249,45	251,64	253,83	256,02	258,21	260,40	262,58	264,77	266,96	4 378,65	269,15	271,34	273,53	275,71	277,90	280,09	282,28	284,47	286,65	288,84
H 291,03	293,22	295,41	297,60	299,78	301,97	304,16	306,35	308,54		310,72	312,91	315,10	317,29	319,48	321,67	323,85	326,04	328,23	330,42
F 332,61	334,79	336,98	339,17	341,36	343,55	345,74	347,92	350,11		352,30	354,49	356,68	358,86	361,05	363,24	365,43	367,62	369,81	371,99
G 249,71	251,90	254,09	256,28	258,47	260,66	262,85	265,04	267,23	4 383,15	269,43	271,62	273,81	276,—	278,19	280,38	282,57	284,76	286,95	289,14
H 291,33	293,52	295,71	297,90	300,09	302,28	304,47	306,66	308,85		311,04	313,23	315,42	317,62	319,81	322,—	324,19	326,38	328,57	330,76
F 332,95	335,14	337,33	339,52	341,71	343,90	346,09	348,28	350,47		352,66	354,85	357,04	359,23	361,42	363,61	365,81	368,—	370,19	372,38

aus: Stollfuß, Gesamtabzugstabelle/Monat, 1. Januar 1998
Die Abzugstabellen werden jährlich neu erstellt. Für die Aufgabenbearbeitung ist es nicht entscheidend, aus welchem Jahr die Abzugstabellen stammen. Interessant wäre ein Vergleich mit neuen Tabellen, um die Veränderungen im Steuer- und Sozialversicherungsbereich festzustellen.

6560148

Sondervergütungen, wie Überstundenvergütungen, Urlaubsgelder, Weihnachtsgelder, Erholungsbeihilfen, Prämien, vermögenswirksame Leistungen[1] u. a., sind für den Arbeitgeber zusätzliche Personalaufwendungen. Sie erhöhen die Bruttolöhne und -gehälter, unterliegen der Lohnsteuer und **werden direkt auf den Lohn- und Gehaltskonten gebucht.**

> Das Bruttoentgelt des Arbeitnehmers setzt sich zusammen aus dem Lohn oder Gehalt und den Sondervergütungen.
>
> Einbehaltene Abzüge des Arbeitnehmers (Lohnsteuer, Solidaritätszuschlag, Kirchensteuer und Sozialversicherungsbeiträge) sowie der Arbeitgeberanteil zur Sozialversicherung sind Verbindlichkeiten gegenüber Finanzamt und Krankenkasse.
>
> Diese Verbindlichkeiten werden auf den Konten „4830 Sonstige Verbindlichkeiten gegenüber Finanzbehörden" und „4840 Verbindlichkeiten gegenüber Sozialversicherungsträgern" gesammelt und später abgeführt.
>
> Sind die Beträge der Konten 4830 und 4840 am Bilanzstichtag noch nicht abgeführt, werden sie passiviert.

Lohn- und Gehaltspfändungen

Die aufgrund von Lohn- und Gehaltspfändungen einbehaltenen Beträge bucht der Arbeitgeber auf dem Konto **„4890 Übrige sonstige Verbindlichkeiten".** Dieses Konto wird bei Überweisung der Beträge bzw. beim Abschluss am Jahresende wie die Konten 4830 und 4840 behandelt.

1   Fragen:

1. Welche Bedeutung haben die Lohnsteuerkarte und die Lohnsteuerabzugstabelle?

2. Wie wirken sich Kinderfreibeträge auf die Steuern aus?

3. Wer erhält die Sozialversicherungsbeiträge und wann werden sie gezahlt?

25.2   Vorschüsse, Sachleistungen und freiwillige Zuschüsse

Erhält ein Angestellter oder Arbeiter einen **Vorschuss,** so haben wir ihm gegenüber eine Forderung. Der Vorschuss ist ein kurzfristiges Darlehn und wird buchhalterisch bis zur Verrechnung mit dem Lohn oder Gehalt erfasst auf dem Konto

2650 Forderungen an Mitarbeiter.

Werner Bogers erhält einen Gehaltsvorschuss von 100,00 DM bar.

Buchung:	2650 Forderungen an Mitarbeiter	100,00	
an	2880 Kasse		100,00

Wird der **Vorschuss** bei der nächsten Gehaltszahlung **verrechnet,** lauten die

Buchungen:	6300 Gehälter	4.365,00	
an	2650 Forderungen an Mitarbeiter		100,00
an	2800 Bank		3.198,96
an	4830 Sonstige Verbindlichk. geg. Finanzbeh. ..		149,84
an	4840 Verbindlichkeit. geg. Sozialversicherungstr.		916,20
	6400 Arbeitgeberanteil zur Sozialversicherung	916,20	
an	4840 Verbindlichkeit. geg. Sozialversicherungstr.		916,20

---

1   Vgl. hierzu die Ausführungen auf S. 152.

Sachleistungen an Arbeitnehmer (z. B. Waren, Werkswohnung) können ebenfalls mit dem Lohn oder Gehalt verrechnet werden. Der Warenverkauf wird wie bisher auf den Konten „5000 Umsatzerlöse" und „4800 Umsatzsteuer" gutgeschrieben, die Miete für die Werkswohnung auf dem Konto „5400 Nebenerlöse aus Vermietung".

Werner Bogers hat bei uns Waren im Wert von 200,00 DM + 32,00 DM Umsatzsteuer = 232,00 DM eingekauft.
Die Miete für eine an ihn vermietete Werkswohnung beträgt 600,00 DM.
Beide Sachleistungen werden mit dem Gehalt verrechnet.

Buchungen:	6300	Gehälter	4.365,00	
	an 2800	Bank		2.466,96
	an 4830	Sonstige Verbindlichk. geg. Finanzbeh.		149,84
	an 4840	Verbindlichk. geg. Sozialversicherungstr.		916,20
	an 5400	Nebenerlöse aus Vermietung		600,00
	an 5000	Umsatzerlöse		200,00
	an 4800	Umsatzsteuer		32,00

Weitere Personalaufwendungen entstehen z. B., wenn der Arbeitgeber **freiwillige Zuschüsse** leistet für betriebliche Fortbildungsmaßnahmen, Belegschaftsveranstaltungen, Erholungs- und Sportanlagen, Firmenjubiläum. Diese Aufwendungen werden erfasst auf dem Konto

6600 Sonstige Personalaufwendungen.

Für eine Betriebsfeier gibt der Unternehmer einen Zuschuss von 1.000,00 DM bar.

Buchung:	6600	Sonstige Personalaufwendungen	1.000,00	
	an 2880	Kasse		1.000,00

Lohn- und Gehaltsvorschüsse sind kurzfristige Forderungen; sie werden auf dem Konto „2650 Forderungen an Mitarbeiter" gebucht.

Vorschüsse (und häufig auch Sachleistungen) werden bei der Lohn- und Gehaltszahlung verrechnet.

Freiwillige soziale Aufwendungen werden als zusätzlicher Personalaufwand im Konto „6600 Sonstige Personalaufwendungen" erfasst.

---

2 Der Angestellte Robert Bach erhält ein Bruttogehalt von 4.380,00 DM. Er ist verheiratet. Seine Ehefrau ist nicht berufstätig. Sie haben ein gemeinsames Kind. Beide Ehegatten sind katholisch.

Der Krankenkassenbeitrag von Robert Bach beträgt 13,6 %. Die übrigen Sozialversicherungsbeiträge werden nach den Beitragsgruppen P, L und M berechnet.

1. Zu welcher Steuerklasse gehört Robert Bach?
2. Ermitteln Sie anhand der Gesamtabzugstabelle auf S. 148 die Steuerabzüge:
   a) Lohnsteuer, b) Solidaritätszuschlag, c) Kirchensteuer, d) Gesamtsteuerabzug.
3. Wie hoch ist das Kindergeld und wie hoch ist der Steuerbetrag, den der Arbeitgeber für Robert Bach abführen muss?
4. Ermitteln Sie ebenfalls anhand der Tabellen auf S. 148 die Beiträge zur Sozialversicherung von Robert Bach: a) Krankenversicherung, b) Pflegeversicherung, c) Rentenversicherung, d) Arbeitslosenversicherung, e) seinen Gesamtbeitrag zur Sozialversicherung.
5. Wie hoch ist der Arbeitgeberanteil zur Sozialversicherung?

6560150

3 Der Angestellte Hans Habermaier ist verheiratet, katholisch und hat 2 Kinder. Seine Ehefrau ist nicht berufstätig. Er bezieht ein Tarifgehalt von 4.110,00 DM. Im März erhält er zusätzlich 250,00 DM für Mehrarbeit im letzten Monat.

Sein Sozialversicherungsanteil wird nach den Versicherungsgruppen P, L und M berechnet; sein Krankenkassenbeitrag beträgt 13,8 %.

1. Wie hoch ist sein steuerpflichtiges Bruttogehalt im März?
2. Berechnen Sie aus den Gesamtabzugstabellen (S. 148) sämtliche Steuern und den Arbeitnehmeranteil zur Sozialversicherung.
3. Stellen Sie in einer Gehaltsabrechnung (vgl. S. 147) das Nettogehalt und den Auszahlungsbetrag fest.

4 Der Angestellte Gregor Kalke bezieht ein Bruttogehalt von 4.372,00 DM. Er ist evangelisch, geschieden und kinderlos.

1. Erstellen Sie eine Gehaltsabrechnung anhand der Tabellen auf S. 148. Krankenkassenbeitrag = 13,5 %, Sozialversicherungsbeiträge nach Gruppen P, L und M.
2. Buchen Sie auf den Konten 2800 (AB 54.700,00 DM), 4830, 4840, 6300, 6400 die Gehaltsabrechnung und den Arbeitgeberanteil zur Sozialversicherung.

5 Buchen Sie auf den Konten 2650, 2800 (AB 52.800,00 DM), 2880 (AB 6.400,00 DM), 4830, 4840, 6200, 6400

1. die Barzahlung von 200,00 DM Lohnvorschuss an den Arbeiter Kaiser am 5. Aug.,
2. die Lohnabrechnung (Banküberweisung) mit Vorschussverrechnung am 31. Aug.,

Brutto-lohn	LSt	SolZ	KSt	Sozial-versich.	Vor-schuss	Gesamt-abzüge	Aus-zahlung	AG-Anteil
3.360,00	511,00	28,10	45,99	675,24	200,00	1.460,33	1.899,67	675,24

3. die Banküberweisung aller abzuführenden Abgaben am 7. September.

6

Gehaltsliste Monat März									
Name	Steuer-klasse	Brutto-gehalt	Abzüge				Gesamt-abzüge	Kinder-geld	Aus-zahlung
			LSt	SolZ	KSt	Sozial-versich.			
Burg	III/2,0	4.250,00	320,16	–	1,26	854,00	1.175,42	440,00	3.514,58
Doll	I/–	3.820,00	652,00	35,86	58,68	767,50	1.514,04	–	2.305,96
Lang	II/1,0	4.010,00	566,58	21,75	35,60	806,00	1.429,93	220,00	2.800,07
		12.080,00	1.538,74	57,61	95,54	2.427,50	4.119,39	660,00	8.620,61

1. Buchen Sie die Abrechnung lt. Gehaltsliste am 31. März (2800: AB 29.600,00 DM),
2. den Arbeitgeberanteil zur Sozialversicherung (2.427,50 DM),
3. die Überweisung der Verbindlichk. aus Steuern und Sozialversich. am 8. April.

7
Bruttogehälter lt. Gehaltsliste 62.400,00
Lohn- und Kirchensteuer, Solidaritätszuschlag 10.120,00
Sozialversicherungsbeiträge der Arbeitnehmer 12.480,00
Kindergeld 1.620,00
Einbehaltene Mieten 3.100,00
Einbehaltene Beträge aus Warenkäufen (netto 3.500,00 + USt 560,00) 4.060,00

Mieten und die Beträge aus Warenverkäufen werden mit den Gehältern verrechnet. Buchen Sie auf den Konten 2850 (AB 85.700,00 DM), 4800, 4830, 4840, 5000, 5400, 6300, 6400 die Gehaltsabrechnung, den AG-Anteil zur Sozialversicherung (12.480,00 DM) und die Überweisung der Steuern und Sozialversicherungsbeiträge.

25.3 Vermögenswirksame Leistungen

Nach dem Stand vom 1. Januar 1990 konnten Arbeitnehmer zur **Förderung der Vermögensbildung** von ihrem Einkommen **bis zu 936,00 DM im Jahr** staatlich begünstigt sparen, wenn ihre Sparbeträge auf eine bestimmte Zeit (7 Jahre Sperrfrist) vermögenswirksam angelegt werden. **Vermögenswirksame Leistungen sind Geldleistungen, die der Arbeitnehmer in Sparverträgen oder in Unternehmensbeteiligungen anlegt.**

Vermögenswirksame Leistungen können **ganz vom Arbeitgeber bzw. Arbeitnehmer oder von beiden** aufgebracht werden. Sie sind heute vielfach Bestandteil von Arbeitsverträgen, Betriebsvereinbarungen oder Tarifverträgen. Die vermögenswirksame Leistung, die der **Arbeitgeber** trägt, ist für ihn ein **zusätzlicher Personalaufwand.** Für den **Arbeitnehmer** bedeutet sie eine Erhöhung seines Bruttoentgelts, sie ist damit **Bestandteil seines Lohnes oder Gehaltes und steuerpflichtig;** auch im Sinne der Sozialversicherung ist sie **Arbeitsentgelt.** Der Betrag, den der Arbeitnehmer selbst als vermögenswirksame Leistung erbringt, wirkt sich steuerlich nicht aus. Er wird jedoch bei der Lohn- oder Gehaltsabrechnung **einbehalten** (wie auch der Beitrag des Arbeitgebers zur vermögenswirksamen Leistung) **und** vom Arbeitgeber auf das begünstigte Konto des Arbeitnehmers **überwiesen.**

Der Arbeitnehmer erhielt vom Staat eine **Sparzulage** auf die vermögenswirksame Leistung, soweit sie 936,00 DM im Jahr nicht überstieg und sein zu versteuerndes Jahreseinkommen höchstens 27.000,00 DM betrug (bei Zusammenveranlagung von Eheleuten 54.000,00 DM).

Die **Sparzulage** auf die vermögenswirksame Leistung **bis 936,00 DM/Jahr** (78,00 DM/Monat) betrug bisher **10 %** auf alle Anlageformen (z. B. Bausparverträge, Aktien, Investmentanteile).

Mit Wirkung vom **1. Januar 1999** ergeben sich folgende **Änderungen**:

- Die **Einkommensgrenze** für die Arbeitnehmer-Sparzulage erhöht sich auf 35.000,00 DM bzw. 70.000,00 DM bei Zusammenveranlagung von Eheleuten.

- Die **Sparzulage** erhöht sich für Anlagen in Beteiligungswerten (Aktien, Investmentanteilen) von 10 % auf 20 % für maximal 800,00 DM jährlich (auch für Altverträge).

  Für Arbeitnehmer in den neuen Ländern gilt statt des Zulagensatzes von 20 % ein Zulagensatz von 25 %.

- **Zusätzlich** kann der Arbeitnehmer weiterhin eine Sparzulage von **10 %** für vermögenswirksame Leistungen bis 936,00 DM jährlich erhalten für Bausparen oder wohnwirtschaftliche Verwendung (Entschuldung von Wohneigentum).

Die Sparzulage ist steuerfrei und auch **kein Arbeitsentgelt** im Sinne der Sozialversicherung. Die **Auszahlung** muss der Arbeitnehmer im Rahmen der Antragsveranlagung oder bei der Veranlagung zur Einkommensteuer beim Finanzamt beantragen.

Ausgezahlt wird die Sparzulage erst nach Ablauf der für die Anlageform vorgeschriebenen Sperrfrist.

Bei der **Buchung von Lohn- oder Gehaltszahlungen mit vermögenswirksamen Leistungen** wird folgendermaßen verfahren: Das vereinbarte Bruttoentgelt und die Abzüge werden wie bisher gebucht.

Die vermögenswirksame Leistung, die der **Arbeitgeber** trägt, belastet er dem Konto

6210 bzw. 6310 Sonstige Lohn- bzw. Gehaltsaufwendungen.

6560152

Sämtliche vermögenswirksamen Leistungen (die des Arbeitgebers **und** des Arbeitnehmers) werden bis zur Überweisung auf das begünstigte Konto des Arbeitnehmers dem Konto

4860 Verbindlichkeiten aus vermögenswirksamen Leistungen

gutgeschrieben.

Vermögenswirksame Leistungen des Arbeitgebers

Ein Angestellter (Steuerklasse I/–) bezieht ein Bruttogehalt von 3.500,00 DM im Monat. Lt. Vertrag erhält er vom Arbeitgeber zusätzlich monatlich 78,00 DM vermögenswirksame Leistung, die dieser an die Bausparkasse überweist.

Die Abzüge betragen 1.398,00 DM (Lohnsteuer, Solidaritätszuschlag und Kirchensteuer 678,00 DM, Sozialversicherung 720,00 DM).

Gehaltsabrechnung:

Bruttogehalt		3.500,00
+ vermögenswirksame Leistung des AG		78,00
= steuerpflichtiges Entgelt		3.578,00
− Lohnsteuer, SolZ und Kirchensteuer	678,00	
− Sozialversicherungsanteil	720,00	1.398,00
		2.180,00
− vermögenswirksame Leistung		78,00
= Nettogehalt (Auszahlung)		2.102,00
Arbeitgeberanteil zur Sozialversicherung		720,00

1. Gehaltsbuchung:

	6300 Gehälter	3.500,00	
	6310 Sonstige Gehaltsaufwendungen	78,00	
an	4830 Sonstige Verbindlichk. geg. Finanzbehörden		678,00
an	4840 Verbindlichkeiten geg. Sozialversicherungstr.		720,00
an	4860 Verb. aus vermögenswirksamen Leistungen		78,00
an	2800 Bank		2.102,00
	6400 Arbeitgeberanteil zur Sozialversicherung . .	720,00	
an	4840 Verbindlichkeiten geg. Sozialversicherungstr.		720,00

2. Überweisung der einbehaltenen Steuern, Sozialversicherungsbeiträge und der vermögenswirksamen Leistungen:

4830 Sonstige Verbindlichk. geg. Finanzbehörden	678,00	
4840 Verbindlichkeiten geg. Sozialversicherungstr.	1.440,00	
4860 Verb. aus vermögenswirksamen Leistungen	78,00	
an 2800 Bank		2.196,00

Vermögenswirksame Leistungen, die der Arbeitgeber trägt, sind für ihn zusätzlicher Personalaufwand. Sie erhöhen das Bruttoentgelt des Arbeitnehmers und sind steuer- und sozialversicherungspflichtig.

Die gesamten vermögenswirksamen Leistungen werden vom Arbeitgeber einbehalten und der Vermögensanlage des Arbeitnehmers zugeführt. Sie verringern den an den Arbeitnehmer auszuzahlenden Betrag.

Vermögenswirksame Leistungen des Arbeitnehmers

Ein Kraftfahrer (Steuerklasse III/–) erhält einen Monatslohn von 4.200,00 DM brutto. Seine Abzüge betragen 1.213,00 DM (Lohnsteuer, Solidaritätszuschlag und Kirchensteuer 368,00 DM, Sozialversicherungsanteil 845,00 DM).

Er hat einen vermögenswirksamen Sparvertrag und lässt durch den Arbeitgeber monatlich 52,00 DM an die Bank überweisen zum Erwerb von Investmentanteilen.

Buchung:		6200	Löhne	4.200,00	
	an	4830	Sonst. Verbindlichk. geg. Finanzbehörden		368,00
	an	4840	Verbindlichkeit. geg. Sozialversicherungstr.		845,00
	an	4860	Verb. aus vermögenswirksamen Leistungen		52,00
	an	2800	Bank		2.935,00
		6400	Arbeitgeberanteil zur Sozialversicherung	845,00	
	an	4840	Verbindlichkeit. geg. Sozialversicherungstr.		845,00

Vermögenswirksame Leistungen des Arbeitgebers und Arbeitnehmers

Ein Angestellter (Steuerklasse I/–) bezieht ein Monatsgehalt von 3.850,00 DM brutto. Lt. Tarifvertrag erhält er von seinem Arbeitgeber monatlich 39,00 DM vermögenswirksame Leistung, die einschließlich seines Beitrages von 39,00 DM an die Bausparkasse überwiesen werden.

8 Buchen Sie die folgende Gehaltsabrechnung.

Bruttogehalt		3.850,00
+ vermögenswirksame Leistung des Arbeitgebers		39,00
= steuerpflichtiges Gehalt		3.889,00
– Lohnsteuer, Solidaritätszuschlag und Kirchensteuer	788,50	
– Sozialversicherungsanteil	781,50	1.570,00
		2.319,00
– vermögenswirksame Leistung (AG und AN)		78,00
= Nettogehalt (Auszahlung)		2.241,00
Arbeitgeberanteil zur Sozialversicherung		781,50

9 Ein Angestellter, Steuerklasse III/1,0, bezieht ein Bruttogehalt von 4.080,00 DM monatlich. Er erhält vom Arbeitgeber lt. Vertrag 78,00 DM vermögenswirksame Leistung, die an die Bausparkasse überwiesen werden. Seine Abzüge betragen: Lohnsteuer, Solidaritätszuschlag und Kirchensteuer 322,73 DM, Sozialversicherungsanteil 835,35 DM.

Stellen Sie eine Gehaltsabrechnung auf und bilden Sie die Buchungssätze.

10

Brutto-gehalt	Steuer-klasse	LSt, SolZ, KSt	Soz.-Vers.-Anteil	Vor-schüsse	Verm. Leistung AG	AN	Kinder-geld
4.260,00	II/1,0	727,03	855,77	100,00	—	78,00	220,00
3.480,00	I/–	670,05	714,65	—	78,00	—	—
4.820,00	III/2,0	515,50	990,80	200,00	39,00	39,00	440,00

Errechnen Sie die Nettogehälter und buchen Sie in den entsprechenden Konten.

6560154

26 Die Steuern des Unternehmens und des Unternehmers

Hinsichtlich der **buchhalterischen Behandlung** unterscheidet man bei Steuern:

- Betriebsteuern (Aufwandsteuern)
- Privatsteuern (Personensteuern)
- Aktivierungspflichtige Steuern
- Steuern als „durchlaufende Posten"

26.1 Betriebsteuern (Aufwandsteuern)

Zu den **Betriebsteuern** gehören alle Steuern, die wegen der Betriebstätigkeit anfallen. Sie **sind vom Betrieb zu zahlen**, stellen daher einen betrieblichen Aufwand dar und schmälern den Gewinn. Aus steuerlicher Sicht sind sie abzugsfähige Steuern, d. h. **Betriebsausgaben**. Als **Kostenbestandteil** gehen sie in die Kalkulation ein. Die wichtigsten sind die

Gewerbesteuer – Grundsteuer – Kraftfahrzeugsteuer.

Buchhalterisch werden sie erfasst in den Konten:

7020 Grundsteuer[1]
7030 Kraftfahrzeugsteuer[1]
7700 Gewerbesteuer

> Betriebsteuern gehen als Kostenbestandteil in die Kalkulation ein.
> Sie mindern den steuerpflichtigen Gewinn.

26.2 Privatsteuern (Personensteuern)

Privatsteuern betreffen die **Person des Unternehmers,** nicht das Unternehmen. Sie sind daher **keine** Betriebsausgaben. Berechnet werden sie entsprechend den persönlichen Verhältnissen des Unternehmers aus dem **Gewinn;** ihre Zahlung stellt einen **privaten Aufwand** dar. Die wichtigsten Personensteuern sind die

Einkommensteuer – Kirchensteuer – Körperschaftsteuer.

Die buchhalterische Behandlung der Personensteuern richtet sich nach der jeweiligen **Rechtsform** der Unternehmung.

Bei **Einzelunternehmen und Personengesellschaften (OHG, KG)** werden die Einkommensteuer und Kirchensteuer – sofern sie vom Betrieb für den Unternehmer bezahlt werden – als private Entnahmen gebucht auf dem Konto

3001 Privat.

Von **Kapitalgesellschaften** (z. B. **AG, GmbH, KGaA**) wird anstelle der Einkommensteuer **Körperschaftsteuer** erhoben. Da bei Kapitalgesellschaften keine Privatkonten existieren, wird diese Personensteuer zunächst als betrieblicher Aufwand gebucht auf dem Konto

7710 Körperschaftsteuer.

Dieses Konto wird über das Gewinn- und Verlustkonto abgeschlossen und mindert damit – handelsrechtlich zulässig – den Gewinn. Das Körperschaftsteuergesetz erkennt jedoch diese Personensteuer nicht als abzugsfähige Ausgaben an. Sie muss daher zur Ermittlung des steuerpflichtigen Gewinns (außerhalb der Buchführung) dem Handelsbilanzgewinn wieder zugerechnet werden.

> Personensteuern dürfen bei der Ermittlung des steuerpflichtigen Gewinns nicht abgezogen werden. Sie werden aus dem Gewinn berechnet.

---

1 Die Kfz-Steuer für private Kraftfahrzeuge und die Grundsteuer für private Grundstücke werden auf dem Konto „3001 Privat" gebucht.

26.3   Aktivierungspflichtige Steuern

Von den erfolgswirksamen und den privaten Steuern sind die aktivierungspflichtigen Steuern zu trennen. **Aktivierungspflichtige Steuern sind** als **Anschaffungsnebenkosten** anzusehen und damit Bestandteil der Anschaffungskosten. Sie werden auf den entsprechenden aktiven Bestandskonten gebucht (= aktiviert). Die wichtigste aktivierungspflichtige Steuer ist die

> **Grunderwerbsteuer.**

Nach Kauf eines unbebauten Grundstücks wird die Grunderwerbsteuer in Höhe von 3,5 % des Kaufpreises (180.000,00 DM) durch die Bank überwiesen.

Buchung: 0500 **Unbebaute Grundstücke** 6.300,00
        an   2800 **Bank** 6.300,00

> Aktivierungspflichtige Steuern sind Anschaffungsnebenkosten.

Auch die beim Kauf eines Grundstücks oder Gebäudes anfallenden Notar-, Grundbuch- und Vermessungsgebühren sind als Anschaffungsnebenkosten zu aktivieren. Erhobene Umsatzsteuer wird als Vorsteuer gebucht.

26.4   Steuern als „durchlaufende Posten"

Bestimmte Steuern werden vom Unternehmen **im Auftrag des Finanzamtes einbehalten und** später **abgeführt.** Diese Steuern wirken sich weder auf das Unternehmen noch auf den Unternehmer aus. Sie sind lediglich **„durchlaufende Posten"** und als **„Sonstige Verbindlichkeiten"** auszuweisen. Dies sind die

> **Umsatzsteuer – vom Arbeitnehmer einbehaltene Lohn- und Kirchensteuer.**

> Steuern, die der Betrieb im Auftrag des Finanzamtes einbehält und später abführt, sind „durchlaufende Posten" und erfolgsneutral.

---

1   Auf welchen Konten sind bei Banküberweisungen zu belasten?

1. Einbehaltene Lohnsteuer und Kirchensteuer 1.675,00

2. Körperschaftsteuer 3.260,00

3. Kraftfahrzeugsteuer für Betriebsfahrzeug   370,00
   für den PKW der Ehefrau des Inhabers   285,00   655,00

4. Einkommen- und Kirchensteuernachzahlung 3.650,00

5. Umsatzsteuer des Vormonats 4.367,00

6. Hundesteuer für den Wachhund   60,00
   für den Hund des Geschäftsinhabers   120,00   180,00

7. Gewerbesteuer für dieses Vierteljahr   490,00

---

2   Ein Einzelhändler erwirbt am 10. April für den geplanten Bau einer Lagerhalle ein Baugrundstück zum Kaufpreis von 124.000,00 DM gegen Bankscheck.
Die Grunderwerbsteuer (Steuersatz 3,5 %) wird am 2. Juli durch Postbankscheck bezahlt.

1. Buchen Sie den Kauf des Baugrundstücks.
2. Buchen Sie die Zahlung der Grunderwerbsteuer.
3. Ermitteln Sie die Höhe der Anschaffungskosten des Baugrundstücks.

26.5 Umsatzsteuer bei privater Nutzung von Betriebsgegenständen

Entnimmt oder nutzt der Unternehmer aus seinem Betrieb Wirtschaftsgüter für sich oder für andere betriebsfremde Zwecke, so liegt ein **steuerpflichtiger Eigenverbrauch** vor (§ 1 Abs. 1 UStG). Ausgangspunkt für die Eigenverbrauchsbesteuerung ist, dass die Umsatzsteuer grundsätzlich von jedem Endverbraucher getragen werden muss. Wenn der Verbraucher, der nicht Unternehmer ist, Waren kauft oder Dienstleistungen in Anspruch nimmt, hat er auch die im Preis enthaltene Umsatzsteuer zu zahlen. Bei einem Unternehmer sind die für sein Unternehmen empfangenen Lieferungen und Leistungen wegen des Vorsteuerabzuges nicht mit Umsatzsteuer belastet. Da aber jeder Steuerzahler gleich zu behandeln ist, muss auch der Eigenverbrauch des Unternehmers versteuert werden.

Die umsatzsteuerpflichtige Entnahme von Waren wurde bereits behandelt.[1] Unter „privater Nutzung von Wirtschaftsgütern" ist die private Verwendung von Betriebsgegenständen oder Leistungen des Betriebes für den Geschäftsinhaber zu verstehen (z. B. Arbeiten durch Betriebsangehörige am Privathaus des Unternehmers). Der Eigenverbrauchsbesteuerung unterliegen jedoch nur die Aufwendungen, die mit Vorsteuer belastet waren.

Typisches Beispiel für den **Eigenverbrauch** ist:

- die private Nutzung eines zum Betriebsvermögen gehörenden Kraftwagens.

Wird ein Fahrtenbuch geführt, lässt sich der Eigenverbrauch bei privater PKW-Benutzung aufgrund der Kilometerzahl feststellen. Ohne Führung eines Fahrtenbuches muss der Unternehmer die sog. 1%-Regelung anwenden. Danach bemisst sich der Eigenverbrauch je Nutzungsmonat auf 1 % des inländischen Listenpreises zum Zeitpunkt der Erstzulassung des PKWs zuzüglich Sonderausstattung und einschließlich Umsatzsteuer.

Für einen betriebseigenen PKW, der vom Geschäftsinhaber auch privat gefahren wird, belaufen sich die Jahreskosten auf 23.600,00 DM netto. Darin sind enthalten die Abschreibung, die Inspektions-, Reparatur- und Treibstoffkosten sowie die Kfz-Steuer und Kfz-Versicherung.

Die private Nutzung beträgt laut Fahrtenbuch 20 % = 4.720,00 DM.

Der Eigenverbrauchsbesteuerung unterliegen nicht die Kfz-Steuer und die Kfz-Versicherung, da sie nicht mit Vorsteuer belastet waren, hier 1.500,00 DM (23.600,00 − 1.500,00 = 22.100,00, davon 20 % = 4.420,00, darauf 16 % USt = 707,20). Durch die Umsatzsteuer erhöht sich der Betrag, den der Unternehmer zu tragen hat, um 707,20 DM auf 5.427,20 DM.

Buchung:	3001 Privat	5.427,20	
	an 5420 Eigenverbrauch		4.720,00
	an 4800 Umsatzsteuer		707,20

Unter Eigenverbrauch versteht man
– die private Nutzung und Entnahme von betrieblichen Gegenständen,
– die private Inanspruchnahme von Dienstleistungen des Betriebes.
Der Eigenverbrauch ist umsatzsteuerpflichtig.

---

3 Ermitteln und buchen Sie den Eigenverbrauch.
1. Der Geschäftsinhaber lässt von einem Betriebsangehörigen im Keller seines Privathauses Reparaturarbeiten für netto 160,00 DM durchführen.
2. Die Kfz-Kosten für den vom Geschäftsinhaber mitgenutzten Personenwagen belaufen sich auf netto 36.300,00 DM. Davon sind mit Vorsteuer belastet 34.800,00 DM. Der private Nutzungsanteil beträgt lt. Fahrtenbuch 25 %.
3. Wie lauten die Abschlussbuchungen für die Konten Privat und Eigenverbrauch?

---

1 Vgl. S. 71. Die Entnahme von Anlagegütern wird auf Seite 174 behandelt.

4 1. Handelt es sich bei dem unten stehenden Sachverhalt um Aufwand- oder Personensteuern, aktivierungspflichtige Steuern oder Steuern als „durchlaufende Posten"?

Bankbelastung für

Zahlung der Gewerbesteuer	Zahlung der Grunderwerbsteuer
Vorauszahlung der Einkommen-	Zahlung der Umsatzsteuer
und Kirchensteuer	Zahlung der Kfz-Steuer
Zahlung der einbehaltenen	für den Lieferwagen
Lohn- und Kirchensteuern	Zahlung der Körperschaftsteuer

2. Welcher Geschäftsvorfall liegt den folgenden Buchungssätzen zugrunde?

> 3001 an 5420 und 4800   4800 an 2800
> 4830 und 4840 an 2850   4830 und 4840 an 8010

---

5 **Anfangsbestände:**

Geschäftsausstattung	14.800,00	Eigenkapital	?
Waren	26.025,00	Kurzfristige Bankverbindl. .	9.110,00
Forderungen a. LL	1.748,00	Verbindlichkeiten a. LL	11.295,00
Kasse	2.453,00	Umsatzsteuer	634,00

Kontenplan:

0800, 2000, 2400, 2600, 2880, 3000, 3001, 4200, 4400, 4800, 4830, 4840, 5000, 6000, 6001, 6300, 6400, 6520, 6870, 7700, 8000, 8010, 8020.

Geschäftsvorfälle (mit dem allgemeinen Steuersatz):

1. ER Nr. 128 von Franz Schneider, Warenwert 1.950,00
   + Umsatzsteuer 312,00   2.262,00

2. Bankauszug Nr. 63: Überweisung vom Kunden Weber .. 91,00
   Hundesteuerzahlung (Inhaber) 50,00

3. Bankauszug Nr. 64: Überweisung an Lieferer Kramer ... 680,00
   Kassenquittung Nr. 321: für Zeitungsanzeige, netto 120,00
   + Umsatzsteuer 19,20   139,20

4. Bankauszug Nr. 65: Gehaltszahlung, netto 1.890,00
   einbehaltene Abzüge 1.310,00   3.200,00
   Arbeitgeberanteil 670,00
   Kassenquittung Nr. 322: Privatentnahme 350,00

5. ER Nr. 129 von Günter Obermann, Warenwert 2.800,00
   + Umsatzsteuer 448,00   3.248,00
   Kassenquittung Nr. 323: Fracht hierauf, netto 20,00
   + Umsatzsteuer 3,20   23,20

6. Bankauszug Nr. 66: Überweisung für Einkommensteuer 2.870,00
   und für Gewerbesteuer 430,00   3.300,00

7. AR Nr. 8 an Irma Lammert, Warenwert 150,00
   + Umsatzsteuer 24,00   174,00
   Kassenbericht Nr. 267: Barverkäufe (Tageslosung) 8.584,00
   Kassenquittung Nr. 324: Zahlung an Lieferer Müller 1.200,00
   Bankauszug Nr. 67: Bareinzahlung 8.000,00

Abschlussangaben:

Abschreibung auf Geschäftsausstattung 1 % v. d. Anschaffungskosten ... 18.000,00
Warenbestand lt. Inventur 27.935,00

6560158

6 **Anfangsbestände:**

Ladenausstattung	18.600,00	Eigenkapital	?
Waren I	34.300,00	Kurzfristige Bankverbindl. .	12.600,00
Waren II	18.100,00	Verbindlichkeiten a. LL	22.170,00
Forderungen a. LL	1.450,00	Sonst. Verb. geg. Finanzbeh.	530,00
Kasse	2.140,00	Verb. geg. Sozialversicherung	720,00
		Umsatzsteuer (16 %)	310,00
		Umsatzsteuer (7 %)	150,00

Kontenplan: 0810, 2000, 2010, 2400, 2600, 2610, 2880, 3000, 3001, 4200, 4400, 4800, 4810, 4830, 4840, 5000, 5010, 6000, 6001, 6010, 6200, 6400, 6520, 7700, 8000, 8010, 8020.

Geschäftsvorfälle (Waren I = 16 %, Waren II = 7 % Umsatzsteuer):

1. Kauf eines Warenregals gegen Bankscheck, netto	650,00		
+ Umsatzsteuer	104,00		754,00
2. Warenverkäufe auf Ziel, Waren I (einschließlich USt) ..	290,00		
Waren II (einschließlich USt) .	321,00		611,00
3. Wareneinkauf auf Ziel, Waren I, Warenwert	3.400,00		
+ Umsatzsteuer	544,00		3.944,00
4. Barzahlung der Fracht hierauf, netto	30,00		
+ Umsatzsteuer	4,80		34,80
5. Banküberweisung der Sonst. Verb. geg. Finanzbehörden	530,00		
der Verb. geg. Sozialversicherungstr.	720,00		1.250,00
6. Lastschrift der Bank für Gewerbesteuerzahlung			340,00
7. Wareneinkauf auf Ziel, Waren II, Warenwert	1.400,00		
+ Umsatzsteuer	98,00		1.498,00
8. Banküberweisung der Einkommen- und Kirchensteuervorauszahlung			2.495,00
9. Gutschrift an Kunden, Rückgabe von Waren II, netto ..	100,00		
+ Umsatzsteuer	7,00		107,00
10. Lohnzahlung bar, Nettolohn	1.920,00		
einbehaltene Abzüge	1.180,00		3.100,00
Arbeitgeberanteil zur Sozialversicherung			620,00
11. Bankgutschrift für Kapitaleinlage des Inhabers aus einer Erbschaft			30.000,00
12. Banküberweisung an einen Lieferer	2.870,00		
der Zahllast aus dem Vormonat	460,00		3.330,00
13. Barverkäufe, Waren I (einschließlich USt)	8.990,00		
Waren II (einschließlich USt)	2.247,00		11.237,00
14. Banküberweisung der Erbschaftsteuer			3.300,00
15. Bareinzahlung auf Bankkonto			4.000,00

Abschlussangaben:

Abschreibung auf Ladenausstattung 1 % v. d. Anschaffungskosten	25.000,00
Warenbestand lt. Inventur, Waren I	33.450,00
Waren II	18.360,00

27 Buchungen im Wechselverkehr

Der Wechsel ist ein häufig verwendetes Zahlungs- und Kreditmittel. Wechsel, die für den Kaufmann eine Zahlungsverpflichtung bedeuten, sind **Schuldwechsel;** Wechsel, die eine Forderung darstellen, sind **Besitzwechsel.**

27.1 Schuldwechsel

Kaufen wir Waren ein im Wert von 2.800,00 DM + 448,00 DM Umsatzsteuer zu der Bedingung „Lieferung gegen 90-Tage-Akzept", so akzeptieren wir einen Schuldwechsel.

Buchung: 6000 Aufwendungen für Waren 2.800,00
            2600 Vorsteuer 448,00
        an 4500 Schuldwechsel 3.248,00

S	6000 Aufwendungen für Waren	H	S	4500 Schuldwechsel	H
4500	2.800,00			6000, 2600	3.248,00

S	2600 Vorsteuer	H
4500	448,00	

Ist der Rechnungsbetrag dagegen dem Lieferer zunächst gutgeschrieben worden und wird die Buchschuld erst später in eine Wechselschuld umgewandelt, so lautet die Buchung:

    4400 Verbindlichkeiten a. LL .. an 4500 Schuldwechsel .. 3.248,00

Die Buchschuld wird oft in eine Wechselschuld umgewandelt, wenn der Kunde den Lieferer um Verlängerung der Zahlungsfrist bittet. In diesem Fall berechnet der Lieferer seinem Kunden für die Kreditdauer Zinsen (Diskont).

Der Lieferer belastet unser Konto mit 60,00 DM Diskont[1].

Buchung: 7530 Diskontaufwendungen 60,00
        an 4400 Verbindlichkeiten a. LL 60,00

S	7530 Diskontaufwendungen	H	S	4400 Verbindlichkeiten a. LL	H
4400	60,00			7530	60,00

Dieser Betrag ist gewöhnlich sofort fällig. Buchung bei Banküberweisung:

    4400 Verbindlichkeiten a. LL .. an 2800 Bank 60,00

Lösen wir den obigen Schuldwechsel bar ein, so buchen wir:

    4500 Schuldwechsel .... an 2880 Kasse 3.248,00

Haben wir den Wechsel bei unserer Bank zahlbar gestellt, dann löst die Bank den Wechsel ein. Sie belastet unser Konto mit Wechselsumme und Spesen.

Belastungsanzeige der Bank für Akzepteinlösung 3.248,00 DM; Wechselbetrag 3.248,00 DM und Spesen 12,00 DM.

Buchung: 4500 Schuldwechsel 3.248,00
            6750 Aufwendungen des Geldverkehrs 12,00
        an 2800 Bank 3.260,00

---

1 Stellen Warenlieferung und Kreditgewährung zwei getrennte Leistungen dar, so ist der Diskont umsatzsteuerfrei. Von dieser Annahme wird auch in den folgenden Aufgaben ausgegangen.

6560160

27.2 Besitzwechsel

Verkaufen wir Waren für 1.600,00 DM + 256,00 DM Umsatzsteuer unmittelbar gegen Besitzwechsel, so lautet die

Buchung:		2450 Besitzwechsel	1.856,00	
	an	5000 Umsatzerlöse		1.600,00
	an	4800 Umsatzsteuer		256,00

S	2450 Besitzwechsel	H		S	5000 Umsatzerlöse	H
5000, 4800	1.856,00				2450	1.600,00

S	4800 Umsatzsteuer	H
	2450	256,00

Ziehen wir auf einen Kunden, dem wir diese Waren geliefert haben, nachträglich einen Wechsel, so ist im Anschluss an die Buchung: 2400 Forderungen a. LL an 5000 Umsatzerlöse und 4800 Umsatzsteuer zu buchen:

2450 Besitzwechsel .... an 2400 Forderungen a. LL .. 1.856,00

Ist der Besitzwechsel später fällig als die Warenrechnung, können wir von unserem Kunden Zinsen (Diskont) verlangen.

Wir berechnen unserem Kunden 40,00 DM Diskont.

Buchung:		2400 Forderungen a. LL	40,00	
	an	5730 Diskonterträge		40,00

Überweist der Kunde den Diskont auf unser Bankkonto, dann buchen wir:

2800 Bank .... an 2400 Forderungen a. LL .. 40,00

Für den Besitzwechsel gibt es folgende **Verwendungsmöglichkeiten:**

● **Weitergabe an einen Lieferer:**

Wir geben den Wechsel einem Lieferer in Zahlung.

Buchung: 4400 Verbindlichkeiten a. LL .. an 2450 Besitzwechsel 1.856,00

Ist der in Zahlung gegebene Wechsel später fällig als unsere Schuld, wird der Lieferer uns Diskont in Rechnung stellen.

● **Diskontierung bei der Bank:**

a) Die Laufzeit des Wechsels stimmt mit der eingeräumten Zahlungsfrist überein.

Wir geben einen Wechsel über 1.856,00 DM der Bank zum Diskont; sie zieht 33,00 DM Diskont ab und schreibt uns 1.823,00 DM gut.

Buchung:		2800 Bank	1.823,00	
		7530 Diskontaufwendungen	33,00	
	an	2450 Besitzwechsel		1.856,00

Durch die Übergabe des Akzepts hat der Kunde seine Zahlungsverpflichtung erfüllt. Die Kosten der Diskontierung müssen wir selbst tragen.

b) Die Laufzeit des Wechsels beginnt erst mit der Fälligkeit der Warenrechnung.

Die Bank hat uns bei der Diskontierung eines Wechsels 40,00 DM Diskont berechnet, den wir dem Kunden belasten.

Buchung:		2400 Forderungen a. LL	40,00	
	an	5730 Diskonterträge		40,00

● **Einzug am Verfalltag:**

a) Wir behalten den Wechsel bis zum Verfall und ziehen ihn bar ein.

> 2880 Kasse .... an 2450 Besitzwechsel **1.856,00**

b) Wir übergeben den Wechsel der Bank zur Gutschrift per Verfall; die Bank berechnet uns 5,00 DM Inkassospesen.

Buchung: 2800 Bank **1.851,00**
            6750 Aufwendungen des Geldverkehrs **5,00**
      an 2450 Besitzwechsel **1.856,00**

27.3 Spesen bei Wechseldiskontierung

Auch bei der Diskontierung von Wechseln berechnen Kreditinstitute häufig Spesen.

Wir geben einen Wechsel über 8.500,00 DM der Bank zum Diskont. Sie zieht 86,00 DM Diskont und 14,00 DM Spesen ab. Bankgutschrift 8.400,00 DM.

Buchung: 2800 Bank **8.400,00**
            7530 Diskontaufwendungen **86,00**
            6750 Aufwendungen des Geldverkehrs **14,00**
      an 2450 Besitzwechsel **8.500,00**

Wechselspesen sind bei der **Weiterverrechnung** an den Kunden umsatzsteuerpflichtig. Man bucht sie als Ertrag auf dem Konto „5430 Andere sonstige betriebliche Erträge".

Wir belasten den Kunden mit 86,00 DM Diskont, 14,00 DM Spesen und 2,24 DM Umsatzsteuer = 102,24 DM.

Buchung: 2400 Forderungen a. LL **102,24**
      an 5730 Diskonterträge **86,00**
      an 5430 Andere sonstige betriebliche Erträge **14,00**
      an 4800 Umsatzsteuer **2,24**

---

1   Kontieren Sie die Geschäftsvorfälle (allgemeiner Steuersatz):

1. Warenverkäufe gegen Wechsel, Warenwert 8.000,00
            + Umsatzsteuer 1.280,00 9.280,00

            Warenwert 7.500,00
            + Umsatzsteuer 1.200,00 8.700,00

2. Wir geben einen Wechsel beim Lieferer in Zahlung 9.280,00

3. Lieferer belastet unser Konto mit Diskont 100,00

4. Wir überweisen für die Belastung vom Postbankkonto .. 100,00

5. Bank zieht fälligen Wechsel für uns ein, Wechselsumme 8.700,00
   abzgl. Spesen 30,00 8.670,00

6. Bank diskontiert einen Wechsel 29.890,00
   abzgl. Diskont 300,00
   abzgl. Spesen 10,00 29.580,00

7. Wir belasten den Kunden mit:
   Diskont 300,00
   Spesen, netto 10,00
   + Umsatzsteuer 1,60 311,60

6560162

2 **Anfangsbestände:** Ladenausstattung 14.600,00 DM, Waren 24.200,00 DM, Forderungen a. LL 3.180,00 DM, Besitzwechsel 740,00 DM, Bankguthaben 5.860,00 DM, Kasse 370,00 DM, Eigenkapital 39.530,00 DM, Verbindlichkeiten a. LL 7.940,00 DM, Schuldwechsel 1.320,00 DM, Umsatzsteuer 160,00 DM.

Kontenplan: 0810, 2000, 2400, 2450, 2600, 2800, 2880, 3000, 4400, 4500, 4800, 5000, 5730, 6000, 6520, 6800, 6820, 7530, 8000, 8010, 8020.

Geschäftsvorfälle (allgemeiner Steuersatz):

1.	Ein Kunde sendet uns einen Wechsel		420,00
2.	Der Kunde wird mit Diskont belastet		10,00
3.	Wir verkaufen Waren auf Ziel, Warenwert	1.200,00	
	+ Umsatzsteuer	192,00	1.392,00
4.	Die Umsatzsteuer wird durch die Bank überwiesen		160,00
5.	Wir akzeptieren den Wechsel eines Lieferers		870,00
6.	Für Büromaterial zahlen wir bar, netto	100,00	
	+ Umsatzsteuer	16,00	116,00
7.	Die Bank diskontiert einen Wechsel über	500,00	
	abzüglich Diskont	10,00	490,00
8.	Der Diskont wird dem Kunden belastet		10,00
9.	Tageslosung		4.060,00
10.	Ein Lieferer erhält durch Banküberweisung		710,00
11.	Wir kaufen Waren gegen Akzept, Warenwert	1.300,00	
	+ Umsatzsteuer	208,00	1.508,00
12.	Die Fernsprechrechnung wird durch die Bank überwiesen, netto	350,00	
	+ Umsatzsteuer	56,00	406,00
13.	Wir lösen einen Schuldwechsel bar ein		860,00

Abschlussangaben:

Abschreibung auf die Ladenausstattung vom Buchwert	1 %
Warenbestand laut Inventur	20.866,00

3 Bilden Sie die Buchungssätze für folgende Geschäftsvorfälle (allg. Steuersatz):

1.	Warenverkauf gegen einen Wechsel, Warenwert	1.000,00	
	+ Umsatzsteuer	160,00	1.160,00
2.	Unser Kunde löst diesen Wechsel bei Verfall bar ein . . .		1.160,00
3.	Zur Sicherung einer Forderung ziehen wir einen Wechsel auf einen Kunden		5.700,00
4.	Der Kunde wird mit Diskont belastet		50,00
5.	Zum Ausgleich dieser Belastung zahlt der Kunde bar . .		50,00
6.	Ein Lieferer zieht einen Wechsel auf uns		1.500,00
7.	Wir lösen diesen Wechsel bei Verfall bar ein		1.500,00
8.	Wir kaufen Waren gegen Akzept, Warenwert	15.000,00	
	+ Umsatzsteuer	2.400,00	17.400,00
9.	Der Lieferer belastet uns mit Diskont	150,00	
	mit Spesen	20,00	
	+ Umsatzsteuer	3,20	173,20

4
5

Anfangsbestände:

	4	5		4	5
Beb. Grundst...	20.000,00	26.000,00	Kasse	350,00	420,00
Betriebsgebäude	32.000,00	38.000,00	Eigenkapital ..	65.000,00	77.780,00
Ladenausstattg.	7.400,00	8.100,00	Sparkassensch..	12.760,00	13.180,00
Waren	32.780,00	34.250,00	Verb. a. LL	16.820,00	17.960,00
Ford. a. LL	3.140,00	3.370,00	Schuldwechsel .	2.130,00	2.570,00
Besitzwechsel .	1.310,00	1.540,00	Umsatzsteuer .	270,00	190,00

Kontenplan:

0510, 0530, 0810, 2000, 2400, 2450, 2600, 2880, 3000, 4200, 4400, 4500, 4800, 4830, 4840, 5000, 5400, 5730, 6000, 6001, 6103, 6300, 6400, 6420, 6520, 6870, 7530, 8000, 8010, 8020.

Geschäftsvorfälle (allgemeiner Steuersatz):

		4	5
1.	Barzahlung für eine Werbeanzeige, netto	50,00	75,00
	+ Umsatzsteuer	8,00	12,00
2.	Sparkassenüberweisung eines Kunden	120,00	140,00
3.	Weitergabe eines Besitzwechsels an Lieferer	530,00	710,00
4.	Lastschrift des Lieferers für Diskont	10,00	15,00
5.	Wareneinkauf auf Ziel, Warenwert	2.200,00	2.350,00
	+ Umsatzsteuer	352,00	376,00
6.	Bezugskosten auf diese Sendung bar, netto	75,00	100,00
	+ Umsatzsteuer	12,00	16,00
7.	Tageslosung	9.512,00	9.976,00
8.	Sparkassenüberweisung der Umsatzsteuer	270,00	190,00
9.	Gehaltszahlung d. Sparkassenüberweisung, brutto	3.040,00	3.580,00
	Lohnsteuer, Solidaritätszuschlag und Kirchensteuer	450,00	490,00
	Arbeitnehmeranteil zur Sozialversicherung	621,00	732,00
	Arbeitgeberanteil zur Sozialversicherung	621,00	732,00
10.	Sparkassenüberweisung an einen Lieferer	1.875,00	1.986,00
11.	Mieteingang auf Sparkassenkonto	1.240,00	1.260,00
12.	Sparkassengutschrift für Diskontierung		
	eines Wechsels, Barwert	480,00	590,00
	zuzüglich Diskont	20,00	10,00
13.	Belastung des Kunden mit Diskont	20,00	10,00
14.	Sparkassenüberweisung f. Berufsgenossenschaftsbeitrag	310,00	330,00
15.	Sparkassenüberweisung für Stromrechnung, netto	125,00	175,00
	+ Umsatzsteuer	20,00	28,00
16.	Bareinlösung eines Schuldwechsels	980,00	1.070,00
17.	Bareinzahlung bei der Sparkasse	8.000,00	8.500,00

Abschlussangaben:

	4	5
Abschreibung auf Betriebsgebäude 2 % von den AK	90.000,00	106.000,00
Abschreibung auf Ladenausstattung 1 % von den AK	10.400,00	11.200,00
Warenbestand laut Inventur	33.000,00	34.600,00

28 Anlagenwirtschaft

28.1 Kauf von Anlagegütern

Kaufen wir ein Anlagegut, so berechnet uns der Lieferer auf die Nettoanschaffungskosten auch Umsatzsteuer. Diese wird bei uns als Vorsteuer erfasst. Die Umsatzsteuer zählt nicht zu den Anschaffungskosten.

Außer dem Nettowert des Anlagegutes **müssen alle Aufwendungen für den Erwerb und die Betriebsbereitschaft** ebenfalls **über das Anlagekonto aktiviert werden.** Man bezeichnet diese Aufwendungen als **Anschaffungsnebenkosten.** Beim Erwerb eines Grundstückes fallen als Nebenkosten Beurkundungsgebühren und Grunderwerbsteuer an. Die Überführungskosten und Zulassungsgebühren eines Kraftwagens rechnet man zu den Anschaffungsnebenkosten, ebenso die Transport- und Montagekosten beim Kauf einer Lagereinrichtung.

Anschaffungskostenminderungen wie Skonti und nachträgliche Preisnachlässe sind beim Bezug eines Anlagegutes **von den Anschaffungskosten abzusetzen.**

Kauf eines Lieferwagens auf Ziel

Nettopreis	80.000,00 DM
+ Umsatzsteuer	12.800,00 DM
Rechnungsbetrag	92.800,00 DM

Buchung:	0840 Fuhrpark	80.000,00	
	2600 Vorsteuer	12.800,00	
an	4400 Verbindlichkeiten a. LL		92.800,00

Die Zulassungsgebühr für den Lieferwagen zahlen wir bei der Zulassungsstelle bar = 50,00 DM.

Auch die Nebenkosten müssen über das Anlagekonto aktiviert werden.

Buchung: 0840 Fuhrpark .... **an 2880 Kasse** 50,00

Die Rechnung für den Lieferwagen wird durch die Bank beglichen, Rechnungsbetrag	92.800,00 DM
abzüglich 2 % Skonto	1.856,00 DM
Überweisungsbetrag	90.944,00 DM

Der auf den Nettowert des Lieferwagens entfallende Skontoabzug verringert die Anschaffungskosten (Anschaffungskostenminderung). Soweit der Skontoabzug die Vorsteuer betrifft, wird diese berichtigt.

Buchung:	4400 Verbindlichkeiten a. LL	92.800,00
	an 2800 Bank	90.944,00
	an 0840 Fuhrpark	1.600,00
	an 2600 Vorsteuer	256,00

Die Anschaffungskosten des Lieferwagens betragen: Nettopreis (80.000,00 DM) + Zulassungsgebühr (50,00 DM) − Skontoabzug auf den Nettopreis (1 600,00 DM) = 78.450,00 DM.

> Anschaffungspreis, netto
> + Anschaffungsnebenkosten, netto
> − Anschaffungskostenminderungen, netto
> = Anschaffungskosten

1 a) Buchen Sie den Zieleinkauf der Thekenkombination.

b) Stellen Sie fest, ob es sinnvoll ist, die Skontofrist auch dann auszunutzen, wenn Sie einen Kredit der Hausbank in Anspruch nehmen müssen, der Sie 9 % Sollzinsen kostet. Beweisen Sie Ihre Entscheidung rechnerisch.

Erbel
Ladeneinrichtungen
Rother Landstraße 107   Tel.: (0 91 22) 15 22 22
91126 Schwabach   Fax: (0 91 22) 15 22 28

Fa. Erbel • Rother Landstr. 107 • 91126 Schwabach

Kaufmarkt Franken
Werner-von-Siemens-Str. 43

91052 Erlangen

Eingang:
. . -04-02

Konto	Soll	Haben
0810	35.000,00	
2600	5.600,00	40.600,00
4400		

geprüft und gebucht   KR 084

Ihr Zeichen, Ihre Nachricht vom   Unser Zeichen, unsere Nachricht vom   Datum
.. -03-31

Rechnung Nr. 1 026

Wir lieferten Ihnen zum Angebotspreis

    1 Kühlthekenkombination „Nordland"   31.200,00 DM

Für die betriebsfertige Montage
und Installation stellen wir Ihnen
vereinbarungsgemäß in Rechnung   3.800,00 DM
                            35.000,00 DM
    16 % Umsatzsteuer   5.600,00 DM
                            40.600,00 DM

Zahlbar innerhalb von 30 Tagen mit 1 % Skonto,
60 Tage rein netto.

Stadtsparkasse Nürnberg, Konto 6 120 081 (BLZ 760 501 01)

2 Überweisen Sie die Rechnung für die Thekenkombination entsprechend Ihrer Entscheidung durch die Frankenbank.

Inventarisierung des Anlagevermögens

Über die Aufgliederung in den Hauptbuchkonten hinaus ist eine Anlagenbuchführung (Nebenbuchführung) einzurichten. Jeder Anlagegegenstand wird darin in einer besonderen Anlagenkarte geführt, aus der alle Einzelheiten zu ersehen sind. Dazu gehören die genaue Bezeichnung der Anlage, die Inventarnummer, das Anschaffungsdatum, die Anschaffungskosten, die voraussichtliche Nutzungsdauer, das Abschreibungsverfahren, der Abschreibungsbetrag und der Buchwert für jedes Jahr.

Muster einer Anlagenkarte

Kontenart:	**1084**		Datum der Anschaffung:	**12. Februar ..**
Bezeichnung der Anlage:	**Lieferwagen**		Vorauss. Nutzungsdauer:	**4 Jahre**
Inventarnummer:	**0848**		Abschreibungsverfahren:	**linear**
			Abschreibungsmethode:	**direkt**

Art des Zu- oder Abgangs	Datum	Anschaffungs-kosten	Abschreibungs-satz	Abschreibungs-betrag	Rest-buchwert
LKW	**..-02-12**	**88.900,00**			
	..-12-31		**25 %**	**22.225,00**	**66.675,00**
	..-12-31		**25 %**	**22.225,00**	**44.450,00**
	..-12-31		**25 %**	**22.225,00**	**22.225,00**
	..-12-31		**25 %**	**22.224,00**	**1,00**[1]

1 Erinnerungswert: Das Anlagegut ist abgeschrieben, wird aber noch genutzt.

28.2   Geringwertige Wirtschaftsgüter

Geringwertige Wirtschaftsgüter sind Wirtschaftsgüter des Anlagevermögens, die nach § 6 des Einkommensteuergesetzes im Jahr der Anschaffung oder der Herstellung **in voller Höhe als Betriebsausgaben abgesetzt** (abgeschrieben) **werden** <u>können.</u> Es handelt sich um **bewegliche Wirtschaftsgüter des Anlagevermögens, die selbstständig nutzungsfähig** sind und eine **längere Nutzungsdauer als 1 Jahr** haben. Die Anschaffungs- oder Herstellungskosten müssen mehr als 100,00 DM ausmachen, maximal aber 800,00 DM. Beide Beträge gelten ohne Umsatzsteuer. Beträge bis zu 100,00 DM können sofort als Betriebsausgaben abgesetzt werden.

Zieleinkauf einer Rechenmaschine, netto	750,00
+ Umsatzsteuer	120,00
Rechnungssumme	<u>870,00</u>

Buchung: 0890 Geringwertige Wirtschaftsgüter   750,00

2600 Vorsteuer   120,00

an 4400 Verbindlichkeiten a. LL   870,00

S **0890 Geringwertige Wirtschaftsgüter** H	S **4400 Verbindlichkeiten a. LL** H
4400 750,00	0890, 2600 870,00

S   **2600 Vorsteuer**   H
4400   120,00

In der Praxis werden alle geringwertigen Wirtschaftsgüter auf dem Konto 0890 gebucht. Beim Jahresabschluss **kann** der Bestand des Kontos 0890 voll abgeschrieben werden.

3 Bilden Sie die Buchungssätze:

1. Kauf eines neuen Betriebsgebäudes:

Grundstückswert	400.000,00	
Gebäudewert	900.000,00	1.300.000,00
gegen Bankscheck	700.000,00	
gegen Aufnahme einer Hypothek	600.000,00	1.300.000,00
Banküberweisung für die Maklergebühr, netto	39.000,00	
+ Umsatzsteuer	6.240,00	45.240,00
Postbanküberweisung der Notariatsgebühren, netto	13.000,00	
+ Umsatzsteuer	2.080,00	15.080,00
Die Grunderwerbsteuer wird unserem Bankkonto belastet		45.500,00

2. Zieleinkauf einer neuen Lagereinrichtung, netto . . .

Zieleinkauf einer neuen Lagereinrichtung, netto . . .	34.000,00	
+ Umsatzsteuer	5.440,00	39.440,00
Die Montagekosten dafür werden durch Bankscheck beglichen, netto	500,00	
+ Umsatzsteuer	80,00	580,00
Postbanküberweisung für die Liefererrechnung der Lagereinrichtung	39.440,00	
abzüglich Skonto	986,00	38.454,00

3. Einkauf einer neuen Ladenausstattung

gegen Wechsel, netto	85.000,00	
+ Umsatzsteuer	13.600,00	98.600,00
Bei der Abnahme der Ladenausstattung stellen sich geringfügige Mängel heraus. Wir erhalten einen Preisnachlass/Bankscheck, netto	1.600,00	
+ Umsatzsteuer	256,00	1.856,00

4. Kauf eines Kleinlieferwagens

gegen Bankscheck, netto	42.000,00	
+ Umsatzsteuer	6.720,00	48.720,00
Einbau einer Kühlanlage in den Lieferwagen, netto	5.200,00	
+ Umsatzsteuer	832,00	6.032,00
Die Rechnung wird durch Bankscheck beglichen.		

5. Zieleinkauf von Büromaschinen, netto . . . .

Zieleinkauf von Büromaschinen, netto	8.200,00	
davon sind geringwertig 1.130,00, netto		
+ Umsatzsteuer	1.312,00	9.512,00

6. Beschaffung eines Kassensystems auf Leasingbasis

Die Leasinggebühr für das erste Jahr zahlen wir durch Bankscheck, netto	1.750,00	
+ Umsatzsteuer	280,00	2.030,00

4 Fragen:

Wie hoch sind die Anschaffungskosten der verschiedenen Anlagegüter in den Aufgaben 1–5?

Warum sind die Leasinggebühren des Kassensystems für die Anlagekonten des Einzelhändlers ohne Bedeutung?

6560168

28.3 Verkauf und Entnahme von Anlagegütern

28.3.1 Verkauf abgeschriebener Anlagegüter

Anlagegüter, die technisch veraltet sind oder deren Nutzung unwirtschaftlich geworden ist, werden veräußert. Dazu ist es notwendig, den Buchwert zum Zeitpunkt des Verkaufs zu ermitteln. Bei Anlagegütern, die im Laufe des Geschäftsjahres veräußert werden, ist für die Nutzungsmonate die Abschreibung zeitanteilig zu verrechnen. Dabei gelten angefangene Monate als ganze Nutzungsmonate.

Am 10. September wird ein Kassensystem verkauft, das zum Jahresbeginn mit 12.000,00 DM zu Buche steht. Die jährliche Abschreibung beträgt 6.000,00 DM.

$^9/_{12}$ der Jahresabschreibung von 6.000,00 DM .... 4.500,00 DM

Buchwert des Kassensystems am 1. Januar	12.000,00 DM
− zeitanteilige Abschreibung	4.500,00 DM
Buchwert des Kassensystems am 10. September	7.500,00 DM

Buchung am 10. Sept.: 6520 Abschr. a. Sachanl. an 0820 Kassensysteme **4.500,00**

Auch der Verkauf eines Anlagegutes ist ein steuerpflichtiger Umsatz und unterliegt der Umsatzsteuer. Die Bemessungsgrundlage für die Steuer ist der Nettoverkaufspreis. Steuerpflichtige Umsätze müssen nach § 22 UStG so aufgezeichnet werden, dass die Bemessungsgrundlagen leicht zu ersehen sind. Für die Umsatzsteuervoranmeldung und die Umsatzsteuerverprobung ist es daher nicht möglich, den Anlagenverkauf unmittelbar über das Anlagekonto zu buchen. Man bucht vielmehr über ein Zwischenkonto „5410 Sonstige Erlöse".

Die Kassen werden am 10. September gegen Bankscheck verkauft, netto	10.000,00
+ Umsatzsteuer	1.600,00
	11.600,00

Buchung: **2800 Bank** **11.600,00**
   an **5410 Sonstige Erlöse** **10.000,00**
   an **4800 Umsatzsteuer** **1.600,00**

S	**2800 Bank**	H	S	**5410 Sonstige Erlöse**	H
5410, 4800 11.600,00				2800	10.000,00

S	**4800 Umsatzsteuer**	H
	2800	1.600,00

Der Nettoverkaufspreis eines Anlagegutes kann mit seinem Buchwert übereinstimmen. Das wird aber nur selten der Fall sein. Im Allgemeinen ist der Nettoverkaufspreis höher oder niedriger als der Buchwert. Der Preis für gebrauchte Anlagegüter richtet sich nämlich nach Angebot und Nachfrage und ist unabhängig von dem aus Anschaffungskosten und Abschreibungen ermittelten Buchwert. Daher entstehen Verluste oder Gewinne aus dem Verkauf von Anlagegütern, die in den Konten „6930 Andere sonstige betriebliche Aufwendungen" und „5430 Andere sonstige betriebliche Erträge" gebucht werden.

Nettoverkaufspreis des Kassensystems	10.000,00
− Buchwert des Kassensystems am 10. September	7.500,00
= Andere sonstige betriebliche Erträge	2.500,00

Das Zwischenkonto „5410 Sonstige Erlöse" wird aufgelöst: in Höhe des Buchwertes zugunsten des Anlagekontos, in Höhe des entsprechenden Gewinns über das Konto „5430 Andere sonstige betriebliche Erträge".

Buchung: 5410 Sonstige Erlöse 10.000,00
          an 0820 Kassensysteme 7.500,00
          an 5430 Andere sonstige betriebliche Erträge 2.500,00

S	5410 Sonstige Erlöse	H		S	0820 Kassensysteme	H
0820, 5430	10.000,00				5410	7.500,00

S	5430 Andere sonst. betriebl. Erträge	H
	5410	2.500,00

Ein Kleinlastkraftwagen, der am Verkaufstag einen Buchwert von 20.000,00 DM hat, wird gegen Bankscheck verkauft: 18.000,00 DM + 2.880,00 DM Umsatzsteuer.

Buchung: 2800 Bank 20.880,00
          an 5410 Sonstige Erlöse 18.000,00
          an 4800 Umsatzsteuer 2.880,00

Nettoverkaufspreis des Kleinlastwagens 18.000,00
– Buchwert des Kleinlastwagens beim Verkauf 20.000,00
= Andere sonstige betriebliche Aufwendungen 2.000,00

Nach der Auflösung des Kontos „5410 Sonstige Erlöse" ist das Anlagekonto noch nicht ausgeglichen. Erst nach der Buchung des Verlustes aus dem Verkauf des Kleinlastwagens ist das Konto „0840 Fuhrpark" ausgeglichen.

Buchung: 5410 Sonstige Erlöse 18.000,00
          6930 Andere sonst. betriebliche Aufwendungen 2.000,00
          an 0840 Fuhrpark 20.000,00

S	5410 Sonstige Erlöse	H		S	0840 Fuhrpark	H
0840	18.000,00				5410, 6930	20.000,00

S	6930 Andere sonst. betriebl. Aufwdg.	H
0840	2.000,00	

Verkauf abgeschriebener Anlagen:

1. Buchung des umsatzsteuerpflichtigen Erlöses:
Lastschrift auf Zahlungskonto, Gutschriften auf 5410 und 4800

2. Buchung des Anlagenabgangs:
   a) Verkaufserlöse höher als Buchwert:
   Lastschrift auf 5410, Gutschriften auf Anlagekonto und 5430
   b) Verkaufserlöse niedriger als Buchwert:
   Lastschriften auf 5410 und 6930, Gutschrift auf Anlagekonto

6560170

5 Ein PKW wurde zum Nettopreis von 38.000,00 DM gegen Postbankscheck gekauft und betrieblich genutzt. Die Umsatzsteuer betrug 6.080,00 DM.

Der Wagen hat beim Verkauf noch einen Buchwert von 2.000,00 DM und wird bar verkauft für 1.800,00 DM + 288,00 DM Umsatzsteuer.

a) Buchen Sie den Kauf in den Konten: 0840, 2600, 2850
b) Buchen Sie den Verkauf in den Konten: 0840, 2880, 4800, 5410, 6930.

6

Aktiva		Eröffnungsbilanz		Passiva
Bebaute Grundstücke	35.000,00	Eigenkapital		244.850,00
Betriebsgebäude	125.000,00	Verbindlichkeiten a. LL ...		32.120,00
Ladenausstattung	8.600,00	Umsatzsteuer		1.280,00
Fuhrpark	28.000,00			
Waren	54.650,00			
Bank	22.730,00			
Kasse	4.270,00			
	278.250,00			278.250,00

Kontenplan: 0510, 0530, 0810, 0840, 2000, 2600, 2800, 2880, 3000, 4400, 4800, 4830, 4840, 5000, 5410, 5430, 6000, 6300, 6400, 6520, 6820, 6870, 6930, 8000, 8010, 8020.

Geschäftsvorfälle (allgemeiner Steuersatz):

1.	Verkauf eines gebrauchten Fahrzeugs		
	gegen Bankscheck, netto	3.500,00	
	+ Umsatzsteuer	560,00	4.060,00
	Buchwert des Fahrzeugs		3.000,00
2.	Wareneinkäufe auf Ziel, Warenwert	20.700,00	
	+ Umsatzsteuer	3.312,00	24.012,00
3.	Banküberweisung der Umsatzsteuer des Vormonats ..		?
4.	Bankbelastung für Werbeanzeige, netto	450,00	
	+ Umsatzsteuer	72,00	522,00
5.	Tageslosungen		68.440,00
6.	Kauf eines neuen PKW gegen Bankscheck, netto	45.000,00	
	+ Umsatzsteuer	7.200,00	52.200,00
7.	Banküberweisung für Gehälter, Bruttobetrag	3.600,00	
	Lohn- und Kirchensteuer, Solidaritätszuschlag	320,00	
	Arbeitnehmeranteil zur Sozialversicherung	882,00	2.398,00
	Arbeitgeberanteil zur Sozialversicherung		882,00
8.	Banküberweisung für Fernsprechgebühren, netto	600,00	
	+ Umsatzsteuer	96,00	696,00
9.	Zahlung an verschiedene Lieferer		
	durch Banküberweisung		20.130,00
10.	Bareinzahlung auf das Bankkonto		70.000,00

Abschlussangaben:

Abschreibungen auf 0530 Betriebsgebäude = 2 % der Anschaffungskosten
                    von 230.000,00 DM,
           auf 0810 Ladenausstattung 20 % vom Buchwert,
           auf 0840 Fuhrpark 10 % vom Buchwert.

Fehlbestand laut Inventur: Kasse	20,00
Warenbestand laut Inventur	40.000,00

7   Buchen Sie den Zieleinkauf des Kraftwagens.

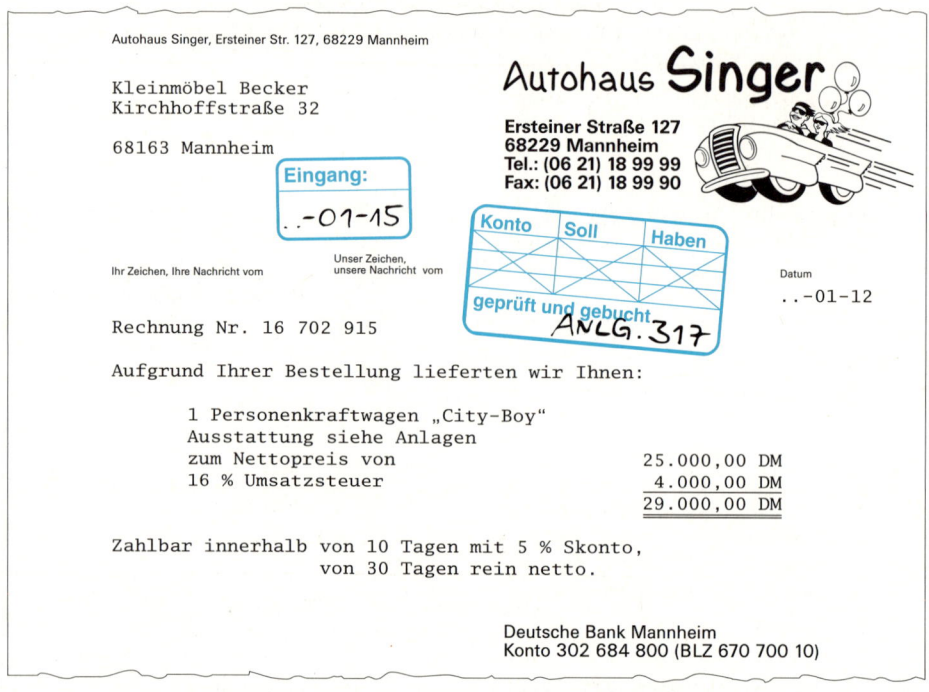

Autohaus Singer, Ersteiner Str. 127, 68229 Mannheim

Kleinmöbel Becker
Kirchhoffstraße 32

68163 Mannheim

Eingang:
..-01-15

Autohaus Singer
Ersteiner Straße 127
68229 Mannheim
Tel.: (06 21) 18 99 99
Fax: (06 21) 18 99 90

Konto	Soll	Haben

geprüft und gebucht
ANLG. 317

Ihr Zeichen, Ihre Nachricht vom   Unser Zeichen,
unsere Nachricht vom

Datum
..-01-12

Rechnung Nr. 16 702 915

Aufgrund Ihrer Bestellung lieferten wir Ihnen:

     1 Personenkraftwagen „City-Boy"
     Ausstattung siehe Anlagen
     zum Nettopreis von   25.000,00 DM
     16 % Umsatzsteuer   4.000,00 DM
                             29.000,00 DM

Zahlbar innerhalb von 10 Tagen mit 5 % Skonto,
        von 30 Tagen rein netto.

                      Deutsche Bank Mannheim
                      Konto 302 684 800 (BLZ 670 700 10)

8   Buchen Sie die Bezahlung der Rechnung des Autohauses Singer. Ermitteln Sie die Anschaffungskosten des Kraftwagens (Zulassungskosten 20,00 DM). Der PKW soll linear abgeschrieben werden. Setzen Sie eine betriebsgewöhnliche Nutzungsdauer von fünf Jahren an und schreiben Sie für das Anschaffungsjahr ab.

Beleg 1:

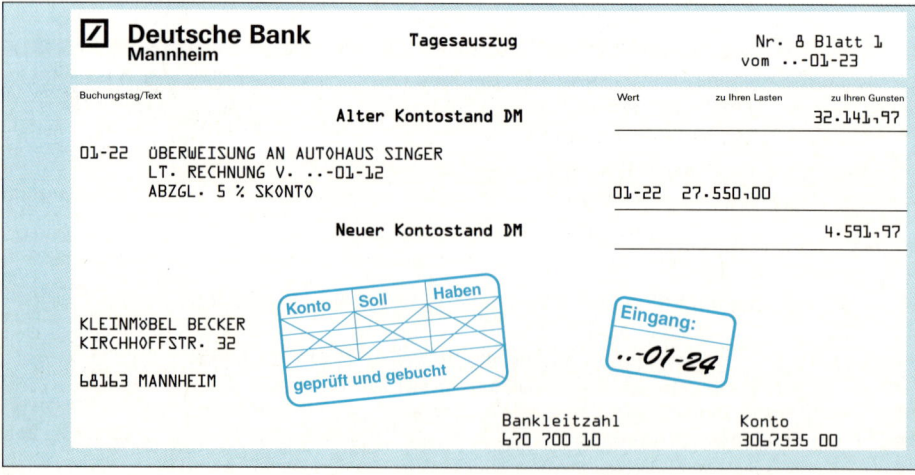

Deutsche Bank
Mannheim
    Tagesauszug
                      Nr. 8 Blatt 1
                      vom ..-01-23

Buchungstag/Text		Wert	zu Ihren Lasten	zu Ihren Gunsten
	Alter Kontostand DM			32.141,97
01-22 ÜBERWEISUNG AN AUTOHAUS SINGER LT. RECHNUNG V. ..-01-12 ABZGL. 5 % SKONTO		01-22	27.550,00	
	Neuer Kontostand DM			4.591,97

KLEINMöBEL BECKER
KIRCHHOFFSTR. 32

68163 MANNHEIM

Konto	Soll	Haben

geprüft und gebucht

Eingang:
..-01-24

                  Bankleitzahl   Konto
                  670 700 10   3067535 00

6560172

Beleg 2:

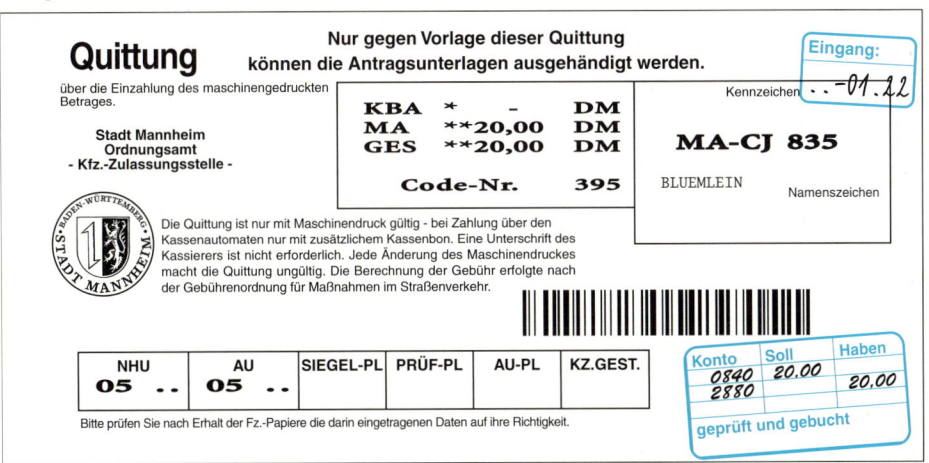

Quittung

Nur gegen Vorlage dieser Quittung können die Antragsunterlagen ausgehändigt werden.

über die Einzahlung des maschinengedruckten Betrages.

Stadt Mannheim
Ordnungsamt
- Kfz.-Zulassungsstelle -

KBA	*	-	DM
MA	**20,00		DM
GES	**20,00		DM
Code-Nr.	**395**		

Eingang: -01.22

Kennzeichen

MA-CJ 835

BLUEMLEIN   Namenszeichen

Die Quittung ist nur mit Maschinendruck gültig - bei Zahlung über den Kassenautomaten nur mit zusätzlichem Kassenbon. Eine Unterschrift des Kassierers ist nicht erforderlich. Jede Änderung des Maschinendruckes macht die Quittung ungültig. Die Berechnung der Gebühr erfolgte nach der Gebührenordnung für Maßnahmen im Straßenverkehr.

NHU	AU	SIEGEL-PL	PRÜF-PL	AU-PL	KZ.GEST.
05 ..	**05 ..**				

Konto	Soll	Haben
0840	20,00	
2880		20,00
geprüft und gebucht		

Bitte prüfen Sie nach Erhalt der Fz.-Papiere die darin eingetragenen Daten auf ihre Richtigkeit.

---

9   Buchen Sie den Verkauf des gebrauchten Personenkraftwagens.
Interner Vermerk: Buchwert des PKW = 3.200,00 DM.

Automarkt Mannheim
An den Kasernen 119 • 68167 Mannheim

Kaufvertrag für ein gebrauchtes Kraftfahrzeug

Käufer:
Horst Valenta OHG
Soldnerstraße 42
68219 Mannheim

Verkäufer:
Gerhard Becker
Kirchhoffstraße 32
68163 Mannheim

Eingang: -06-30

Hersteller:	Opel	**Typ:**	Karavan
Fahrgestell-Nr.:	WOL00004365018198		
Kilometerstand:	76 800		
Anzahl der Vorbesitzer:	keine		
Tag der Erstzulassung:	..-09-30		
Tag der Übergabe:	..-06-30		
Kaufpreis:	inkl. 16 % USt 5.800,00 DM		
Zahlungsart:	bar		

Konto	Soll	Haben
2880	5.800,00	
5410		5.000,00
4800		800,00
geprüft und gebucht	KB 317	

Verkäufer:

Käufer: nach Probefahrt und eingehender Überprüfung übernommen

Konto	Soll	Haben
5410	5.000,00	
0840		3.200,00
5430		1.800,00
geprüft und gebucht		

28.3.2 Entnahme von Anlagegütern

Entnimmt der Unternehmer ein zum Betriebsvermögen gehörendes Anlagegut für private Zwecke, so liegt ein Eigenverbrauch vor, der umsatzsteuerpflichtig ist. Er wird ebenfalls auf dem Konto „5410 Sonstige Erlöse" gebucht. Bemessungsgrundlage für die Besteuerung ist der Teilwert[1]. Er entspricht in etwa den Wiederbeschaffungskosten (Schätzung).

Ein Personenkraftwagen mit einem Buchwert von 5.000,00 DM wird für private Zwecke entnommen. Schätzwert 6.500,00 DM, Umsatzsteuer 1.040,00 DM.

Buchungen:		3001 Privatkonto	7.540,00	
	an	5410 Sonstige Erlöse		6.500,00
	an	4800 Umsatzsteuer		1.040,00
		5410 Sonstige Erlöse	6.500,00	
	an	0840 Fuhrpark		5.000,00
	an	5430 Andere sonstige betriebliche Erträge		1.500,00

10 Wie lauten die Buchungen?

1. Barverkauf einer gebrauchten Schreibmaschine, netto 100,00
   + Umsatzsteuer .... 16,00 → 116,00
   Buchwert der Schreibmaschine 1,00

2. Zieleinkauf von Ausstellungsvitrinen, netto 12.000,00
   + Umsatzsteuer .... 1.920,00 → 13.920,00

3. Postbanküberweisung
   der Rechnung für Ausstellungsvitrinen 13.920,00
   − Skonto .... 348,00 → 13.572,00

4. Barzahlung für die Verankerung der Vitrinen, netto .. 400,00
   + Umsatzsteuer .... 64,00 → 464,00

5. Ermitteln Sie die Anschaffungskosten der Vitrinen ... ?

6. Buchwert eines PKW in der Eröffnungsbilanz 7.000,00
   Zeitanteilige Abschreibung bis zum Verkauf 1.300,00
   Barverkauf des gebrauchten PKW, netto 5.000,00
   + Umsatzsteuer .... 800,00 → 5.800,00

7. Restwert einer Kühlvitrine
   in der Eröffnungsbilanz 13.000,00
   Zeitanteilige Abschreibung bis zum Verkauf 2.400,00
   Verkauf der Kühlvitrine gegen Bankscheck,
   netto 11.000,00
   + Umsatzsteuer .... 1.760,00 → 12.760,00

8. Kauf eines neuen Kassensystems auf Ziel, netto 24.000,00
   + Umsatzsteuer .... 3.840,00 → 27.840,00

9. Beim Kauf des Kassensystems werden gebrauchte
   Einzelkassen in Zahlung gegeben, netto 4.000,00
   + Umsatzsteuer .... 640,00 → 4.640,00
   Buchwert der Einzelkassen in der Eröffnungsbilanz .. 5.000,00
   Zeitanteilige Abschreibungen bis zum Verkauf 1.500,00

10. Der Kaufpreisrest wird durch Bankscheck beglichen . ?

---

[1] Betrag, den ein Erwerber des gesamten Betriebes im Rahmen des Kaufpreises für das einzelne Wirtschaftsgut ansetzen würde.

6560174

11 **Summenbilanz** des Zweiradhandels Reichert OHG, Burgthann, zum ..-03-31:

(Das Geschäftsjahr läuft vom ..-04-01 bis zum ..-03-31.)

0510	Bebaute Grundstücke	80.000,00	—
0530	Betriebsgebäude	115.000,00	—
0810	Ladenausstattung	28.000,00	—
0830	Lagerausstattung	35.000,00	—
0860	Büromaschinen	6.100,00	—
0890	Geringwertige Wirtschaftsgüter	2.400,00	—
2000	Warenbestände	63.800,00	—
2400	Forderungen a. LL	77.800,00	69.900,00
2450	Besitzwechsel	52.500,00	38.000,00
2600	Vorsteuer	56.000,00	51.300,00
2800	Bank	472.600,00	455.900,00
2880	Kasse	90.900,00	88.400,00
3000	Eigenkapital	—	166.600,00
4250	Langfr. Bankverbindlichkeiten	—	60.000,00
4400	Verbindlichkeiten a. LL	364.200,00	414.100,00
4500	Schuldwechsel	18.300,00	24.200,00
4800	Umsatzsteuer	83.600,00	91.200,00
4830	Sonstige Verbindlichkeiten gegenüber Finanzbehörden	21.900,00	21.900,00
4840	Verbindlichkeiten gegenüber Sozialversicherungsträgern	42.400,00	42.400,00
5000	Umsatzerlöse	—	570.000,00
5001	Erlösberichtigungen	3.300,00	—
5710	Zinserträge	—	400,00
6000	Aufwendungen für Waren	350.100,00	—
6001	Bezugskosten	1.200,00	—
6002	Nachlässe	—	3.800,00
6300	Gehälter	103.400,00	—
6400	Arbeitgeberanteil zur Sozialversicherung	21.300,00	—
6520	Abschreibungen auf Sachanlagen	—	—
6530	Abschreibungen auf GWG	—	—
6750	Aufwendungen des Geldverkehrs	600,00	—
6800	Büromaterial	1.400,00	—
7020	Grundsteuer	3.900,00	—
7510	Zinsaufwendungen	1.500,00	—
7530	Diskontaufwendungen	900,00	—
		2.098.100,00	2.098.100,00

Abschlussangaben:

Abschreibungen auf 0530   2 % der Anschaffungskosten von 630.000,00 DM

0810 20 % der Anschaffungskosten von 36.000,00 DM

0830 25 % der Anschaffungskosten von 40.000,00 DM

0860 20 % der Anschaffungskosten von 10.000,00 DM

0890 Der Gesamtbestand ist voll abzuschreiben.

Warenendbestand laut Inventur 39.900,00 DM.

Die Barumsätze des 31. März sind bereits in der Summenbilanz enthalten. Buchen Sie die restlichen Belege und erstellen Sie den Abschluss.

Offene-Posten-Listen

Kunden:

24001	Motorradclub Franken, Fürth	4.400,00
24002	Radsportclub Herpersdorf, Nürnberg	1.100,00
24003	Zweiradzentrum, Nürnberg	1.600,00
24004	Verschiedene Kunden	800,00

Lieferer:

44001	Veloci GmbH, Neumarkt	0,00
44002	Seifert & Klein GmbH, Schwabach	35.000,00
44003	Euroswing KG, Schwarzenbruck	12.000,00
44004	Verschiedene Lieferer	2.900,00

Beleg 1:

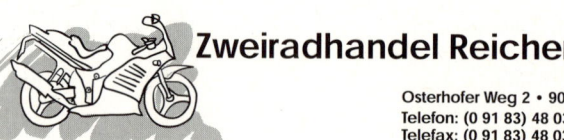

Zweiradhandel Reichert OHG

Osterhofer Weg 2 • 90559 Burgthann
Telefon: (0 91 83) 48 03-0
Telefax: (0 91 83) 48 03 15

Reichert OHG • Osterhofer Weg 2 • 90559 Burgthann

Herrn
Harald Sörgel
Elisenstraße 3

90451 Nürnberg

Rechnung

Rechnungs-Nr.:	30 456/2
Auftrags-Nr.:	3
Kunde:	2404
Lieferdatum:	..-03-30

Ihr Zeichen, Ihre Nachricht vom	Unser Zeichen, unsere Nachricht vom	Telefon, Name (0 91 83) 48 03-	Datum
	0154/gs	12 Frau Sandt	..-03-31

Sehr geehrter Herr Sörgel,

wir lieferten Ihnen folgende Artikel:

Pos.	Menge	Artikelbezeichnung	Einzelpreis	Gesamt
1	4	Gabelöl GS 40 (0,5 l)	43,50 DM	174,00 DM
2	2	Spezialreflektoren	29,00 DM	58,00 DM
				232,00 DM
		+ 16 % Umsatzsteuer		37,12 DM
		Rechnungsbetrag		269,12 DM

Bitte überweisen Sie den obigen Betrag in den nächsten Tagen.

Zahlungsbedingungen: 3 % Skonto innerhalb von 7 Tagen, 21 Tage netto.

Wir bedanken uns für den Auftrag und bleiben gerne weiterhin mit Ihnen in Kontakt.

Konto   Soll   Haben
geprüft und gebucht

Sitz der Gesellschaft: Burgthann
Geschäftsführer: U. Reichert
Registergericht Nürnberg HRA Nr. 3658
USt-Idnr.: 854759284

Sparkasse Neumarkt,
Konto-Nr. 2 685 315 (BLZ 760 520 80)
Raiffeisenbank Neumarkt,
Konto-Nr. 58 426 544 (BLZ 760 695 53)

6560176

Beleg 2:

Zweiradhandel Reichert OHG

Osterhofer Weg 2 • 90559 Burgthann
Telefon: (0 91 83) 48 03-0
Telefax: (0 91 83) 48 03 15

Reichert OHG • Osterhofer Weg 2 • 90559 Burgthann

Radsportclub
Herpersdorf 1919 e. V.
An der Radrunde 56

90455 Nürnberg

Gutschrift

Rechnungs-Nr.:	30 451/2
Auftrags-Nr.:	13
Kunde:	2402
Lieferdatum:	..-03-17

Ihr Zeichen, Ihre Nachricht vom	Unser Zeichen, unsere Nachricht vom	Telefon, Name (0 91 83) 48 03-	Datum
..-03-20	0154/gs	12 Frau Sandt	..-03-31

Sehr geehrte Damen und Herren,

Ihre Reklamation vom 20. März .. erkennen wir an. Für die
Lackschäden an den HI-TEN-Stahlrahmen gewähren wir Ihnen
einen Preisnachlass von

20 % aus 600,00 DM	120,00 DM
+ 16 % Umsatzsteuer	19,20 DM
	139,20 DM

Bitte entschuldigen Sie diesen Mangel. Wir haben uns bereits
mit unserem Lieferanten in Verbindung gesetzt, damit in
Zukunft eine zweckmäßigere Verpackung gewählt wird.

Mit freundlichem Gruß

Zweiradhandel Reichert OHG

i. A. *Gabriele Sandt*

Konto	Soll	Haben

geprüft und gebucht

Sitz der Gesellschaft: Burgthann
Geschäftsführer: U. Reichert
Registergericht Nürnberg HRA Nr. 3658
USt-Idnr.: 854759284

Sparkasse Neumarkt,
Konto-Nr. 2 685 315 (BLZ 760 520 80)
Raiffeisenbank Neumarkt,
Konto-Nr. 58 426 544 (BLZ 760 695 53)

Beleg 3:

VELOCI
Ersatzteile für Zweiradfahrzeuge

**Zur Schwärz 8
92318 Neumarkt**

Telefon:
(0 91 81) 2 03-0
Telefax:
(0 91 81) 2 03 15

Veloci GmbH · Zur Schwärz 8 · 92318 Neumarkt

Zweiradhandel Reichert OHG
Osterhofer Weg 2

90559 Burgthann

Eingang:
..-03-31

Ihr Zeichen, Ihre Nachricht vom	Unser Zeichen, unsere Nachricht vom	Telefon, Name (0 91 81) 2 03-	Datum
..-03-10	v-ht	14 Herr Thomas	..-03-30

Rechnung Nr. 056 874

Ihre Bestellung vom 10. März ..

Bezeichnung	Menge	Einzelpreis (DM)	Gesamtpreis (DM)
45 150 Schutzblech Stahl schwarz	50	14,70	735,00
46 789 Schutzblech Kunststoff blau	10	19,75	197,50
47 856 Schutzblechbefestigungsset	38	2,25	85,50
48 695 Kantenschutz Kunststoff	40	2,05	82,00

Warenwert	1.100,00
+ Fracht	50,00
Zwischensumme	1.150,00
+ 16 % USt	184,00
Gesamtbetrag	**1.334,00**

Konto	Soll	Haben
geprüft und gebucht		

2 % Skonto vom Warenwert innerhalb von 10 Tagen,
ohne Abzug innerhalb von 40 Tagen.

Vielen Dank für Ihren Auftrag.

Registergericht Neumarkt HRB Nr. 7543
Geschäftsführer: T. Moritz
USt-Idnr.: 948537632

Dresdner Bank Neumarkt, Konto 4 780 987
(BLZ 760 800 40)
Raiffeisenbank Neumarkt, Konto 45 673 829
(BLZ 760 695 53)

6560178

Beleg 4:

Zweiradhandel Reichert OHG

Osterhofer Weg 2 • 90559 Burgthann
Telefon: (0 91 83) 48 03-0
Telefax: (0 91 83) 48 03 15

Reichert OHG • Osterhofer Weg 2 • 90559 Burgthann

Seifert & Klein GmbH
Fahrradwerke
Austraße 1

91126 Schwabach

Ihr Zeichen, Ihre Nachricht vom	Unser Zeichen, unsere Nachricht vom	Telefon, Name (0 91 83) 48 03-	Datum
	0157/tg	13 Herr Gerlach	..-03-31

Rechnungsausgleich

Sehr geehrter Herr Seifert,

zum Ausgleich der Rechnung 4 367 876 vom 18. März ..
über 32.000,00 DM erhalten Sie

- einen Kundenwechsel
  (Bezogener: Helmut Kilian,
  Zahlungsort: Nürnberg)   12.000,00 DM

- einen auf uns gezogenen Wechsel   20.000,00 DM

Bitte stellen Sie den Diskont wie vereinbart gesondert
in Rechnung.

Mit freundlichem Gruß

Zweiradhandel Reichert OHG

i. v. Tim Gerlach

Anlagen

Konto	Soll	Haben
geprüft und gebucht

Sitz der Gesellschaft: Burgthann
Geschäftsführer: U. Reichert
Registergericht Nürnberg HRA Nr. 3658
USt-Idnr.: 854759284

Sparkasse Neumarkt,
Konto-Nr. 2 685 315 (BLZ 760 520 80)
Raiffeisenbank Neumarkt,
Konto-Nr. 58 426 544 (BLZ 760 695 53)

Beleg 5:

Euroswing

Fahrradwerke KG Welserstraße 12 • 90588 Schwarzenbruck

Euroswing KG • Welserstr. 12 • 90588 Schwarzenbruck

Telefon: (0 91 28) 50 33 24-0
Telefax: (0 91 28) 50 33 24 99

Zweiradhandel Reichert OHG
Osterhofer Weg 2

90559 Burgthann

Eingang:

..-03-31

Ihr Zeichen, Ihre Nachricht vom	Unser Zeichen, unsere Nachricht vom	Telefon, Name (0 91 28) 50 33 24-	Datum
..-03-20	kl03	36 Frau Klar	..-03-30

Gutschrift

Sehr geehrte Damen und Herren,

für falsch gelieferte Fahrräder gemäß Lieferschein
vom 18. März .. schreiben wir Ihnen gut:

Bezeichnung	Stück- zahl	Einzelpreis (DM)	Gesamt (DM)
207 Trekkingrad Herren blaumetallic	10	348,00	3.480,00
211 Mountainbike Damen bahamabeige	4	478,00	1.912,00
		Warenwert	5.392,00
		+ 16 % USt	862,72
		Gesamtbetrag	6.254,72

Mit freundlichen Grüßen

Euroswing KG

ppa. *Brigitte Klar*

Konto	Soll	Haben

geprüft und gebucht

Bankverbindungen: Bayerische Vereinsbank Nürnberg, Konto 5 467 893 (BLZ 760 200 70)
Postbank Nürnberg, Konto 40 507-851 (BLZ 760 100 85)

6560180

Beleg 6:

Gehaltsliste per 31. März ..

Brutto-gehälter	Lohnsteuer	Solidaritäts-zuschlag	Kirchensteuer	Gesetzliche Sozialabgaben	Bank-überweisung
9.400,00 DM	1.464,00 DM	80,52 DM	117,12 DM	1.787,00 DM	5.951,36 DM

Arbeitgeberanteil Sozialversicherung = Arbeitnehmeranteil Sozialversicherung

Beleg 7:

Konto-Nr.	Sparkasse Neumarkt
2 685 315	BLZ 760 520 80

Zweiradhandel Reichert OHG
Osterhofer Weg 2

90559 Burgthann

Kontoabrechnung zum 31. März ..

Bezeichnung	Soll	Haben
	DM Pf	DM Pf
9 % Soll-Zinsen von # 17 100	427,50	
Kontoführungsentgelt	27,00	
2 % Haben-Zinsen von # 4 500		25,00
Zwischensumme Soll	454,50	
Zwischensumme Haben		25,00
Abschluss-Saldo	**429,50**	

Wir belasten Ihrem Konto 2 685 315 **429,50 DM** per 31. März ..

..-03-31   Sparkasse Neumarkt

Beleg 8:

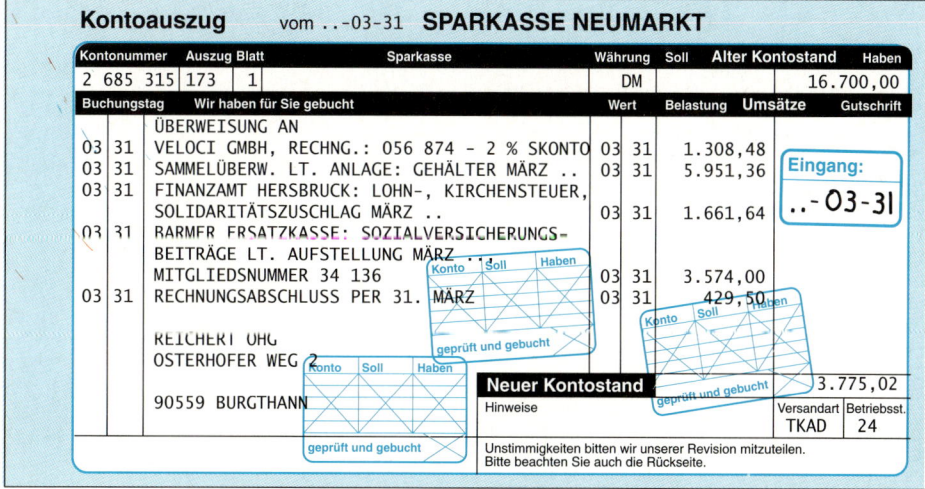

Beleg 9:

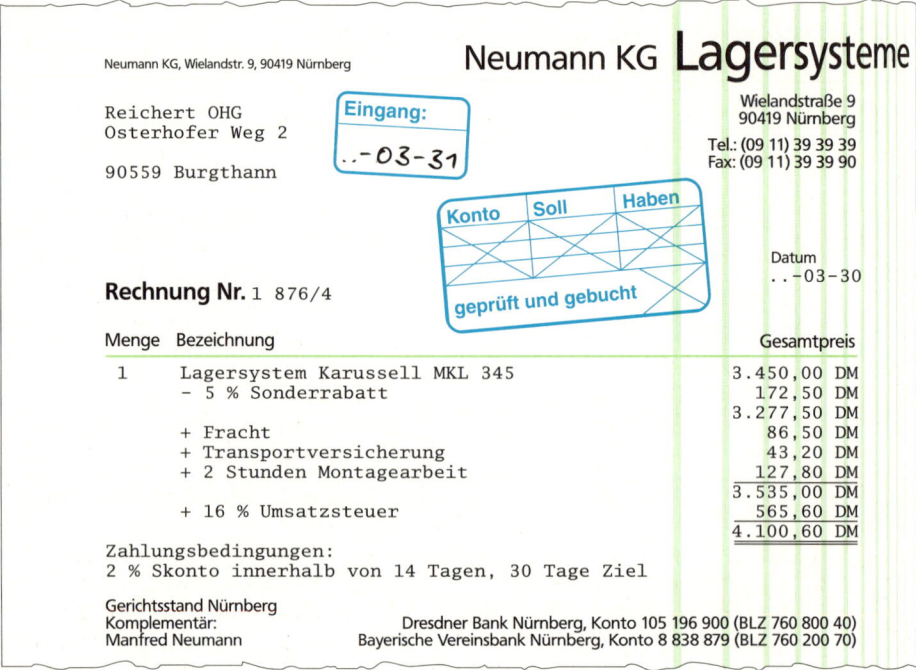

Neumann KG, Wielandstr. 9, 90419 Nürnberg

Neumann KG **Lagersysteme**

Wielandstraße 9
90419 Nürnberg

Tel.: (09 11) 39 39 39
Fax: (09 11) 39 39 90

Reichert OHG
Osterhofer Weg 2

90559 Burgthann

Eingang:
..-03-31

Konto Soll Haben

geprüft und gebucht

Datum
..-03-30

Rechnung Nr. 1 876/4

Menge	Bezeichnung	Gesamtpreis
1	Lagersystem Karussell MKL 345	3.450,00 DM
	- 5 % Sonderrabatt	172,50 DM
		3.277,50 DM
	+ Fracht	86,50 DM
	+ Transportversicherung	43,20 DM
	+ 2 Stunden Montagearbeit	127,80 DM
		3.535,00 DM
	+ 16 % Umsatzsteuer	565,60 DM
		4.100,60 DM

Zahlungsbedingungen:
2 % Skonto innerhalb von 14 Tagen, 30 Tage Ziel

Gerichtsstand Nürnberg
Komplementär:
Manfred Neumann

Dresdner Bank Nürnberg, Konto 105 196 900 (BLZ 760 800 40)
Bayerische Vereinsbank Nürnberg, Konto 8 838 879 (BLZ 760 200 70)

Beleg 10:

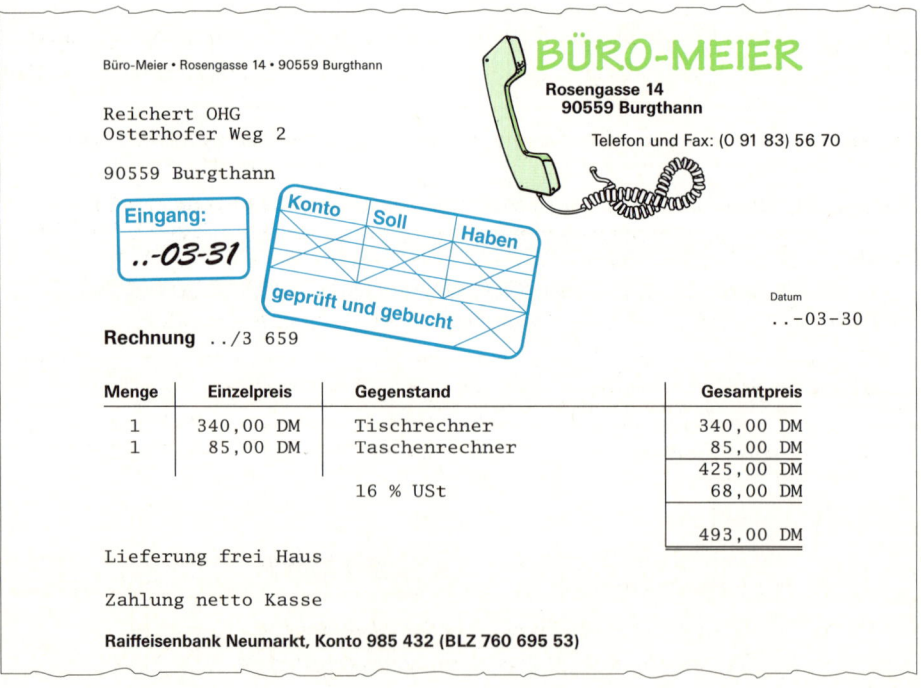

Büro-Meier • Rosengasse 14 • 90559 Burgthann

BÜRO-MEIER

Rosengasse 14
90559 Burgthann

Telefon und Fax: (0 91 83) 56 70

Reichert OHG
Osterhofer Weg 2

90559 Burgthann

Eingang:
..-03-31

Konto Soll Haben

geprüft und gebucht

Datum
..-03-30

Rechnung ../3 659

Menge	Einzelpreis	Gegenstand	Gesamtpreis
1	340,00 DM	Tischrechner	340,00 DM
1	85,00 DM	Taschenrechner	85,00 DM
			425,00 DM
		16 % USt	68,00 DM
			493,00 DM

Lieferung frei Haus

Zahlung netto Kasse

Raiffeisenbank Neumarkt, Konto 985 432 (BLZ 760 695 53)

6560182

29 Der Jahresabschluss der Unternehmen

29.1 Bestandteile und Offenlegung des Jahresabschlusses

Nach handels- und steuerrechtlichen Bestimmungen ist der Kaufmann verpflichtet einen Jahresabschluss zu erstellen. Der Jahresabschluss besteht gemäß § 242 (3) HGB für alle Kaufleute aus der Bilanz und der Gewinn- und Verlustrechnung.

Unternehmen, die als Kapitalgesellschaften betrieben werden, haben nach § 264 HGB den für alle Kaufleute geltenden Jahresabschluss um einen Anhang zu erweitern. Sie unterliegen der Offenlegungspflicht, d. h., sie müssen den Jahresabschluss zum Handelsregister anmelden und im Bundesanzeiger veröffentlichen (vgl. Seite 203).

Der Jahresabschluss besteht aus:

für alle Kaufleute	Bilanz Gewinn- und Verlustrechnung	für Kapitalgesellschaften
	Anhang	

Der Jahresabschluss muss klar und übersichtlich aufgestellt werden. Unter Berücksichtigung der Grundsätze ordnungsmäßiger Buchführung (§ 243, 1 HGB) ist ein den tatsächlichen Verhältnissen entsprechendes Bild der Vermögens-, Finanz- und Ertragslage zu vermitteln. Dies geschieht in der Bilanz und in der Gewinn- und Verlustrechnung. Der Jahresabschluss ist innerhalb der einem ordnungsmäßigen Geschäftsgang entsprechenden Zeit aufzustellen (§ 243, 3 HGB).

Wichtige Grundsätze des ordnungsgemäßen Jahresabschlusses sind:

Grundsatz richtiger Erfolgsabgrenzung. Aufwendungen und Erträge, die wirtschaftlich ins abzuschließende Geschäftsjahr gehören, müssen erfasst werden, auch wenn der Zahlungsvorgang dafür erst im folgenden Jahr anfällt.

Aufwendungen und Erträge, die wirtschaftlich zum folgenden Jahr gehören, müssen übertragen werden, auch wenn der Zahlungsvorgang schon erfolgt ist. (Vgl. Seite 184.)

Bestandsaufnahme und Bewertung des Vermögens und der Schulden. Anlage- und Umlaufvermögen sind bestands- und wertmäßig zu überprüfen. Auch die Verbindlichkeiten sind in Höhe und Wertansatz zu kontrollieren. (Vgl. Seiten 194 und 198.)

Klarheit des Ausweises der Bilanz und der Gewinn- und Verlustrechnung

Die Gliederung der Bilanz und der Gewinn- und Verlustrechnung haben in Einklang mit den Gliederungsvorschriften der §§ 266 und 275 HGB zu stehen.

Saldierungen von Forderungen und Verbindlichkeiten sowie von Aufwendungen und Erträgen sind nicht zulässig. Das widerspricht dem Bruttoprinzip. (Vgl. Seite 205.)

Der Jahresabschluss muss Einblick in die Vermögens-, Finanz- und Erfolgslage des Unternehmens gewähren.

Kein Kontenabschluss ohne Prüfung und Bewertung.

Das Bruttoprinzip ist zu beachten (Saldierungsverbot).

29.2 Zeitliche Abgrenzung

29.2.1 Sonstige Forderungen und Verbindlichkeiten

Zahlungen für Aufwendungen und Erträge werden im Allgemeinen in dem Jahr geleistet, in das sie wirtschaftlich gehören. Es kommt aber auch vor, dass Zahlungen für Aufwendungen/Erträge erst im neuen Jahr durchgeführt werden. In diesen Fällen darf man mit dem Buchen der Aufwendungen/Erträge nicht bis zum Tag der Zahlung warten. Sie müssen vielmehr noch im alten Jahr gebucht werden, damit die Erfolgsrechnung die vollständigen Aufwendungen/Erträge enthält und zeitlich richtig abgegrenzt wird.

Wenn wir für Erträge des alten Jahres die Zahlung erst im neuen Jahr zu erhalten haben, entsteht am Ende des Jahres eine **Sonstige Forderung** (Kto. 2690 Übrige sonstige Forderungen).

Haben wir dagegen für Aufwendungen des alten Jahres die Zahlung erst im neuen Jahr zu leisten, entsteht eine **Sonstige Verbindlichkeit** (Kto. 4890 Übrige sonstige Verbindlichkeiten).

1. Ein Darlehnsschuldner hat die Zinsen für das letzte Halbjahr bis zum 31. Dezember nicht gezahlt. Wir haben noch 600,00 DM zu fordern.

Da diese Zinserträge das abgelaufene Rechnungsjahr betreffen, müssen sie in der Erfolgsrechnung des alten Jahres erscheinen.

Buchung am 31. Dezember:
        2690 Übrige sonstige Forderungen 600,00
    an   5710 Zinserträge 600,00

S	2690 Übrige sonstige Forderungen	H		S	5710 Zinserträge	H
5710	600,00				2690	600,00

Der Schuldner überweist die Zinsen am 3. Januar des neuen Jahres durch die Bank.

Buchung am 3. Januar:
        2800 Bank 600,00
    an   2690 Übrige sonstige Forderungen 600,00

S	2800 Bank	H		S	2690 Übrige sonstige Forderungen	H
2690	600,00			AB	600,00	2800	600,00

2. Die Lagermiete für Dezember in Höhe von 450,00 DM wurde von uns noch nicht gezahlt. Wir sind diesen Betrag am Jahresende noch schuldig.

Da dieser Aufwand in das alte Jahr gehört, dürfen wir auch hier mit der Buchung nicht bis zum Zahlungstag warten.

Buchung am 31. Dezember:
        6700 Mieten, Pachten 450,00
    an   4890 Übrige sonstige Verbindlichkeiten 450,00

S	6700 Mieten, Pachten	H		S	4890 Übrige sonstige Verbindlichkeiten	H
4890	450,00				6700	450,00

Wir überweisen die Miete am 2. Januar des neuen Jahres durch die Postbank.

Buchung am 2. Januar:

          4890 Übrige sonstige Verbindlichkeiten 450,00

    an 2850 Postbank   450,00

S 4890 Übrige sonstige Verbindlichkeiten H		S	2850 Postbank	H
2850	450,00 | AB 450,00			4890 450,00

Durch unsere Überweisung im Januar wird die Verbindlichkeit gegenüber dem Vermieter erfüllt.

> Werden Zahlungen für Aufwendungen/Erträge, die das alte Jahr angehen, erst im neuen Jahr geleistet, so entstehen Sonstige Forderungen bzw. Sonstige Verbindlichkeiten. Die Konten 2690 und 4890 schließen über Konto 8010 ab.

Betrifft der Ertrag/Aufwand, für den die Zahlung bis zum Jahresende nicht geleistet worden ist, teils das alte, teils das neue Rechnungsjahr, so entstehen ebenfalls Sonstige Forderungen bzw. Sonstige Verbindlichkeiten. Es darf aber jetzt nur der Teil des Ertrages/Aufwandes gebucht werden, der das alte Jahr betrifft.

Die in diesen Fällen erforderlichen Buchungen zeigen folgende Beispiele:

1. Unser Darlehnsschuldner hat 1.200,00 DM Zinsen für die Zeit vom 1. Mai bis 30. April nachträglich zu zahlen.

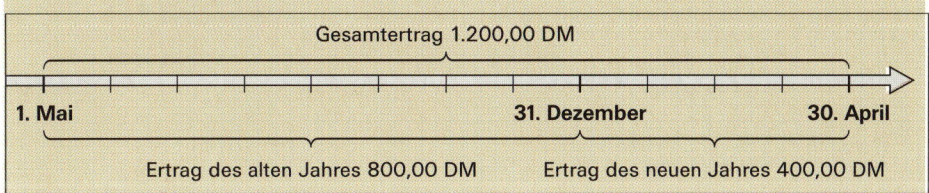

Da 800,00 DM Zinserträge das abgelaufene Rechnungsjahr betreffen, müssen sie in der Erfolgsrechnung des alten Jahres erscheinen.

Buchung am 31. Dezember:

          2690 Übrige sonstige Forderungen 800,00

    an 5710 Zinserträge   800,00

S 2690 Übrige sonstige Forderungen H		S	5710 Zinserträge	H
5710	800,00 |			2690 800,00

Der Schuldner überweist am 30. April des neuen Jahres 1.200,00 DM Darlehnszinsen durch die Bank.

Buchung am 30. April (Banküberweisung):

          2800 Bank 1.200,00

    an 2690 Übrige sonstige Forderungen   800,00

    an 5710 Zinserträge   400,00

S	2800 Bank	H	S	2690 Übrige sonstige Forderungen	H
2690, 5710	1.200,00 |		AB	800,00 | 2800	800,00
			S	5710 Zinserträge	H
				| 2800	400,00

2. Die Leasinggebühr für eine EDV-Anlage haben wir am 28. Februar für ein Vierteljahr nachträglich zu zahlen: 1.800,00 DM.

Gesamtaufwand 1.800,00 DM

| 1. Dezember | 31. Dezember | 28. Februar |

Aufwand des alten Jahres 600,00 DM   Aufwand des neuen Jahres 1.200,00 DM

Da 600,00 DM Aufwendungen das abgelaufene Rechnungsjahr betreffen, müssen sie in die Erfolgsrechnung des alten Jahres aufgenommen werden.

Buchung am 31. Dezember:

6710 Leasing 600,00
an 4890 Übrige sonstige Verbindlichkeiten 600,00

S	6710 Leasing	H		S	4890 Übrige sonstige Verbindlichkeiten	H
4890	600,00					6710	600,00

Buchung am 28. Februar (Postbank):

4890 Übrige sonstige Verbindlichkeiten 600,00
6710 Leasing 1.200,00
2600 Vorsteuer 288,00
an 2850 Postbank 2.088,00

S	4890 Übrige sonstige Verbindlichkeiten	H		S	2850 Postbank	H
2850	600,00	AB	600,00		2600, 4890, 6710	
S	**6710 Leasing**	H			2.088,00	
2850	1.200,00					
S	**2600 Vorsteuer**	H				
2850	288,00					

In all diesen Fällen müssen Erträge bzw. Aufwendungen bereits im alten Jahr gebucht werden, obwohl die entsprechende **Zahlung** erst **im neuen Jahr** geleistet wird. Da hier die (Erfolgs)Buchung gegenüber der Zahlung vorgezogen wird, spricht man von **antizipativen Posten** (lat. anticipere = vorziehen). Es handelt sich um Forderungen bzw. Verbindlichkeiten, die durch eine **Zahlung im neuen Jahr** ausgeglichen werden.

1 Wie ist am Jahresende und bei der Zahlung im neuen Jahr zu buchen?

1. Der Handelskammerbeitrag für das letzte Vierteljahr
   (Oktober bis Dezember) wird erst im Januar gezahlt   150,00

2. Unser Mieter hat am 31. Dez. die Dezembermiete noch nicht überwiesen   395,00

3. Unser Darlehnsschuldner zahlt die Zinsen für die Zeit vom
   1. Dezember bis 28. Februar vertragsgemäß nachträglich 2.400,00

4. Wir zahlen die Hypothekenschuldzinsen jeweils am 1. Febr. und 1. Aug.
   für ein halbes Jahr nachträglich 7.200,00

5. Die Fernsprechrechnung für die Zeit vom 11. Dez. an steht noch
   aus. Sie geht am 16. Jan. ein. Es sind insgesamt zu zahlen . .   600,00
   davon für das alte Jahr . . . .   (342,00)
   + Umsatzsteuer   96,00   696,00

6. Wir gewähren einem Angestellten einen Gehaltsvorschuss bar 1.000,00

29.2.2 Abgrenzungsposten der Jahresrechnung

Werden Zahlungen für Aufwendungen und Erträge des neuen Jahres bereits im alten Jahr geleistet (Zahlungs-Vorleistung), so entstehen **Aktive und Passive Abgrenzungsposten der Jahresrechnung.**

1. Am 30. Dezember überweisen wir die Jahresprämie der Brandversicherung für das Geschäftshaus in Höhe von 300,00 DM im Voraus.

Da diese Vorauszahlung einen Aufwand des folgenden Jahres betrifft, darf sie die Erfolgsrechnung des laufenden Jahres nicht belasten. Unser Anspruch auf Versicherungsleistungen ist keine echte Forderung. Darunter versteht man nur Forderungen auf Zahlung eines bestimmten Geldbetrages.

Diesen Posten bezeichnet man vielmehr als **Aktiven Abgrenzungsposten.**

Buchung im alten Jahr (30. Dezember):

	2900 Aktive Rechnungsabgrenzung	300,00	
an	2800 Bank		300,00

S	2900 Aktive Rechnungsabgrenzung	H	S	2800 Bank	H
2800	300,00			2900	300,00

Das Konto 2900 wird am Jahresende über Schlussbilanzkonto abgeschlossen und erscheint nach der Eröffnung der Bestandskonten im neuen Jahr wieder mit einem Anfangsbestand von 300,00 DM im Soll. Es wird nun sofort ausgeglichen durch die

Buchung im neuen Jahr:

	6900 Versicherungsbeiträge	300,00	
an	2900 Aktive Rechnungsabgrenzung		300,00

S	6900 Versicherungsbeiträge	H	S	2900 Aktive Rechnungsabgrenzung	H
2900	300,00		AB	300,00	6900	300,00

2. Ein Mieter zahlt 750,00 DM Miete für Januar schon am 29. Dezember bar.

Diesen Ertrag dürfen wir nicht in der Erfolgsrechnung des alten Jahres ausweisen. Unsere Verpflichtung zur Überlassung der Mieträume ist keine echte Verbindlichkeit, weil wir nicht zur Zahlung eines Geldbetrages verpflichtet sind. Sie ist vielmehr als **Passiver Abgrenzungsposten** auszuweisen.

Buchung im alten Jahr (29. Dezember):

	2880 Kasse	750,00	
an	4900 Passive Rechnungsabgrenzung		750,00

S	2880 Kasse	H	S	4900 Passive Rechnungsabgrenzung	H
4900	750,00			2880	750,00

Das Konto 4900 wird über Schlussbilanzkonto abgeschlossen und erscheint im neuen Jahr nach der Eröffnung der Bestandskonten mit einem Anfangsbestand von 750,00 DM im Haben. Es wird sofort ausgeglichen durch die

Buchung im neuen Jahr:

	4900 Passive Rechnungsabgrenzung	750,00	
an	5400 Nebenerlöse aus Vermietung		750,00

S	4900 Passive Rechnungsabgrenzung	H	S	5400 Nebenerlöse aus Vermietung	H
5400	750,00	AB	750,00		4900	750,00

Werden Zahlungen für Aufwendungen/Erträge, die das neue Jahr betreffen, bereits im alten Jahr geleistet, so entstehen Aktive/Passive Abgrenzungsposten.

Gehören Aufwendungen bzw. Erträge, für die eine Zahlung bereits im alten Jahr geleistet wird, teils ins alte, teils ins neue Rechnungsjahr, so entstehen Aktive bzw. Passive Abgrenzungsposten, jedoch nur insoweit, als die Aufwendungen/Erträge das neue Rechnungsjahr betreffen. Die folgenden Beispiele zeigen die erforderlichen Buchungen.

1. Wir überweisen am 1. November die Kraftfahrzeugversicherung in Höhe von 300,00 DM für die Zeit vom 1. November bis 30. April im Voraus durch die Bank.

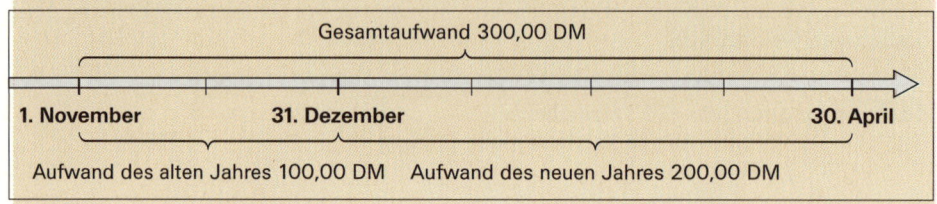

Von dem Gesamtaufwand über 300,00 DM betreffen 200,00 DM das neue Geschäftsjahr; sie müssen von der Erfolgsrechnung des alten Jahres abgegrenzt werden.

Buchung am 1. November:

	6900	Versicherungsbeiträge	100,00	
	2900	Aktive Rechnungsabgrenzung	200,00	
an	2800	Bank		300,00

S	6900 Versicherungsbeiträge	H	S	2800 Bank	H
2800	100,00			6900, 2900	300,00

S	2900 Aktive Rechnungsabgrenzung	H
2800	200,00	

Wäre stattdessen gebucht worden: 6900 an 2800 ... 300,00 DM, so hätte vor dem Jahresabschluss die Buchung folgen müssen: 2900 an 6900 ... 200,00 DM.

Welche Buchungen ergeben sich am 31. Dezember und nach der Eröffnung der Konten im neuen Jahr?

2. Wir erhalten 1.600,00 DM Miete für die Zeit vom 1. Dezember bis 31. März im Voraus durch Bankscheck.

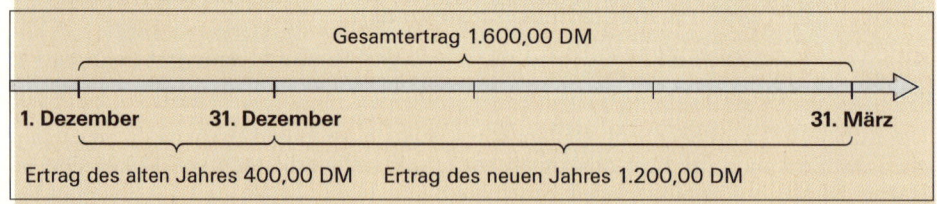

1.200,00 DM Ertrag des neuen Jahres müssen vom alten Jahr abgegrenzt werden.

Buchung am 1. Dezember:

	2800	Bank	1.600,00
an	4900	Passive Rechnungsabgrenzung	1.200,00
an	5400	Nebenerlöse aus Vermietung	400,00

6560188

S	2800 Bank	H		S	4900 Passive Rechnungsabgrenzung	H

```
S              2800 Bank              H        S    4900 Passive Rechnungsabgrenzung   H
4900, 5400   1.600,00 |                              | 2800              1.200,00
                                               S    5400 Nebenerlöse aus Vermietung    H
                                                      | 2800               400,00
```

Wie müsste am Jahresende gebucht werden, wenn die Buchung am 1. Dezember gelautet hätte: 2800 Bank an 5400 Nebenerlöse aus Vermietung ... 1.600,00 DM?

Erklären Sie die Buchungen beim Abschluss und nach der Wiedereröffnung der Konten.

In all diesen Fällen wird eine **Zahlung** für Aufwendungen bzw. Erträge, die das neue Jahr angehen, bereits **im alten Jahr** geleistet und gebucht. Da die Zahlung ins neue Jahr hinüberwirkt, spricht man von **transitorischen Posten** (lat. transire = hinübergehen). Die Konten 2900 und 4900 werden auch als Übergangs**aktiva** bzw. Übergangs**passiva** bezeichnet.

Unterscheiden Sie:
Sonstige Forderungen/Verbindlichkeiten von den Abgrenzungsposten!

Altes Jahr	Neues Jahr	zu buchen als
Ertrag Aufwand	**Einnahme** **Ausgabe**	**Sonstige Forderungen** **Sonstige Verbindlichkeiten**
Ausgabe **Einnahme**	Aufwand Ertrag	**Aktive Abgrenzungsposten** **Passive Abgrenzungsposten**

2 Bilden Sie die Buchungssätze für das alte und für das neue Jahr. Nehmen Sie erforderliche Abgrenzungen sofort vor.

1. Am Jahresende haben wir fällige Liefererboni (Abrechnung liegt bereits vor) noch nicht erhalten: Nettowert .. 250,00
   + Umsatzsteuer 40,00 290,00
2. Wir überweisen die Januarmiete für die Geschäftsräume bereits am 30. Dezember durch die Postbank 1.500,00
3. Unser Darlehnsschuldner überweist am 27. Dezember die Zinsen für das 1. Quartal des kommenden Jahres im Voraus d. die Bank 450,00
4. Die Stromrechnung für die Zeit vom 11. Dezember an wird erst im Januar überwiesen. Kosten lt. Zähler bis Jahresende netto 220,00
   (Vorsteuer nicht buchen, weil noch kein Beleg vorliegt!)
5. Wir bezahlen die Kraftfahrzeugsteuer für die Zeit vom 1. August bis 31. Juli im Voraus durch Sparkassenüberweisung 480,00
6. Unser Mieter überweist am 1. Nov. die Miete für sechs Monate im Voraus auf unser Bankkonto 1.800,00
7. Wir erhalten Darlehnszinsen für die Zeit vom 1. Oktober bis 31. März nachträglich überwiesen 350,00
8. Das Konto 6300 enthält am Jahresende Vorschüsse[1] auf Januargehälter 1.000,00
   Buchung am 31. Dezember .... ?
9. Zahlung der Januargehälter d. Bank, brutto 20.000,00
   einbehaltene Lohn- und Kirchensteuer sowie SolZ 3.100,00
   einbehaltene Sozialversicherungsbeiträge 4.090,00
   verrechnete Gehaltsvorschüsse 1.000,00 11.810,00
   Arbeitgeberanteil zur Sozialversicherung 4.090,00

1 Lohn- und Gehaltsvorschüsse sind Forderungen an Mitarbeiter (Kto. 2650).

3 Die **Eröffnungsbilanz** eines Einzelhandelsbetriebes enthält u. a.:

2650	Forderungen an Mitarbeiter	1.000,00
2690	Übrige sonstige Forderungen	2.000,00
2900	Aktive Rechnungsabgrenzung	4.200,00
4890	Übrige sonstige Verbindlichkeiten	3.400,00
4900	Passive Rechnungsabgrenzung	1.400,00

Erläuterungen:

2650 Forderungen an Mitarbeiter
Ausbezahlter Gehaltsvorschuss 1.000,00

2690 Übrige sonstige Forderungen
Ausstehende Darlehnszinsen 2.000,00

2900 Aktive Rechnungsabgrenzung
Abgegrenzte Hypothekenschuldzinsen 3.000,00
Abgegrenzte Haftpflichtversicherungsprämie 1.200,00   4.200,00

4890 Übrige sonstige Verbindlichkeiten
Leasinggebühren für September–Dezember 3.200,00
Wartungsgebühren Kassensystem für Dezember ... 200,00   3.400,00

4900 Passive Rechnungsabgrenzung
Erhaltene Mietvorauszahlung 1.400,00

Kontenplan: 2600, 2650, 2690, 2800, 2900, 4830, 4840, 4890, 4900, 5400, 5710, 6300, 6400, 6710, 6900, 7510.

Geschäftsvorfälle:

1. Auflösung der Rechnungsabgrenzungsposten

2. Darlehnsschuldner überweist Zinsen auf unser Bankkonto
   für die Monate November–Dezember des Vorjahres .. 2.000,00
   für die Monate Januar–April dieses Jahres 4.000,00   6.000,00

3. Banküberweisung der Wartungsgebühren Dezember,
   netto 200,00
   + Umsatzsteuer 32,00   232,00

4. Banküberweisung der Januargehälter, brutto 22.000,00
   einbehaltene Lohn- und Kirchensteuer sowie SolZ 4.500,00
   Arbeitnehmeranteil Sozialversicherung 4.400,00
   Verrechnung des Vorschusses 1.000,00   12.100,00

   Arbeitgeberanteil Sozialversicherung 4.400,00

5. Banküberweisung für Leasinggebühren, netto
   für die Monate September–Dezember, netto 3.200,00
   für die Monate Januar–Februar, netto 1.600,00
   + Umsatzsteuer 768,00   5.568,00

29.2.3 Rückstellungen

Den Sonstigen Verbindlichkeiten verwandt sind die Rückstellungen. Auch sie gehören zu den Passiven der Bilanz. In beiden Fällen handelt es sich um Verbindlichkeiten für Aufwendungen, die wirtschaftlich in das alte Jahr gehören. Während die Sonstigen Verbindlichkeiten (z. B. für rückständige Löhne) aber nach der Höhe und Fälligkeit feststehen, ist das bei den Rückstellungen nicht der Fall. **Rückstellungen sind Verbindlichkeiten, die dem Grunde nach feststehen, aber noch nicht nach Höhe und Fälligkeit.** Die Höhe der Rückstellungen muss daher von Fall zu Fall geschätzt werden.

Nach § 249 HGB müssen Rückstellungen gebildet werden (Passivierungspflicht)

für: ungewisse Verbindlichkeiten (z. B. Gewerbesteuernachzahlungen, gesetzliche und vertragliche Garantieverpflichtungen, Prozessrisiken),

drohende Verluste aus schwebenden Geschäften (zu erwartende Verluste aus Devisengeschäften),

im Geschäftsjahr unterlassene Aufwendungen für Reparaturen (soweit sie in den ersten drei Monaten des folgenden Geschäftsjahres nachgeholt werden),

Gewährleistungen ohne rechtliche Verpflichtung (Kulanzregelungen),

Pensionsverpflichtungen (laufende Verpflichtungen und Anwartschaften).

Eine Rückstellung wird gebildet, indem man den benötigten Betrag dem betreffenden Konto der Klasse 6 oder 7 belastet und ihn dem Konto „**3700 Rückstellungen**" gutschreibt. Dadurch kommt der zurückgestellte Betrag einerseits in die Erfolgsrechnung des laufenden Jahres, andererseits als Verbindlichkeit in das Schlussbilanzkonto.

> Rückstellungen dienen der periodengerechten Erfolgsermittlung.

Bei Aufwendungen, die umsatzsteuerpflichtig sind, werden nur die Nettobeträge zurückgestellt. Die Vorsteuer buchen wir erst bei der Zahlung.

Aufgrund einer Betriebsprüfung müssen wir mit einer Nachzahlung von Gewerbesteuer von voraussichtlich 3.200,00 DM rechnen.

Buchung: **7700 Gewerbesteuer** **3.200,00**
        an **3700 Rückstellungen** **3.200,00**

S	7700 Gewerbesteuer	H	S	3700 Rückstellungen	H
3700	3.200,00			7700	3.200,00

Rückstellungen sind immer zweckgebunden. Sie dürfen nur für den Zweck in Anspruch genommen werden, für den sie gebildet wurden.

> Rückstellungen werden für Verbindlichkeiten gebildet, die dem Grunde nach feststehen, deren Höhe und Fälligkeit aber noch nicht bekannt sind.

„Rückstellungen dürfen nur aufgelöst werden, wenn der Grund hierfür entfallen ist" (§ 249 HGB). Das ist der Fall, wenn sie in Anspruch genommen werden (z. B. Zahlung der Steuernachveranlagung), oder wenn der Grund für die Rückstellung hinfällig geworden ist (z. B. Garantieverpflichtungen sind erloschen). Da die Rückstellung immer nur auf einer Schätzung beruht, weicht die tatsächliche Inanspruchnahme vom zurückgestellten Betrag ab.

War die Schätzung zu hoch angesetzt, so ergibt die Auflösung „Erträge aus der Herabsetzung von Rückstellungen" (Konto 5480). Lag die Schätzung dagegen zu niedrig, so fällt für den fehlenden Betrag ein periodenfremder Aufwand an, den man dem Konto „6930 Andere sonstige betriebliche Aufwendungen" belastet.

> Laut Gewerbesteuerbescheid werden wir zu einer Gewerbesteuernachzahlung von 3.000,00 DM veranlagt, die wir durch Bank überweisen. Vgl. dazu Seite 191.

Buchung: 3700 Rückstellungen 3.200,00
an 2800 Bank 3.000,00
an 5480 Ertr. aus d. Herabsetzung v. Rückstellungen   200,00

S	3700 Rückstellungen		H
2800, 5480	3.200,00	AB	3.200,00

S	2800 Bank		H
		3700	3.000,00

S	5480 Erträge a. Herabsetzg. v. Rückstellng.		H
		3700	200,00

Wegen der falschen Einschätzung des Risikos dürfen wir die Aufwandsart 7700 des neuen Jahres nicht entlasten. Für die Erfolgsrechnung des neuen Jahres ist der überhöhte Rückstellungsbetrag ein Ertrag aus der Auflösung von Rückstellungen.

> Für eine im Vorjahr unterlassene Fassadenreparatur haben wir eine Rückstellung von 17.000,00 DM gebildet. Die Reparatur wird im ersten Quartal dieses Jahres nachgeholt. Die Rechnung über 18.000,00 DM + 2.880,00 DM USt zahlen wir durch die Postbank.

Buchung: 3700 Rückstellungen 17.000,00
6930 Andere sonstige betriebliche Aufwendungen   1.000,00
2600 Vorsteuer 2.880,00
an 2850 Postbank 20.880,00

S	3700 Rückstellungen		H
2850	17.000,00	AB	17.000,00

S	6930 Andere sonst. betriebl. Aufwendng.		H
2850	1.000,00		

S	2600 Vorsteuer		H
2850	2.880,00		

S	2850 Postbank		H
		3700, 6930, 2600	20.880,00

Die Reparaturrückstellung reicht nicht aus. Der fehlende Betrag ist für das neue Geschäftsjahr eine Andere sonstige betriebliche Aufwendung.

> Entfällt der Grund der Rückstellung, so ist sie aufzulösen.
> Zu niedrige Rückstellungen verursachen periodenfremden Aufwand.
> Zu hohe Rückstellungen führen zu Erträgen aus der Auflösung.

6560192

4 **Bestände und Umsätze** vom 1. Januar .. bis 28. Dezember ..:

0800	Geschäftsausstattung	13.800,00	–
2000	Warenbestände	40.500,00	–
2400	Forderungen a. LL	19.964,00	16.905,00
2600	Vorsteuer	14.260,00	13.810,00
2800	Bank	56.718,00	50.147,00
2850	Postbank	44.596,00	43.868,00
2880	Kasse	102.735,00	102.329,00
3000	Eigenkapital	–	91.024,00
3001	Privat	15.844,00	–
3700	Rückstellungen	–	4.500,00
4400	Verbindlichkeiten a. LL	59.237,00	65.306,00
4800	Umsatzsteuer	15.980,00	15.980,00
4890	Übrige sonstige Verbindlichkeiten	–	–
5000	Umsatzerlöse	–	101.783,00
5420	Eigenverbrauch	–	1.425,00
6000	Aufwendungen für Waren	96.802,00	350,00
6001	Bezugskosten	790,00	–
6002	Nachlässe	–	748,00
62/63	Personalkosten	18.352,00	–
6520	Abschreibungen auf Sachanlagen	–	–
6700	Mieten, Pachten	4.400,00	–
6820	Post und Telekommunikation	581,00	–
7700	Gewerbesteuer	3.616,00	–
		508.175,00	508.175,00

Folgende **Geschäftsvorfälle** sind noch zu buchen (allgemeiner Steuersatz):

29. Dez.	ER Nr. 132 von Georg Erdmann, Warenwert	650,00	
	+ Umsatzsteuer	104,00	754,00
	Frachtbrief: Fracht auf diese Sendung bar, netto	15,00	
	+ Umsatzsteuer	2,40	17,40
	PB Nr. 28 Privatentnahme von Waren, netto	100,00	
	+ Umsatzsteuer	16,00	116,00
	Postbankauszug: Überweisg. v. Gewerbesteuer		254,00
	Kassenbeleg: Tageslosung		2.436,00
30. Dez.	Bankauszug: Überweisung an Lieferer Klaus	1.044,00	
	abzüglich Skonto	20,88	1.023,12
	Quittungsdurchschrift: Abhebung von der Bank		750,00
	Kassenquittung: Zahlung für Briefmarken		20,00
	Kassenbeleg: Tageslosung		2.784,00
31. Dez.	Quittungsdurchschrift: Barzahlung d. Kdn. Roos		547,00
	Kassenbeleg: Tageslosung		3.364,00

Abschlussangaben:

Abschreibung auf Geschäftsausstattung vom Buchwert	15 %
Warenbestand laut Inventur	59.992,00
Die Miete für Dezember ist noch nicht gezahlt	400,00
Wir müssen mit einer Mietnachzahlung rechnen.	
Dafür ist eine Rückstellung zu bilden von	1.200,00

29.3 Die Bewertung des Vermögens

29.3.1 Die Bewertung des Anlagevermögens

Anlagegüter verlieren durch Abnutzung, wirtschaftliche Wertminderung und technischen Fortschritt an Wert. Wertminderungen müssen durch die jährlich vorzunehmende „Bewertung" des Anlagevermögens erfasst werden. Die Bewertung nimmt man durch Abschreibungen vor. Dabei ist zwischen der planmäßigen und der außerplanmäßigen Abschreibung zu unterscheiden.

Planmäßige Abschreibungen, steuerrechtlich **A**bsetzung **f**ür **A**bnutzung (AfA): **Abnutzbare Anlagegüter** wie Gebäude, Ladenausstattung und Fuhrpark werden entsprechend der betriebsgewöhnlichen Nutzungsdauer planmäßig abgeschrieben.

Wahlweise kann die lineare Abschreibung (von den Anschaffungskosten), die degressive Abschreibung (vom Restbuchwert) oder die Abschreibung nach Leistungseinheiten (tatsächlicher Inanspruchnahme) vorgenommen werden. Unabhängig von der Berechnungsart bucht man die planmäßige Abschreibung auf dem Konto 6520.

Die planmäßige Abschreibung beginnt bei abnutzbaren Anlagegütern im Monat der Anschaffung und muss zeitanteilig ermittelt werden. Für bewegliche abnutzbare Anlagegüter gibt es eine Vereinfachungsregel. Bei Anschaffung im ersten Halbjahr **kann** der volle Jahresabschreibungssatz, bei Anschaffung im zweiten Halbjahr der halbe Jahressatz angewendet werden.

Außerplanmäßige Abschreibungen: Verliert ein abnutzbares Anlagegut außerordentlich und dauernd an Wert, so berücksichtigt man dies neben der planmäßigen Abschreibung durch eine zusätzliche außerplanmäßige Abschreibung. **Nicht abnutzbare Anlagegüter** unterliegen keiner planmäßigen Wertminderung. Bei einer voraussichtlich dauernden Wertminderung muss daher außerplanmäßig abgeschrieben werden. Außerplanmäßige Abschreibungen bucht man auch auf dem Konto 6520.

Ein Gabelstapler mit Anschaffungskosten von 80.000,00 DM, der noch mit 30.000,00 DM zu Buch steht, muss neben der planmäßigen Abschreibung von 10.000,00 DM wegen technischer Neuerungen mit 8.000,00 DM außerplanmäßig abgeschrieben werden.

Buchung: 6520 Abschr. a. Sachanlagen an 0830 Lagerausstattung 18.000,00

Nur der niedrigere Tageswert von 12.000,00 DM wird in der Bilanz ausgewiesen.

Ein unbebautes Grundstück mit Anschaffungskosten von 700.000,00 DM wird durch eine angrenzende Hochstraße im Wert um 200.000,00 DM dauernd gemindert.

Buchung: 6520 Abschr. a. Sachanl. an 0500 Unbeb. Grundstücke 200.000,00

Nur der niedrigere Tageswert von 500.000,00 DM erscheint in der Bilanz.

Wertansätze für Anlagegüter gemäß § 253 HGB:	
Abnutzbare Anlagegüter:	Anschaffungskosten – planmäßige Abschreibungen – außerplanmäßige Abschreibungen
Nicht abnutzbare Anlagegüter:	Anschaffungskosten – außerplanmäßige Abschreibungen

6560194

29.3.2 Die Bewertung des Umlaufvermögens

29.3.2.1 Die Bewertung der Warenvorräte

Das Umlaufvermögen des Einzelhändlers unterliegt starken Wertschwankungen. Davon sind besonders die Warenvorräte betroffen. Das HGB schreibt daher für diesen Teil des Vermögens strenge Bewertungsvorschriften vor.

Bei der Bewertung des Umlaufvermögens bilden die Anschaffungskosten grundsätzlich die Bewertungs**ober**grenze.

Außerdem bilden Anschaffungskosten und Wert am Tag der Bilanzierung (Tageswert) die Grundlage der Bewertung. Anschaffungskosten und Tageswert werden miteinander verglichen. Ist der Tageswert niedriger als die Anschaffungskosten, so muss aus Gründen der Vorsicht der Tageswert in die Bilanz übernommen werden. Ist der Wert zwischen Anschaffung und Bilanzierung gestiegen, so sind die Anschaffungskosten die niedrigere Bewertungsgrundlage und werden in die Bilanz übernommen.

Dieses Bewertungsprinzip, bei dem immer der niedrigere Wert genommen wird, bezeichnet man als **strenges Niederstwertprinzip**. Es gilt für alle Posten des Umlaufvermögens und ist Ausdruck kaufmännischer Vorsicht.

Ein Elektrohändler hat am Bilanzstichtag Kupferlitzen mit Anschaffungskosten von 5.000,00 DM auf Lager. Durch einen Preisverfall bei Kupfer hat der Vorrat am Bilanzstichtag nur noch einen Wert von 4.500,00 DM.

Anschaffungskosten 5.000,00 DM
Tageswert   **4.500,00 DM = Wertansatz in der Bilanz**

Die Wertminderung der Waren wird wie eine Bestandsminderung gebucht.

Buchung: 6000 Aufwendungen für Waren   an   2000 Warenbestände   500,00

Der Vorrat an Kupferlitzen hat am Bilanzstichtag einen Tageswert von 5.500,00 DM.

Anschaffungskosten 5.000,00 DM = Wertansatz in der Bilanz
Tageswert   5.500,00 DM

Da die Anschaffungskosten die Wertobergrenze bilden, bleibt der Warenvorrat mit den Anschaffungskosten in der Bilanz.

Eine Buchung erübrigt sich.

Bei diesem Bewertungsprinzip werden **noch nicht realisierte Verluste** aus Vorsichtsgründen bereits **erfasst**, während **noch nicht realisierte Gewinne nicht ausgewiesen** werden. Die ungleiche Behandlung bezeichnet man als **Imparitätsprinzip**.

> Für die Bewertung des Umlaufvermögens gilt das strenge Niederstwertprinzip.
>
> Das Niederstwertprinzip ist eine Höchstwertvorschrift. Die Anwendung der Niederstwertvorschriften führt zu einem Imparitätsprinzip.

Gruppenbewertung der Warenvorräte

Auch für die Warenvorräte gilt der Grundsatz der Einzelbewertung (§ 252 HGB). Eine Einzelbewertung der Waren ist in der Praxis nicht durchführbar, da die Waren zu verschiedenen Zeitpunkten und zu unterschiedlichen Preisen gekauft wurden. Es lässt sich nur schwer ermitteln, aus welchen Lieferungen der Endbestand besteht und zu welchen Preisen er eingekauft wurde.

Nach §§ 240, 256 HGB ist es daher erlaubt, bei gleichartigen Gütern eine Durchschnittsbewertung vorzunehmen. Die einfache Durchschnittsbewertung besteht darin, aus dem Anfangsbestand und den Zugängen (Einkäufen) einen gewogenen Durchschnitt zu ermitteln.

Beispiel		Menge	Anschaffungs- kosten je Einheit	Gesamtwert
1. Jan.	Anfangsbestand	3 000	4,50 DM	13.500,00 DM
10. Mai	Zugang	4 500	5,00 DM	22.500,00 DM
3. Sept.	Zugang	5 000	4,00 DM	20.000,00 DM
3. Nov.	Zugang	3 500	4,80 DM	16.800,00 DM
		16 000		72.800,00 DM
Durchschnittswert = 72.800,00 DM : 16 000 = 4,55 DM				

Die durchschnittlichen Anschaffungskosten je Stück betragen 4,55 DM. Bei einem Endbestand von 2 800 Stück beträgt der Gesamtwert 2 800 · 4,55 DM = 12.740,00 DM. Dieser Wert kann nicht ohne weiteres in die Bilanz übernommen werden. Er muss noch mit dem Tageswert am 31. Dezember verglichen werden.

Der Tageswert beträgt 4,50 DM.

Bewertung: TW < AK; 2 800 Stück zum Tageswert von 4,50 DM = 12.600,00 DM

Der Tageswert beträgt 4,60 DM.

Bewertung: TW > AK; 2 800 Stück zu durchschnittlichen Anschaffungskosten von 4,55 DM = 12.740,00 DM

Den Durchschnittswert der Anschaffungskosten kann man noch genauer ermitteln, indem man ihn nach jedem Lagerzugang und Lagerabgang neu ermittelt und den Abgang zum neuesten Durchschnitt ausbucht.

Auch bei der Durchschnittsbewertung ist das Niederstwertprinzip zu beachten.

---

5 Eine Spielwarenhandlung hat folgende Einkäufe von Kunststoffbällen durchgeführt:

1. Juli	Anfangsbestand	40 Stück zum Stückpreis von 8,00 DM
15. Aug.	Zugang	60 Stück zum Stückpreis von 7,50 DM
21. Sept.	Zugang	20 Stück zum Stückpreis von 7,00 DM
29. Okt.	Zugang	50 Stück zum Stückpreis von 7,20 DM
15. Dez.	Zugang	50 Stück zum Stückpreis von 6,80 DM

Endbestand am 31. Dezember: 60 Stück.

a) Bewerten Sie den Warenbestand bei einem Tageswert von 7,20 DM je Stück.
b) Bewerten Sie den Warenbestand bei einem Tageswert von 7,30 DM je Stück.

29.3.2.2 Die Bewertung der Forderungen

Mit jedem Warenverkauf auf Ziel ist das Risiko verbunden, dass der Kunde bei Fälligkeit der Forderung nicht dazu in der Lage ist, den Rechnungsbetrag zu zahlen. Daher sind am Bilanzstichtag auch die Forderungen zu bewerten, d. h. auf ihre „Bonität" (Güte) zu überprüfen. Forderungen, bei denen der Zahlungseingang zweifelhaft wird, kann man aus dem Konto „2400 Forderungen" aussondern und auf ein besonderes Konto mit der Bezeichnung „Zweifelhafte Forderungen" übertragen. Da solche Fälle im Einzelhandel selten sind, verzichtet man auf eine Übertragung. Der Kontenrahmen sieht daher auch kein eigenes Konto für zweifelhafte Forderungen vor.

Es kommt auch im Einzelhandel vor, dass eine Forderung uneinbringlich wird, d. h. völlig verloren ist, z. B. bei der Einstellung eines Konkursverfahrens mangels Masse oder bei einer fruchtlosen Pfändung. Der Zahlungsausfall steht endgültig fest. Wir schreiben die Forderung ab. Den Nettowarenwert belasten wir dem Konto „6950 Abschreibungen auf Forderungen". Die in der Rechnung enthaltene Umsatzsteuer berichtigen wir auf dem Konto „4800 Umsatzsteuer", den Gesamtbetrag schreiben wir dem Konto 2400 gut.

Eine Forderung über 1.160,00 DM ist uneinbringlich. Sie ist abzuschreiben.

Buchung:				
	6950	Abschreibungen auf Forderungen	1.000,00	
	4800	Umsatzsteuer	160,00	
an	2400	Forderungen a. LL		1.160,00

Eine Forderung kann auch teilweise uneinbringlich werden.

Bei einem Vergleichsverfahren stimmen wir einer Vergleichsquote von 60 % zu. Unsere Forderung beträgt 5.800,00 DM. Über den Rest erhalten wir einen Bankscheck.

Forderung	5.800,00 DM
Vergleichsquote/Scheck	3.480,00 DM
Zahlungsausfall brutto	2.320,00 DM

Buchung:				
	2800	Bank	3.480,00	
	6950	Abschreibungen auf Forderungen	2.000,00	
	4800	Umsatzsteuer	320,00	
an	2400	Forderungen a. LL		5.800,00

> Uneinbringliche Forderungen sind mit ihrem Nettowert abzuschreiben. Die Umsatzsteuer ist zu berichtigen (Konto 4800 Soll).

6

1. Warenverkauf auf Ziel an den Kunden Weber,

Warenwert	15.000,00	
ı Umsatzsteuer	2.400,00	17.400,00

2. Der Kunde Weber befindet sich in Zahlungsverzug.

Wir belasten ihn mit Verzugszinsen	120,00

3. Der Kunde Weber überweist die belasteten

Verzugszinsen auf unser Bankkonto	120,00

4. Über das Vermögen des Kunden Weber wird das Konkursverfahren eröffnet.

Unsere Forderung ist verloren	17.400,00

29.4   Die Bewertung der Schulden

Gemäß § 253 HGB sind Schulden am Bilanzstichtag mit ihrem Höchstwert anzusetzen. Dieses Höchstwertprinzip ist im Einzelhandel beispielsweise anzuwenden, wenn ein Unternehmen am Bilanzstichtag Währungsverbindlichkeiten hat, bei denen der Kurs für die Fremdwährung gestiegen ist.

Ein Textilkaufhaus importiert am 15. November Textilien aus England im Wert von £ 18.000,00, Kurs des £ am 15. November 3,20 DM.

Buchung:	6000	Aufwendungen für Waren	....	57.600,00	
an	4400	Verbindlichkeiten a. LL	....		57.600,00

Der Kurs für £ ist bei der Bilanzierung am 31. Dezember auf 3,40 DM gestiegen.

Buchung:	6000	Aufwendungen für Waren	....	3.600,00	
an	4400	Verbindlichkeiten a. LL	....		3.600,00

Die Verbindlichkeit gegenüber dem englischen Lieferanten wird in der Bilanz mit insgesamt 61.200,00 DM ausgewiesen und entspricht damit dem Höchstwertprinzip.

Einen Kursrückgang berücksichtigt man bei der Bilanzierung nicht, denn der eingetretene Kursgewinn ist noch nicht realisiert. Er kann bis zur Fälligkeit wieder hinfällig geworden sein.

---

7 Ein Spielwarengeschäft hat folgende Massenartikel eingekauft:

Anfangsbestand	am 1. Jan.	125 Stück	zu je 4,50 DM
Einkauf	am 10. Mai	100 Stück	zu je 4,50 DM
Einkauf	am 19. Sept.	250 Stück	zu je 4,80 DM
Einkauf	am 20. Nov.	300 Stück	zu je 4,40 DM
Endbestand	am 31. Dez.	400 Stück	

a) Mit welchem Wert wird der Endbestand am 31. Dezember in der Bilanz ausgewiesen, wenn der Tageswert 4,25 DM beträgt?

b) Wie hoch ist der Wertansatz bei einem Tageswert von 5,00 DM?

---

8 Währungsverbindlichkeiten eines Einzelhandelsunternehmens:

Einkauf eines Warenpostens zu 4.500,00 US-$ zum Kurs von 1,70 DM
Kurs des US-$ bei der Bilanzierung 1,60 DM.

---

9 **Fragen:**

1. Was versteht man unter dem Niederstwertprinzip?
   Bei welchen Bilanzposten ist es anzuwenden?

2. Was versteht man unter dem Höchstwertprinzip?
   Bei welchen Bilanzposten ist es anzuwenden?

3. Für welche Anlagegüter gibt es planmäßige Abschreibungen?

4. Für welche Anlagegüter gibt es außerplanmäßige Abschreibungen?

---

30 Der Jahresabschluss verschiedener Unternehmensformen

30.1 Der Jahresabschluss der Personengesellschaften

30.1.1 Abschluss der Offenen Handelsgesellschaft (OHG)

Die Gesellschafter der OHG haften persönlich mit ihren Kapitaleinlagen und mit ihrem Privatvermögen. Sie sind zur Mitarbeit verpflichtet. Entsprechend der Anzahl der Gesellschafter führt die OHG mehrere Kapitalkonten. Jeder Gesellschafter ist zu Privatentnahmen berechtigt, die auf besonderen Privatkonten gebucht werden.

Beim Jahresabschluss wird der erzielte Gewinn nach den vertraglichen Vereinbarungen (Gesellschaftsvertrag) auf die Gesellschafter verteilt. Fehlt eine vertragliche Vereinbarung, so gelten die Bestimmungen des HGB (§ 121).

Nach dem HGB erhalten die Gesellschafter vom Gewinn zunächst ihr Kapital zu 4 % verzinst, der Rest des Gewinnes wird nach Köpfen verteilt. Reicht der Gewinn nicht zu einer 4%igen Verzinsung aus, so muss nach HGB eine niedrigere Verzinsung gewählt werden. Eine Restverteilung entfällt dann. Verluste tragen die Gesellschafter zu gleichen Teilen.

An einer OHG sind die Gesellschafter A mit 300.000,00 DM, B mit 200.000,00 DM und C mit 400.000,00 DM beteiligt. Von den Privatentnahmen entfallen auf A 13.000,00 DM, auf B 25.000,00 DM und auf C 31.000,00 DM. Gewinn = 108.000,00 DM. Gewinnverteilung laut Gesellschaftsvertrag: Verzinsung der Kapitalanteile zu 7 %, Restgewinn in gleichen Teilen.

Gewinnverteilungstabelle:

Gesellschafter	Kapitalanteile	7 % Zinsen	Restanteil	Gesamtanteil
A	300.000,00 DM	21.000,00 DM	15.000,00 DM	36.000,00 DM
B	200.000,00 DM	14.000,00 DM	15.000,00 DM	29.000,00 DM
C	400.000,00 DM	28.000,00 DM	15.000,00 DM	43.000,00 DM
	900.000,00 DM	63.000,00 DM	45.000,00 DM	108.000,00 DM

Buchungen: 3000 an 3001, 3010 an 3011, 3020 an 3021

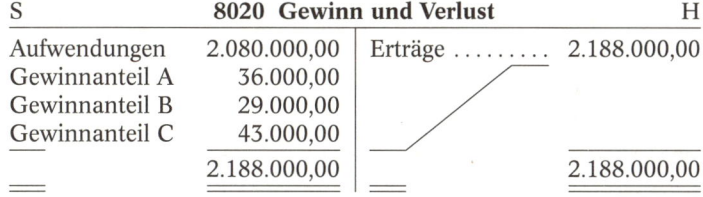

S	8020 Gewinn und Verlust		H
Aufwendungen	2.080.000,00	Erträge	2.188.000,00
Gewinnanteil A	36.000,00		
Gewinnanteil B	29.000,00		
Gewinnanteil C	43.000,00		
	2.188.000,00		2.188.000,00

Buchungen: 8020 an 3000, 3010 und 3020

S	3001 Privat A		H
Entn.	13.000,00	3000	13.000,00

S	3000 Eigenkapital A		H
3001	13.000,00	AB	300.000,00
SB	323.000,00	8020	36.000,00

S	3011 Privat B		H
Entn.	25.000,00	3010	25.000,00

S	3010 Eigenkapital B		H
3011	25.000,00	AB	200.000,00
SB	204.000,00	8020	29.000,00

S	3021 Privat C		H
Entn.	31.000,00	3020	31.000,00

S	3020 Eigenkapital C		H
3021	31.000,00	AB	400.000,00
SB	412.000,00	8020	43.000,00

1   Der Jahresgewinn einer OHG beträgt 125.000,00 DM. Verteilen Sie den Gewinn nach den Bestimmungen des HGB.

Kapitalanteile: Gesellschafter A 420.000,00 DM, Gesellschafter B 580.000,00 DM
Privatentnahmen: Gesellschafter A   61.000,00 DM, Gesellschafter B   52.000,00 DM

2   **Vorläufige Summenbilanz einer Offenen Handelsgesellschaft:**

Konten	1. Jahr		2. Jahr	
	Soll	Haben	Soll	Haben
0810 Ladenausstattung ...	119.000,00	—	98.000,00	—
0840 Fuhrpark	180.000,00	—	160.000,00	—
2000 Waren	53.000,00	—	34.000,00	—
2400 Forderungen a. LL ..	136.000,00	90.000,00	110.000,00	20.000,00
2600 Vorsteuer	169.000,00	162.000,00	189.000,00	183.000,00
2800 Bank	2.700.000,00	2.504.000,00	2.780.000,00	2.591.000,00
2880 Kasse	2.186.000,00	2.184.000,00	2.193.000,00	2.189.000,00
3000 Eigenkapital A	—	180.000,00	—	179.200,00
3001 Privat A	20.000,00	—	16.000,00	—
3010 Eigenkapital B	—	170.000,00	—	167.800,00
3011 Privat B	21.000,00	—	17.000,00	—
3020 Eigenkapital C	—	150.000,00	—	151.000,00
3021 Privat C	17.000,00	—	19.000,00	—
4400 Verbindlichkeiten a. LL	1.190.000,00	1.220.000,00	1.210.000,00	1.305.000,00
4500 Schuldwechsel	132.000,00	138.000,00	149.000,00	158.000,00
4800 Umsatzsteuer	218.000,00	227.000,00	221.000,00	232.000,00
5000 Umsatzerlöse	—	1.500.280,00	—	1.575.560,00
5001 Erlösberichtigungen .	2.280,00	—	4.560,00	—
6000 Aufwendgn. f. Waren	1.087.000,00	—	1.210.000,00	—
6002 Nachlässe	—	3.000,00	—	1.000,00
6103 Aufwendgn. f. Energie	8.000,00	—	11.000,00	—
62/63 Löhne/Gehälter	195.000,00	—	224.000,00	—
6520 Abschreibungen	—	—	—	—
6700 Mieten	36.000,00	—	38.000,00	—
6710 Leasing	11.000,00	—	19.000,00	—
6900 Versicherungsbeiträge	7.000,00	—	6.000,00	—
7000 Betriebl. Steuern	41.000,00	—	44.000,00	—
	8.528.280,00	8.528.280,00	8.752.560,00	8.752.560,00

Abschlussangaben für das 1. Jahr: Abschreibungen auf 0810 = 15 % von den Anschaffungskosten 140.000,00 DM, auf 0840 = 10 % von den Anschaffungskosten 200.000,00 DM. Warenbestand laut Inventur: 34.000,00 DM. Verteilen Sie den Gewinn nach HGB.

Abschlussangaben für das 2. Jahr: Abschreibungen auf 0810 = 15 % von den Anschaffungskosten 140.000,00 DM, auf 0840 = 10 % von den Anschaffungskosten 200.000,00 DM. Warenbestand laut Inventur: 46.000,00 DM. Verteilen Sie den Verlust nach HGB.

6560200

30.1.2 Abschluss der Kommanditgesellschaft (KG)

Bei dieser Gesellschaftsform gibt es neben voll haftenden Gesellschaftern (Komplementäre) auch Gesellschafter, die nur bis zur vertraglich bedungenen Einlage haften. Man nennt sie Teilhafter (Kommanditisten). Sie sind nicht zur Mitarbeit verpflichtet und verfügen deshalb nicht über Privatkonten. Nach den Bestimmungen des HGB (§ 167–169) wird der Gewinn folgendermaßen verteilt: Voll- und Teilhafter erhalten ihre Einlagen mit 4 % verzinst. Der Restgewinn ist in einem angemessenen Verhältnis, d. h. unter Berücksichtigung der unterschiedlichen Mitarbeit und der unterschiedlichen Haftung, zu verteilen. Die Gewinnanteile der Teilhafter schreibt man nicht den Kapitalkonten, sondern dem Konto „Sonstige Verbindlichkeiten" gut, damit die Kapitalanteile der Teilhafter nicht über die vertraglich bedungene Höhe der Einlage hinauswachsen.

Auch ein Verlust ist im angemessenen Verhältnis zu verteilen. Die Verlustanteile der Teilhafter belastet man nicht ihren Kapitalkonten, sondern dem Konto „Sonstige Forderungen". Wird im folgenden Jahr ein Gewinn verteilt, so müssen die Verlustanteile des Vorjahres erst ausgeglichen werden.

An einer Kommanditgesellschaft sind Komplementär A mit 100.000,00 DM, Kommanditist B mit 250.000,00 DM und Kommanditist C mit 150.000,00 DM beteiligt. Laut Gesellschaftsvertrag erhalten die Gesellschafter eine 4%ige Verzinsung ihrer Kapitaleinlagen, der Rest wird im Verhältnis 8 : 1 : 1 unter die Gesellschafter A, B und C verteilt. Der Jahresgewinn ist 55.000,00 DM. Komplementär A hat 25.000,00 DM Privatentnahmen gemacht.

Gewinnverteilungstabelle:

Gesellschafter	Kapitalanteile	4 % Zinsen	Restanteil	Gesamtanteil
A	100.000,00 DM	4.000,00 DM	28.000,00 DM	32.000,00 DM
B	250.000,00 DM	10.000,00 DM	3.500,00 DM	13.500,00 DM
C	150.000,00 DM	6.000,00 DM	3.500,00 DM	9.500,00 DM
	500.000,00 DM	20.000,00 DM	35.000,00 DM	55.000,00 DM

Buchungen: 3000 Eigenkapital A an 3001 Privat A .. 25.000,00

8020 Gewinn und Verlust 55.000,00
an 3000 Eigenkapital A 32.000,00
an 4890 Übrige sonstige Verbindlichkeiten 23.000,00

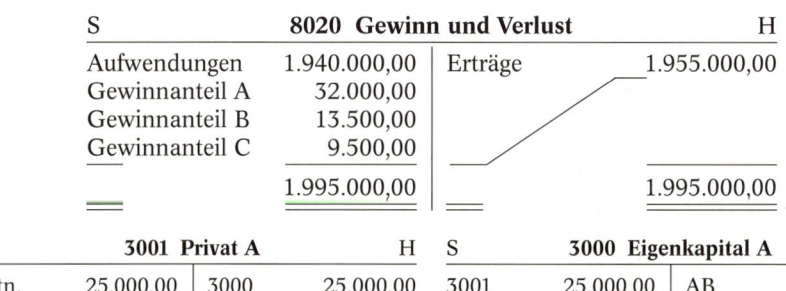

S	8020 Gewinn und Verlust		H
Aufwendungen	1.940.000,00	Erträge	1.955.000,00
Gewinnanteil A	32.000,00		
Gewinnanteil B	13.500,00		
Gewinnanteil C	9.500,00		
	1.995.000,00		1.995.000,00

S	3001 Privat A		H
Entn.	25.000,00	3000	25.000,00

S	3000 Eigenkapital A		H
3001	25.000,00	AB	100.000,00
SB	107.000,00	8020	32.000,00

S	4890 Übrige sonstige Verbindlichkeiten		H
		8020 B	13.500,00
		8020 C	9.500,00

Die Kapitalkonten der Teilhafter B und C werden nicht berührt.

3 Stellen Sie die Gewinnverteilungstabelle auf (KG). Buchen Sie die Gewinnverteilung in den Konten: 3000, 3001, 3010, 3011, 4890 und 8020.

Kapitalanteile: Komplementär A 350.000,00 DM, Komplementär B 150.000,00 DM und Kommanditist C 500.000,00 DM. Privatentnahmen A 28.000,00 DM, Privatentnahmen B 23.000,00 DM. Aufwendungen des Geschäftsjahres 6.300.000,00 DM. Erträge des Geschäftsjahres 6.425.000,00 DM. Gewinnverteilung: 4 % Zinsen auf die Kapitaleinlagen, der Rest im Verhältnis 4 : 4 : 2 unter A, B und C.

4 **Vorläufige Summenbilanz einer Kommanditgesellschaft:**

Konten	1. Jahr		2. Jahr	
	Soll	Haben	Soll	Haben
0810 Ladenausstattung ...	24.000,00	—	18.000,00	—
0840 Fuhrpark	182.000,00	2.000,00	160.000,00	—
2000 Waren	41.900,00	—	122.800,00	—
2400 Forderungen a. LL ..	93.100,00	65.700,00	113.400,00	83.600,00
2600 Vorsteuer	158.100,00	155.800,00	172.900,00	168.300,00
2800 Bank	1.453.300,00	1.363.400,00	1.501.100,00	1.369.700,00
2880 Kasse	1.423.200,00	1.333.900,00	1.447.400,00	1.390.400,00
3000 Eigenkapital A	—	115.000,00	—	124.750,00
3001 Privat A	21.100,00	—	22.700,00	—
3070 Kommanditkapital B	—	150.000,00	—	150.000,00
3080 Kommanditkapital C	—	100.000,00	—	100.000,00
4400 Verbindlichkeiten a. LL	825.600,00	916.200,00	887.400,00	946.500,00
4800 Umsatzsteuer	178.700,00	194.100,00	194.600,00	211.900,00
4890 Übrige Verbindlichk. .	45.900,00	46.100,00	60.600,00	64.850,00
5000 Umsatzerlöse	—	1.267.200,00	—	1.384.200,00
5400 Nebenerlöse Vermiet.	—	3.200,00	—	—
6000 Aufwendgn. f. Waren	1.008.300,00	—	1.024.400,00	—
6300 Gehälter	95.100,00	—	100.600,00	—
6400 Soziale Abgaben	12.500,00	—	13.600,00	—
6520 Abschreibungen	—	—	—	—
6700 Mieten	64.800,00	—	66.000,00	—
6870 Werbung	42.900,00	—	45.200,00	—
7000 Betriebliche Steuern .	38.500,00	—	40.100,00	—
7510 Zinsaufwendungen ..	3.600,00	—	3.400,00	—
	5.712.600,00	5.712.600,00	5.994.200,00	5.994.200,00

Abschlussangaben:

Abschreibungen in beiden Jahren:

auf 0810 = 20 % der Anschaffungskosten von 30.000,00 DM;
auf 0840 = 10 % der Anschaffungskosten von 200.000,00 DM.

Warenbestand laut Inventur: 1. Jahr 122.800,00 DM, 2. Jahr 120.890,00 DM.

Gewinnverteilung laut Gesellschaftsvertrag: 4 % Zinsen auf die Kapitaleinlagen, der Rest wird im Verhältnis 7 : 3 : 2 unter Komplementär A und den Kommanditisten B und C verteilt.

6560202

30.2 Der Jahresabschluss der Kapitalgesellschaften

Nach § 264 HGB besteht der **Jahresabschluss** der Kapitalgesellschaften aus **Bilanz** (§ 266 HGB), **Gewinn- und Verlustrechnung** (§ 275 HGB) **und Anhang** (§§ 284–288 HGB). Bilanz und Gewinn- und Verlustrechnung sind nach den im HGB vorgegebenen **Gliederungsvorschriften** aufzustellen. Aufgabe des Anhangs ist es, einzelne Positionen der Bilanz und der Gewinn- und Verlustrechnung näher zu erläutern. Die Abschreibungsmethoden, die Beteiligungen an anderen Unternehmen, die Fristigkeiten der Verbindlichkeiten, die Bezüge der Vorstandsmitglieder und andere Positionen werden detailliert dargestellt.

Für das abgelaufene Geschäftsjahr ist gemäß § 289 HGB **zusätzlich ein Lagebericht** aufzustellen, in dem Auftragslage, Liquidität, Personalentwicklung u. a. m. erläutert werden müssen.

Alle Kapitalgesellschaften müssen den Jahresabschluss durch freie Abschlussprüfer **prüfen lassen** und je nach Größe der Gesellschaft mit unterschiedlichem Umfang Jahresabschluss und Lagebericht veröffentlichen.

Art und Umfang der Offenlegung sind von der Größe des Unternehmens abhängig. Dabei wird in folgende **Größenklassen** unterschieden:

große, mittelgroße und kleine Kapitalgesellschaften.

Bilanzsumme, Umsatz und Belegschaftszahl sind ausschlaggebend für die Zuordnung:

Zuordnung zur Größenklasse			
	Bilanzsumme	**Umsatz**	**Beschäftigte**
große Kapitalgesellschaft	über 21.240.000,00	über 42.480.000,00	über 250
mittelgroße Kapitalgesellschaft	bis 21.240.000,00	bis 42.480.000,00	bis 250
kleine Kapitalgesellschaft	bis 5.310.000,00	bis 10.620.000,00	bis 50

Zwei der drei Größenmerkmale müssen an zwei aufeinander folgenden Bilanzstichtagen zutreffen. Börseneingeführte AGs gelten als große Kapitalgesellschaften.

Umfang der Offenlegung					
	Jahresabschluss			**Lagebericht**	**Publizität**
	Bilanz	GuV	Anhang		
große Kapitalgesellschaft	X	X	X	X	HR, BA
mittelgroße Kapitalgesellschaft	X	X	X	X	IIR
kleine Kapitalgesellschaft	X	–	X	–	HR

HR = Handelsregister, BA = Bundesanzeiger.

Die Tabelle zeigt, in welchem Umfang und an welcher Stelle veröffentlicht werden muss.

30.2.1 Bilanzgliederung offenlegungspflichtiger Unternehmen

Große Kapitalgesellschaften müssen bei der Veröffentlichung der Bilanz die vollständige Gliederung nach § 266 HGB einhalten.[1] Diese ausführliche Gliederung ermöglicht einen detaillierten Einblick in die Vermögens- und die Kapitalverhältnisse des Unternehmens.

Mittelgroße Kapitalgesellschaften erstellen ihre Bilanz auch in dieser vollständigen Form, können aber bei der Veröffentlichung die für kleine Gesellschaften vorgeschriebene Vereinfachung wählen.

Kleine Kapitalgesellschaften stellen eine verkürzte Bilanz auf, die nur aus den Bilanzpositionen mit Buchstaben und römischen Zahlen besteht.

Die Forderung nach Bilanzklarheit wird bei offenlegungspflichtigen Bilanzen durch folgende Besonderheiten unterstrichen:

Zu jedem Bilanzposten ist der Vorjahresbetrag auszuweisen.

Die Entwicklung des Anlagevermögens während des Geschäftsjahres ist durch einen Anlagespiegel näher zu erläutern.

Der Betrag der **Forderungen** mit einer Restlaufzeit von **mehr als einem Jahr muss angeben werden.** Das gleiche gilt für **Verbindlichkeiten** mit einer Restlaufzeit **von weniger als einem Jahr.** Damit ist die Liquiditätslage besser zu beurteilen.

Eventualverbindlichkeiten aus weitergegebenen Wechseln, aus Bürgschaftsverpflichtungen und aus Gewährleistungsverträgen sind unter der Bilanzsumme anzugeben.

Ausweis des Eigenkapitals in der Bilanz

Die Gruppe „Eigenkapital" gliedert man folgendermaßen auf:

I. Gezeichnetes Kapital

Darunter versteht man das im Handelsregister eingetragene Haftungskapital der Gesellschafter. Es ist zum Nennwert anzugeben (Ausgegebene Aktien der AG, Stammeinlagen der GmbH).

II. Kapitalrücklage

Das bei der Ausgabe von Geschäftsanteilen erzielte Agio (Aufgeld) muss den Kapitalrücklagen zugewiesen werden.

III. Gewinnrücklage

Aus dem versteuerten Jahresgewinn werden Anteile zur Abdeckung späterer Verluste angesammelt. Man unterscheidet die gesetzlichen Rücklagen nach § 150 AG, die jährlich 5 % des Gewinns betragen, bis die Rücklagen 10 % des gezeichneten Kapitals ausmachen, und satzungsmäßige Rücklagen, deren Bildung und Verwendung satzungsmäßig festgelegt werden.

IV. Gewinn-/Verlustvortrag

Soweit der Gewinn des Vorjahres nicht voll ausgeschüttet bzw. der Verlust nicht abgedeckt wurde, weist man ihn hier aus.

V. Jahresüberschuss/-fehlbetrag

Das Ergebnis des Geschäftsjahres kann vor der Verteilung des Gewinns oder der Abdeckung des Verlustes in die Bilanz eingestellt werden.

> Eigenkapital = Gezeichnetes Kapital + Kapitalrücklage + Gewinnrücklage
> + Gewinnvortrag (− Verlustvortrag) + Jahresüberschuss
> (− Jahresfehlbetrag).

---

1 Die Bilanzgliederung nach § 266 HGB befindet sich im Anhang.

30.2.2 Gewinn- und Verlustrechnung offenlegungspflichtiger Unternehmen

Offenlegungspflichtige Unternehmen können die Erfolgsrechnung nicht so veröffentlichen, wie sie im Konto „8020 Gewinn und Verlust" dargestellt ist.

Abweichend von der Kontenform ist die **Staffelform** zu wählen.

Die **Aufwands- und Ertragsarten** werden nicht in der Ausführlichkeit der kontenplanmäßigen Gliederung übernommen, sie müssen vielmehr **nach den Gliederungsvorschriften des § 275 HGB** ausgewiesen werden.[1]

Wie bei den Gliederungsvorschriften für die Bilanz handelt es sich auch hier um eine **Mindestgliederung,** die eingehalten werden muss. So können z. B. Zinsaufwendungen und Zinserträge nicht gegeneinander verrechnet werden; sie müssen einzeln ausgewiesen werden. Dadurch erhöht man die Aussagekraft der Gewinn- und Verlustrechnung.

> **§ 275 HGB:** Gliederung. Die Gewinn- und Verlustrechnung ist in Staffelform nach dem Gesamtkostenverfahren oder dem Umsatzkostenverfahren aufzustellen. Dabei sind die in Absatz 2 oder 3 bezeichneten Posten in der angegebenen Reihenfolge gesondert auszuweisen. ...

Man unterscheidet zwischen einem Gesamtkostenverfahren und einem Umsatzkostenverfahren. Wegen der überwiegenden Bedeutung des **Gesamtkostenverfahrens** in der Praxis der Einzelhandelsbetriebe wird im Folgenden die Gliederung nur nach diesem Verfahren dargestellt.

Die Gliederung beginnt mit den **betriebsgewöhnlichen Erträgen.** Sie bestehen im Einzelhandel in erster Linie aus den **Umsatzerlösen für Waren** und den **sonstigen betrieblichen Erträgen.**

Es schließen sich die **betriebsgewöhnlichen Aufwendungen** wie **Wareneinsatz, Personalaufwand, Abschreibungen** und **sonstige betriebliche Aufwendungen** an.

Auch die **Aufwendungen und Erträge des Finanzbereichs** sind auszuweisen.

Alle bis hier angefallenen Aufwendungen und Erträge fasst man zum **Ergebnis der gewöhnlichen Geschäftstätigkeit** zusammen.

Die **außergewöhnlichen Aufwendungen** und **Erträge** stehen zwar mit dem Betriebszweck in Verbindung, sind aber **zufällig, einmalig** und **in der Regel ungewöhnlich hoch** (§ 277 HGB). Hierzu gehören Verluste und Gewinne aus dem Verkauf eines Teilbetriebes und Verluste aus außergewöhnlichen Schadensfällen. Man fasst sie zum **außergewöhnlichen Ergebnis** zusammen.

Nach Abzug der Steuern ergibt sich der **Jahresüberschuss/Jahresfehlbetrag.**

> Ergebnis der gewöhnlichen Geschäftstätigkeit
> +/– Außerordentliches Ergebnis
> – Steuern
> = Jahresüberschuss/Jahresfehlbetrag

---

5 Aufgabe:

Vergleichen Sie den Aufbau des Kontenrahmens mit der Gliederung gem. § 275 HGB. Erläutern Sie den Begriff Abschlussgliederungsprinzip. Zählen Sie die Unterschiede zwischen GuV-Konto und GuV-Rechnung auf.

---

1 Die Gliederung der Gewinn- und Verlustrechnung nach § 275 HGB befindet sich im Anhang.

30.3 Der Jahresabschluss der Aktiengesellschaft (AG)

Für die **Aufstellung des Jahresabschlusses** ist **der Vorstand** der Aktiengesellschaft verantwortlich. Entsprechend den Vorschriften des Aktiengesetzes (§ 58 und 170 AktG) wird häufig schon bei der Bilanzerstellung ein Teil des Jahresüberschusses den Gewinnrücklagen zugewiesen oder ein Jahresfehlbetrag durch Auflösung von Rücklagen ganz oder teilweise abgedeckt. Den noch nicht verwendeten Teil des Jahresüberschusses bezeichnet man als Bilanzgewinn. Über die Verwendung des Bilanzgewinns entscheidet die Hauptversammlung.

> Jahresüberschuss + Gewinnvortrag − Zuweisung zu den Gewinnrücklagen
> = Bilanzgewinn.

Kaufmarkt AG: Gezeichnetes Kapital 12.000.000,00 DM, Gesetzliche Rücklagen 2.000.000,00 DM, Andere Rücklagen 1.800.000,00 DM, Gewinnvortrag 69.000,00 DM. Der Jahresüberschuss beträgt 1.188.000,00 DM. Den anderen Rücklagen sollen vorweg 200.000,00 DM zugewiesen werden.

Aus Gründen der Übersichtlichkeit überträgt man den Jahresüberschuss aus dem GuV-Konto auf ein eigenes „Ergebnisverwendungskonto".

Buchungen:	8020 GuV-Konto	1.188.000,00	
	3310 Gewinnvortrag	69.000,00	
an	3300 Ergebnisverwendung		1.257.000,00
	3300 Ergebnisverwendung	1.257.000,00	
an	3240 Andere Rücklagen		200.000,00
an	3410 Bilanzgewinn		1.057.000,00

Hauptversammlungsbeschluss: Die Aktionäre erhalten eine Dividende von 8 % (abzüglich 25 % Kapitalertragsteuer). Der restliche Bilanzgewinn ist auf neue Rechnung vorzutragen.

Buchungen:	3410 Bilanzgewinn	1.057.000,00	
an	4830 Sonst. Verbindlk. geg. Finanzbehörd.		240.000,00
an	4890 Übrige sonstige Verbindlichkeiten		720.000,00
an	3310 Gewinnvortrag		97.000,00

---

6 Die Elektronik-Markt AG weist im Konto 8020 Gewinn und Verlust einen Jahresfehlbetrag von 87.000,00 DM aus. Das gezeichnete Kapital beträgt 5.000.000,00 DM, die gesetzlichen Rücklagen 500.000,00 DM. Decken Sie den Jahresfehlbetrag durch entsprechende Auflösung der gesetzlichen Rücklage ab.

Im folgenden Geschäftsjahr erzielt die Elektronik-Markt AG einen Jahresüberschuss von 94.000,00 DM. Die gesetzlichen Rücklagen sind auf die Mindesthöhe aufzufüllen. Laut Hauptversammlungsbeschluss ist der restliche Jahresüberschuss auf neue Rechnung vorzutragen.

> Der Jahresüberschuss ergibt sich aus der Gewinn- und Verlustrechnung.
> Über die Verwendung des Bilanzgewinns entscheidet die Hauptversammlung.

---

7 **Frage:** *Wodurch unterscheiden sich Jahresüberschuss und Bilanzgewinn?*

6560206

8 Die Do-it-your-self Springerle-AG hat am 31. Dezember .. folgende Bilanz und Gewinn- und Verlustrechnung aufgestellt:

Aktiva	Bilanz	Passiva

Aktiva		Passiva	
A. Anlagevermögen		**A. Eigenkapital**	
Sachanlagen	1.394.000,00	Gezeichnetes Kapital	1.000.000,00
Finanzanlagen	76.000,00	Kapitalrücklagen	220.000,00
B. Umlaufvermögen		Gewinnrücklagen	
Vorräte	1.607.000,00	Gesetzliche Rücklagen	200.000,00
Forderungen u. sonst.		Andere Rücklagen ...	269.300,00
Vermögensgegenstände	231.000,00	Gewinnvortrag	18.600,00
Flüssige Mittel	82.000,00	Jahresüberschuss	294.300,00
C. Rechnungsabgrenzungs-		**B. Rückstellungen**	167.800,00
posten	15.300,00	**C. Verbindlichkeiten** ..	1.204.500,00
		D. Rechnungsabgrenzungs-	
		posten	30.800,00
	3.405.300,00		3.405.300,00

Gewinn- und Verlustrechnung	
Umsatzerlöse	19.120.200,00
Sonstige betriebliche Erträge	14.800,00
Aufwendungen für bezogene Waren	13.462.500,00
Personalaufwendungen,	
Löhne und Gehälter	3.871.400,00
Soziale Abgaben	776.200,00
Abschreibungen auf Sachanlagen	406.800,00
Sonstige betriebliche Aufwendungen	72.900,00
Erträge aus Finanzanlagen	10.000,00
Sonstige Zinsen und ähnliche Erträge	14.000,00
Zinsen und ähnliche Aufwendungen	21.800,00
Ergebnis der gewöhnl. Geschäftstätigkeit	547.400,00
Steuern vom Einkommen und vom Ertrag	209.400,00
Sonstige Steuern	43.700,00
Jahresüberschuss	294.300,00

Gewinnverteilung laut Beschluss der Hauptversammlung:

Den Anderen Rücklagen sind 100.000,00 DM zuzuweisen. Die Aktionäre erhalten eine Dividende von 18 % (25 % Kapitalertragsteuer sind einzubehalten). Der restliche Jahresüberschuss ist auf neue Rechnung vorzutragen.

9 **Fragen:**

1. *Wie viel DM betrug das Eigenkapital zu Beginn des Geschäftsjahres?*
2. *Aus welchen Einzelposten setzte es sich zusammen?*
3. *Mit wie viel Prozent hat sich das Eigenkapital in diesem Geschäftsjahr verzinst?*
4. *Wie viel Prozent macht der Jahresüberschuss vom Umsatzerlös aus?*

30.4 Der Jahresabschluss der Gesellschaft mit beschränkter Haftung (GmbH)

Die Geschäftsführer der GmbH tragen die Verantwortung für den Jahresabschluss. Bei mittelgroßen und großen Unternehmen ist der Jahresabschluss von Wirtschaftsprüfern oder vereidigten Buchprüfern zu prüfen. Kleine Unternehmen unterliegen nicht der Prüfungspflicht.

Hat die Gesellschaft aufgrund ihrer Größe einen Aufsichtsrat, so werden Jahresabschluss, Lagebericht und Prüfungsbericht durch ihn überprüft. Es ist Aufgabe der Gesellschafterversammlung, den Jahresabschluss festzustellen und die Verwendung des Ergebnisses zu beschließen. Auch für die GmbH gelten die von der Größe abhängigen Offenlegungspflichten (vgl. S. 203).

Auszug aus der Summenbilanz einer GmbH (Eigenkapital):

I.	Gezeichnetes Kapital	250.000,00
II.	Kapitalrücklagen	50.000,00
III.	Gewinnrücklagen	70.000,00
IV.	Verlustvortrag	10.000,00
V.	Jahresüberschuss	66.300,00

Beschluss der Gesellschafterversammlung: 1. Abdeckung des Verlustvortrages, 2. Zuweisung zur Gewinnrücklage 20.000,00 DM, 3. Ausschüttung eines Gewinnanteils von 12 % auf die Stammeinlage (– 25 % Kapitalertragsteuer), 4. Vortrag des Restgewinns auf neue Rechnung.

Buchungen nach der Aufstellung des Jahresabschlusses:

	3400 Jahresüberschuss	66.300,00	
an	3300 Ergebnisverwendung		66.300,00
	3300 Ergebnisverwendung	10.000,00	
an	3310 Verlustvortrag		10.000,00
	3300 Ergebnisverwendung	56.300,00	
an	3210 Gewinnrücklagen		20.000,00
an	4890 Übrige sonstige Verbindlichkeiten		22.500,00
an	4830 Sonst. Verbindlichk. geg. Finanzbehörden		7.500,00
an	3310 Gewinnvortrag (neues Jahr)		6.300,00

---

10 **Summenbilanz** des Einrichtungshauses Brauer GmbH zum 31. Dezember .. :

0510	Bebaute Grundstücke	48.000,00	—
0530	Betriebsgebäude	150.000,00	—
0810	Ladenausstattung	64.200,00	—
0830	Lagerausstattung	10.000,00	—
0840	Fuhrpark	73.400,00	—
0890	Geringwertige Wirtschaftsgüter	3.200,00	—
2000	Waren	14.800,00	—
2400	Forderungen a. LL	83.636,00	79.000,00
2450	Besitzwechsel	31.000,00	10.000,00
2600	Vorsteuer	82.200,00	78.500,00
2690	Übrige sonstige Forderungen	—	—
2800	Bank	328.400,00	250.000,00

6560208

Konto		Soll	Haben
2880	Kasse	361.300,00	307.000,00
3000	Gezeichnetes Kapital	–	400.000,00
3200	Gewinnrücklagen	–	40.000,00
3300	Ergebnisverwendung	–	–
3310	Gewinnvortrag	–	–
4250	Langfristige Bankverbindlichkeiten	–	30.000,00
4400	Verbindlichkeiten a. LL	351.400,00	378.900,00
4500	Schuldwechsel	28.700,00	37.000,00
4800	Umsatzsteuer	92.100,00	101.300,00
4830	Sonst. Verbindlichkeiten geg. Finanzbehörden ..	–	–
4890	Übrige sonstige Verbindlichkeiten	–	–
4900	Passive Rechnungsabgrenzung	–	–
5000	Umsatzerlöse	–	693.300,00
5001	Erlösberichtigungen	2.964,00	–
5400	Nebenerlöse aus Vermietung	–	2.300,00
5710	Zinserträge	–	–
6000	Aufwendungen für Waren	495.000,00	–
6001	Bezugskosten	3.700,00	–
6002	Nachlässe	–	8.400,00
6300	Gehälter	124.800,00	–
6400	Soziale Abgaben	24.100,00	–
6520	Abschreibungen auf Sachanlagen	–	–
6700	Mieten	5.300,00	–
6900	Versicherungsbeiträge	2.500,00	–
7000	Betriebliche Steuern	25.700,00	–
7500	Zinsaufwendungen	2.100,00	–
7710	Körperschaftsteuer	7.200,00	–
		2.415.700,00	2.415.700,00

Führen Sie den Abschluss auf Konten durch.

Abschlussangaben:

Direkte Abschreibung auf das Betriebsgebäude 2 % von den Anschaffungskosten des Gebäudes 160.000,00 DM, auf Ladenausstattung 12$\frac{1}{2}$ % vom Buchwert, auf Lagerausstattung 10 % vom Buchwert und auf Fuhrpark 15 % vom Buchwert.

Warenbestand laut Inventur 66.200,00 DM.

Es steht noch eine Zinsgutschrift der Bank über 300,00 DM aus. Der Posten von 2.300,00 DM im Konto 5400 Nebenerlöse aus Vermietung enthält einen Betrag von 600,00 DM, den ein Mieter am 1. Dezember für drei Monate im Voraus gezahlt hat.

Gewinnverteilung laut Gesellschafterbeschluss:

Die Rücklagen werden mit 3.000,00 DM gespeist. Die Gesellschafter erhalten auf ihr Kapital eine Dividende von 8 % (– 25 % Kapitalertragsteuer).

Der Rest ist auf neue Rechnung vorzutragen.

31 Auswertung des Jahresabschlusses

Bilanzen und Gewinn- und Verlustrechnungen dienen nicht nur der **Rechnungslegung.** Sie bieten gleichzeitig die Möglichkeit **Einblick in die Vermögens- und Kapitalsituation sowie** die **Ertragslage** eines Unternehmens zu gewinnen. Die Entwicklung eines Unternehmens lässt sich besonders gut durch einen **Vergleich** mehrerer aufeinander folgender Jahresabschlüsse beurteilen (Zeitvergleich). Ein Vergleich mit den Zahlen anderer branchengleicher Unternehmen (Betriebsvergleich) macht die Entwicklung des Unternehmens im Rahmen seiner Branche deutlich.

Die Jahresabschlüsse sind nicht nur für das Unternehmen selbst, sondern auch für Außenstehende von Interesse. **Veröffentlichte Jahresabschlüsse bieten** Lieferanten, Konkurrenten und Kreditgebern **Einblick in das Unternehmen.** Lieferanten können feststellen, ob die flüssigen Mittel ausreichen den kurzfristigen Verbindlichkeiten nachzukommen. Kreditgeber können beurteilen, ob genügend Haftungskapital (Eigenkapital) vorhanden ist. An einer Beteiligung Interessierte können die Rentabilität des Umsatzes und des investierten Kapitals beurteilen. Besonders die Geschäftsleitung wird den eigenen Jahresabschluss kritisch beurteilen.

Bevor man Jahresabschlüsse beurteilen kann, muss man die Zahlen aufbereiten.

> Der Jahresabschluss dient nicht nur der Rechnungslegung.
> Er bietet bei entsprechender Auswertung auch Einblick in die Vermögens- und Kapitalsituation sowie in die Ertragslage.

31.1 Aufbereitung der Bilanz

Die Bilanz enthält viele Einzelzahlen, die einen detaillierten Einblick ermöglichen. Bei der Beurteilung der Bilanz ist es aber notwendig, die Einzelpositionen gruppenweise zusammenzufassen, damit man die wichtigsten Größenverhältnisse besser zum Ausdruck bringt und einen Gesamtüberblick gewinnt. Eine Bilanz aufzubereiten heißt, die zahlreichen Einzelpositionen so zusammenzufassen, dass die für die Beurteilung wichtigen Werte erkennbar sind.

Vorher wird die Bilanz schon um bestimmte Posten bereinigt:

Man saldiert die Wertberichtigungen mit den entsprechenden Aktivwerten der Bilanz, rechnet die Aktiven Rechnungsabgrenzungsposten den kurzfristigen Forderungen und die Passiven Rechnungsabgrenzungsposten den kurzfristigen Verbindlichkeiten zu.

Die Abschlusskonten enthalten absolute Zahlen. Der Aussagewert dieser Konten wird verbessert, indem man das Verhältnis der Zahlen zueinander ausdrückt. Man ermittelt den prozentualen Anteil der Einzelwerte an der Gesamtsumme der Aktiva bzw. Passiva (Bilanzsummen).

6560210

Ein Einzelhandelsunternehmen hat zum 31. Dezember .. folgende Schlussbilanz:

Aktiva	Bilanz zum 31. Dezember ..		Passiva
Bebaute Grundstücke	500.000,00	Eigenkapital	750.000,00
Betriebsgebäude	800.000,00	Hypothekenschulden	490.000,00
Geschäftsausstattung	200.000,00	Darlehensschulden	535.000,00
Waren	625.000,00	Verbindlichkeiten a. LL	714.000,00
Forderungen a. LL	245.000,00	Sonstige Verbindlichkeiten ..	8.000,00
Sonstige Forderungen	4.000,00	Passive Rechnungsabgrenz. .	3.000,00
Bankguthaben	122.000,00		
Kasse	3.000,00		
Aktive Rechnungsabgrenz. ..	1.000,00		
	2.500.000,00		2.500.000,00

Für die Auswertung der Bilanz ist es notwendig, sie aufzubereiten. Das Anlagevermögen fasst man zu einem Posten zusammen. Das Umlaufvermögen wird in den Posten Vorräte, Forderungen und flüssige Mittel zusammengefasst. Auf der Passivseite stehen neben dem Eigenkapital nur das langfristige und das kurzfristige Fremdkapital. Außerdem ermittelt man den prozentualen Anteil des Anlage- und des Umlaufvermögens am Gesamtvermögen sowie den prozentualen Anteil des Eigen- und des Fremdkapitals am Gesamtkapital.

Aktiva	Vereinfachte Bilanz zum 31. Dezember ..		Passiva	
Anlagevermögen ..	1.500.000,00	60 %	Eigenkapital 750.000,00	30 %
Umlaufvermögen:			Fremdkapital:	
1. Vorräte	625.000,00	25 %	1. langfr. Fremdk. . 1.025.000,00	41 %
2. Forderungen ...	250.000,00	10 %	2. kurzfr. Fremdk. . 725.000,00	29 %
3. Flüssige Mittel .	125.000,00	5 %		
	2.500.000,00	100 %	2.500.000,00	100 %

Diese vereinfachte Bilanz gibt nur einen ersten Überblick über die Vermögens- und Kapitalstruktur des Unternehmens. Sie muss weiter ausgewertet werden.

31.2 Auswertung der Bilanz

31.2.1 Die Vermögensstruktur (Konstitution)

Die Struktur (Zusammensetzung) des Vermögens wird in erster Linie durch die Branchenzugehörigkeit des Unternehmens bestimmt. Ein Großhandelsunternehmen mit einem großen Fuhrpark muss einen wesentlich höheren Anteil seines Vermögens langfristig in Anlagegütern investieren als ein Unternehmen, in dem die Warenvorräte und die anderen Posten des Umlaufvermögens überwiegen.

Je größer der Anteil des Anlagevermögens ist, desto mehr Kapital ist langfristig gebunden. Hohe Fixkosten (feste Kosten) für Kapitalverzinsung, Abschreibungen und Instandhaltung belasten die Ertragslage. Deswegen sind anlageintensive Unternehmen gezwungen ihre Kapazität voll auszunutzen, um die Fixkosten auf eine möglichst große Anzahl von Waren zu verteilen.

Überwiegt in einem Unternehmen das Umlaufvermögen, so sind die meisten Vermögenswerte nur kurzfristig gebunden und werden relativ schnell wieder zu flüssigen Mitteln.

Beachten Sie aber: Auch ein Teil des Umlaufvermögens ist langfristig gebunden, z. B. der „Eiserne Bestand" an Waren.

Kennzahlen der Vermögensstruktur:

Ein Einzelhandelsunternehmen hat ein Anlagevermögen von 1.500.000,00 DM. Das Umlaufvermögen besteht aus Vorräten (Waren) 625.000,00 DM, Forderungen 250.000,00 DM und flüssigen Mitteln 125.000,00 DM (siehe Beispiel Seite 211).

$$\text{Anteil des Anlagevermögens} = \frac{\text{Anlagevermögen} \cdot 100}{\text{Gesamtvermögen}} = \frac{1.500.000,00 \cdot 100}{2.500.000,00} = 60\,\%$$

$$\text{Anteil des Umlaufvermögens} = \frac{\text{Umlaufvermögen} \cdot 100}{\text{Gesamtvermögen}} = \frac{1.000.000,00 \cdot 100}{2.500.000,00} = 40\,\%$$

Eine Aufteilung des Umlaufvermögens in Vorräte, Forderungen und flüssige Mittel vermittelt einen tieferen Einblick in die Vermögensstruktur.

$$\text{Anteil der Vorräte} = \frac{\text{Vorräte} \cdot 100}{\text{Gesamtvermögen}} = \frac{625.000,00 \cdot 100}{2.500.000,00} = 25\,\%$$

$$\text{Anteil der Forderungen} = \frac{\text{Forderungen} \cdot 100}{\text{Gesamtvermögen}} = \frac{250.000,00 \cdot 100}{2.500.000,00} = 10\,\%$$

$$\text{Anteil der flüssigen Mittel} = \frac{\text{Flüssige Mittel} \cdot 100}{\text{Gesamtvermögen}} = \frac{125.000,00 \cdot 100}{2.500.000,00} = 5\,\%$$

---

1 Das Vermögen eines Einzelhandelsunternehmens setzt sich am 31. Dezember .. (Berichtsjahr) folgendermaßen zusammen:

Grundstücke und Bauten	756.000,00 DM
Betriebsausstattung	144.000,00 DM
Fahrzeuge	126.000,00 DM
Warenvorräte	522.000,00 DM
Forderungen a. LL	90.000,00 DM
Sonstige Forderungen	14.000,00 DM
Kasse	7.000,00 DM
Postbank	90.000,00 DM
Bank	47.000,00 DM
Aktive Rechnungsabgrenzung	4.000,00 DM
	1.800.000,00 DM

Fassen Sie das Vermögen nach dem Schema von Seite 211 zusammen und ermitteln Sie die entsprechenden Kennzahlen.

Vergleichen Sie die errechneten Werte mit den Werten des Vorjahres.

Anlagevermögen	1.008.000,00 DM	63 %
Vorräte	400.000,00 DM	25 %
Forderungen	80.000,00 DM	5 %
Flüssige Mittel	112.000,00 DM	7 %
	1.600.000,00 DM	**100 %**

---

2 **Frage:**

Wie beurteilen Sie die Zunahme der Vorräte und Forderungen, wenn die Umsatzerlöse im Berichtsjahr um 25 % gestiegen sind?

31.2.2 Die Kapitalstruktur (Finanzierung)

Die anteilige Zusammensetzung des Kapitals aus Eigenkapital und Fremdkapital hat für das Unternehmen besondere Bedeutung.

Ein hoher Eigenkapitalanteil wirkt sich vorteilhaft aus. Er verbessert die Kreditwürdigkeit gegenüber Banken und Gläubigern und gewährt **finanzielle Unabhängigkeit.**

Ist das Unternehmen gezwungen mit einem hohen Fremdkapitalanteil zu arbeiten, so fallen erhebliche Zinsaufwendungen an. Da die Fremdkapitalzinsen in jedem Falle, also unabhängig von der Ertragslage, gezahlt werden müssen, belasten sie das Ergebnis in schlechten Geschäftsjahren zusätzlich. Der **Grad der Verschuldung** hat besondere Bedeutung.

Kennzahlen der Kapitalstruktur:

Ein Einzelhandelsunternehmen weist in der Bilanz folgende Passivwerte aus:

Eigenkapital	750.000,00 DM
Hypothekenschulden	490.000,00 DM
Darlehnsschulden	535.000,00 DM
Verbindlichkeiten a. LL	714.000,00 DM
Sonstige Verbindlichkeiten	8.000,00 DM
Passive Rechnungsabgrenzung	3.000,00 DM

Bereiten Sie die Zahlen nach dem Schema von Seite 211 auf.

$$\text{Grad der finanziellen Unabhängigkeit} = \frac{\text{Eigenkapital} \cdot 100}{\text{Gesamtkapital}} = \frac{750.000,00 \cdot 100}{2.500.000,00} = 30\%$$

$$\text{Grad der Verschuldung} = \frac{\text{Fremdkapital} \cdot 100}{\text{Gesamtkapital}} = \frac{1.750.000,00 \cdot 100}{2.500.000,00} = 70\%$$

Da das Fremdkapital sich aus verschiedenen Verbindlichkeiten mit sehr unterschiedlicher Rückzahlungsfrist zusammensetzt, ist es sinnvoll, den Grad der Verschuldung aufzuteilen in:

$$\text{Anteil des langfristigen Fremdkapitals} = \frac{\text{langfristiges Fremdkapital} \cdot 100}{\text{Gesamtkapital}} = \frac{1.025.000,00 \cdot 100}{2.500.000,00} = 41\%$$

$$\text{Anteil des kurzfristigen Fremdkapitals} = \frac{\text{kurzfristiges Fremdkapital} \cdot 100}{\text{Gesamtkapital}} = \frac{725.000,00 \cdot 100}{2.500.000,00} = 29\%$$

Die Aufteilung zeigt, dass nur etwa die Hälfte des Fremdkapitals kurzfristig ist, das daher in absehbarer Zeit zurückgezahlt werden muss.

---

3 Ein Einzelhandelsunternehmen weist in der Bilanz folgende Passivwerte aus:

Eigenkapital	532.000,00
Hypothekenschulden	420.000,00
Verbindlichkeiten a. LL	385.000,00
Schuldwechsel	51.000,00
Sonstige Verbindlichkeiten	8.000,00
Umsatzsteuer	4.000,00
	1.400.000,00

Ermitteln Sie die Kennzahlen der Kapitalstruktur.

31.2.3 Die Investierung (Anlagendeckung)

Bei der Beurteilung der Bilanz darf man Vermögensstruktur und Kapitalstruktur nicht einzeln betrachten, sondern muss sie im Zusammenhang sehen, denn sie beeinflussen sich gegenseitig.

Langfristige Investitionen in Form von Anlagegütern können nur durch langfristig zur Verfügung stehendes Kapital finanziert werden. Dazu eignet sich besonders das Eigenkapital. Auch langfristiges Fremdkapital kann zur Finanzierung herangezogen werden. Kurzfristiges Fremdkapital eignet sich nicht zur langfristigen Anlage. Es wird früher zur Rückzahlung fällig, als die damit finanzierte Anlage über die Abschreibungen zu flüssigen Mitteln wird.

Die Deckung des Anlagevermögens durch die verschiedenen Kapitalformen bezeichnet man als Investierung.

Kennzahlen der Investierung:

Ein Einzelhandelsunternehmen weist ein Anlagevermögen von 1.500.000,00 DM aus. Das Eigenkapital beträgt 750.000,00 DM, das langfristige Fremdkapital 1.025.000,00 DM (siehe Beispiel Seite 211).

$$\text{Deckungsgrad I} = \frac{\text{Eigenkapital} \cdot 100}{\text{Anlagevermögen}} = \frac{750.000,00 \cdot 100}{1.500.000,00} = 50\,\%$$

Der Deckungsgrad I gibt an, zu wie viel Prozent das Anlagevermögen durch Eigenkapital finanziert wurde.

$$\text{Deckungsgrad II} = \frac{\text{Langfristiges Kapital} \cdot 100}{\text{Anlagevermögen}} = \frac{1.775.000,00 \cdot 100}{1.500.000,00} = 118,3\,\%$$

Der Deckungsgrad II kennzeichnet das Verhältnis des langfristigen Kapitals (Eigen- und Fremdkapital) zum Anlagevermögen.

Eigenkapital und langfristiges Fremdkapital reichen in diesem Beispiel zur Abdeckung des Anlagevermögens; es bleibt sogar ein Anteil von 225.000,00 DM = 18,3 % übrig, mit dem ein Teil des Umlaufvermögens langfristig finanziert werden kann.

---

4 Aufbereitete Bilanz eines Einzelhandelsunternehmens:

Aktiva		Passiva	
Anlagevermögen	1.800.000,00	Eigenkapital	1.620.000,00
Umlaufvermögen:		Fremdkapital:	
1. Vorräte	990.000,00	1. langfr. Fremdkapital .	1.260.000,00
2. Forderungen	60.000,00	2. kurzfr. Fremdkapital .	120.000,00
3. Flüssige Mittel	150.000,00		
	3.000.000,00		3.000.000,00

Ermitteln und beurteilen Sie die Vermögensstruktur, die Kapitalstruktur und die Investierung.

31.2.4   Die Zahlungsbereitschaft (Liquidität)

Zur Erfüllung seiner Verbindlichkeiten benötigt das Unternehmen flüssige Mittel. Das gilt besonders für die Verbindlichkeiten mit der kürzesten Lauffrist.

Die Liquidität eines Unternehmens ist seine Zahlungsbereitschaft, die sich aus dem Verhältnis der flüssigen Mittel zu den kurzfristigen Verbindlichkeiten ermitteln lässt. Da die Bilanz für einen Stichtag erstellt ist, lässt sich aus ihr nur die Liquidität zu diesem Stichtag erkennen. Die täglichen Einnahmen und Ausgaben verändern das Verhältnis zwischen den flüssigen Mitteln und den kurzfristigen Verbindlichkeiten ständig. Wer einen Einblick in die täglichen Schwankungen der Liquidität gewinnen will, muss einen genauen Liquiditäts- und Finanzplan aufstellen.

Man unterscheidet drei Stufen der Liquidität, je nachdem, ob man nur die flüssigen Mittel (Kasse, Bank, Postbank und Besitzwechsel) oder auch zusätzlich die Forderungen oder das gesamte Umlaufvermögen zu den kurzfristigen Verbindlichkeiten in Beziehung setzt.

Kennzahlen der Liquidität:

Die kurzfristigen Verbindlichkeiten eines Einzelhandelsbetriebes betragen 400.000,00 DM. Das Umlaufvermögen setzt sich folgendermaßen zusammen: flüssige Mittel 325.000,00 DM, Forderungen 125.000,00 DM und Vorräte 250.000,00 DM.

Liquidität I $= \dfrac{\text{Flüssige Mittel} \cdot 100}{\text{Kurzfr. Fremdkapital}} = \dfrac{325.000,00 \cdot 100}{400.000,00} = 80\,\%$

Die Liquidität I wird als **Barliquidität** bezeichnet. Nur die flüssigen Mittel stellt man dem kurzfristigen Fremdkapital gegenüber.

Liquidität II $= \dfrac{(\text{Fl. Mittel} + \text{Forderungen}) \cdot 100}{\text{Kurzfr. Fremdkapital}} = \dfrac{450.000,00 \cdot 100}{400.000,00} = 106,25\,\%$

Bei der Liquidität II zählen auch die Forderungen (die in Kürze eingezogen werden) zu den Barmitteln. Sie heißt daher **Einzugsliquidität.**

Liquidität III $= \dfrac{\text{Umlaufvermögen} \cdot 100}{\text{Kurzfr. Fremdkapital}} = \dfrac{700.000,00 \cdot 100}{400.000,00} = 175\,\%$

Setzt man das gesamte Umlaufvermögen zu den kurzfristigen Verbindlichkeiten in Beziehung, so ist das Ergebnis die **Umsatzliquidität.**

Nur selten werden die Mittel der Barliquidität zur Abdeckung der kurzfristigen Verpflichtungen ausreichen. Es entspricht durchaus einer vernünftigen Finanzplanung, wenn die Einzugsliquidität 100 % angemessen übersteigt. Will man die Zahlungseingänge aus den fälligen Forderungen als liquide Mittel verwenden, so muss man berücksichtigen, dass ein Teil dieser Forderungen nicht fristgerecht eingeht.

Macht die Liquidität III wesentlich mehr als 100 % aus, so dürften im Allgemeinen keine Engpässe in der Zahlungsbereitschaft auftreten.

5 Berechnen Sie aus den folgenden Angaben eines Einzelhandelsunternehmens die Barliquidität, die Einzugsliquidität und die Umsatzliquidität:

Vorräte	138.000,00	Bankschulden	12.000,00
Forderungen a. LL	198.000,00	Sonst. Verbindlichkeiten	5.000,00
Kasse	60.000,00	Verbindlichkeiten a. LL	163.000,00

6 Die Bilanz eines Einzelhandelsunternehmens enthält folgende Werte:

Aktiva		Passiva	
Bebaute Grundstücke	80.000,00	Eigenkapital	416.000,00
Betriebsgebäude	186.000,00	Rückstellungen	84.000,00
Ladenausstattung	70.000,00	Hypothekenschulden	104.000,00
Lagerausstattung	56.200,00	kurzfr. Bankschulden	97.300,00
Fuhrpark	8.000,00	Verbindlichkeiten a. LL	108.400,00
Waren	291.300,00	Schuldwechsel	65.100,00
Forderungen a. LL	176.000,00	Sonstige Verbindlichkeiten	1.200,00
Sonstige Forderungen	1.800,00	Passive Rechnungsabgr.	2.200,00
Kasse	6.300,00		
Aktive Rechnungsabgr.	2.600,00		
	878.200,00		878.200,00

Erläuterung: Von den Rückstellungen müssen $2/3$ dem kurzfristigen Fremdkapital, der Rest dem langfristigen Fremdkapital zugerechnet werden.

Bereiten Sie die Bilanz für eine Beurteilung auf.

Laut Mitteilung des Fachverbandes kann in vergleichbaren Betrieben mit folgenden Richtwerten gerechnet werden:

Grad der Verschuldung:	46 %	Vorratsquote:	15 %
Deckungsgrad II:	135 %	Anteil der flüssigen Mittel:	6 %
Anlageintensität:	47 %	Liquidität III:	180 %

Stellen Sie fest, wo erhebliche Abweichungen von den Richtwerten vorliegen und wo die besonderen Gefahren für dieses Unternehmen liegen.

Aktiva	Aufbereitete Bilanz	Passiva
↕ Anlagevermögen 1. **↕ Umlaufvermögen**	3. → 4. →	**↕** Eigenkapital **↕** 2. Fremdkapital
1. Vorräte		1. Langfristiges Fremdkapital
2. Forderungen		2. Kurzfristiges Fremdkapital
3. Flüssige Mittel		
Summe des Vermögens		**Summe des Kapitals**

Kennzahlen der Bilanzstruktur:

1. Vermögensstruktur	Anlagevermögen	: Umlaufvermögen	vertikal
2. Kapitalstruktur	Eigenkapital	: Fremdkapital	vertikal
3. Investierung	Eigenkapital	: Anlagevermögen	horizontal
4. Liquidität	Umlaufvermögen	: Fremdkapital	horizontal

31.3 Auswertung der Erfolgsrechnung

31.3.1 Kostenstatistik

Die Erfolgsrechnung (Gewinn und Verlust) enthält neben dem Wareneinsatz auch die verschiedenen Kostenarten, die betriebsnotwendig waren. Anhand der Kostensummen führt die Betriebsleitung eine Kostenkontrolle durch. Sie stellt fest, wie viel Prozent die Kosten vom Umsatz ausmachen. Vergleicht man die Kosten über mehrere Jahre hinweg, so kann man die Kostenentwicklung erkennen (Zeitvergleich).

Aber auch Vergleiche mit Durchschnittswerten, die von Fachverbänden veröffentlicht werden, sind aufschlussreich (zwischenbetrieblicher Vergleich).

Die folgenden Aufgaben enthalten einige wichtige Kosten-Umsatz-Vergleiche.

7

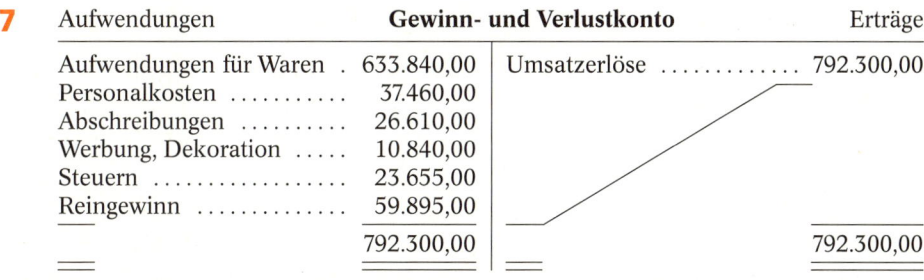

Aufwendungen		**Gewinn- und Verlustkonto**	Erträge
Aufwendungen für Waren .	633.840,00	Umsatzerlöse	792.300,00
Personalkosten	37.460,00		
Abschreibungen	26.610,00		
Werbung, Dekoration	10.840,00		
Steuern	23.655,00		
Reingewinn	59.895,00		
	792.300,00		792.300,00

Berechnen Sie die Prozentsätze der Kostenarten vom Umsatz.

8 Vergleichen Sie die Entwicklung der Personalkosten im Verhältnis zum Umsatz.

	1. Jahr	2. Jahr	3. Jahr	4. Jahr
Umsatz	1.837.400,00	1.881.900,00	1.945.200,00	1.998.600,00
Personalkosten	40.027,00	43.301,00	47.921,00	52.326,00

9 Vergleichen Sie die Entwicklung der Gesamtkosten im Verhältnis zum Umsatz.

	1. Jahr	2. Jahr	3. Jahr	4. Jahr
Umsatz	1.679.200,00	1.704.500,00	1.761.900,00	1.824.300,00
Gesamtkosten	86.258,00	92.290,00	105.904,00	121.170,00

10

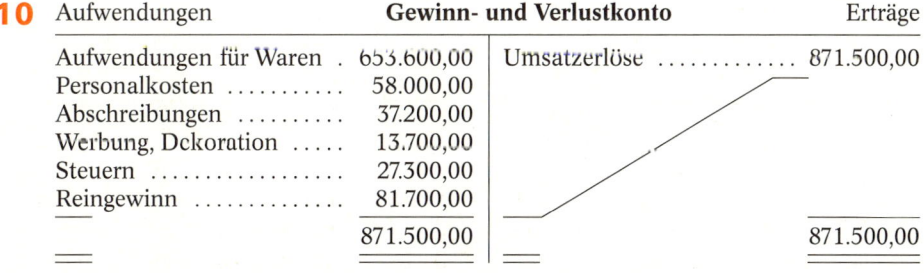

Aufwendungen		**Gewinn- und Verlustkonto**	Erträge
Aufwendungen für Waren .	653.600,00	Umsatzerlöse	871.500,00
Personalkosten	58.000,00		
Abschreibungen	37.200,00		
Werbung, Dekoration	13.700,00		
Steuern	27.300,00		
Reingewinn	81.700,00		
	871.500,00		871.500,00

Verfahren Sie wie in Aufgabe 7 und vergleichen Sie die Ergebnisse.

11 Vergleichen Sie die Prozentsätze der Kosten eines Einzelhandelsunternehmens mit den Richtzahlen des Fachverbandes (Durchschnittswerte gleich großer Betriebe).

Kostenart	Personalkosten	Mieten	Steuern
Richtzahl (F'verband)	6,1 %	2,4 %	0,9 %
Istzahl (EH'unternehmen)	5,9 %	2,3 %	0,9 %

Kostenart	Werbung	Abschreibungen	Allg. Verwaltung
Richtzahl (F'verband)	1,4 %	2,2 %	1,1 %
Istzahl (EH'unternehmen)	1,7 %	2,1 %	0,8 %

31.3.2 Wirtschaftlichkeit der Lagerhaltung

Der Gewinn des Handelsbetriebes wird in erster Linie durch den Verkauf von Waren erzielt. Für den Umsatz legt der Einzelhändler Waren auf Lager. Die Höhe des benötigten Lagerbestandes kann er nur schätzen. Der Lagerbestand darf nicht zu groß sein (totes Kapital); er darf aber auch nicht so klein bemessen sein, dass der Umsatz darunter leidet.

Der Jahresabschluss zeigt, ob es gelungen ist, einen hohen Umsatz mit einem angemessenen Lagerbestand zu erzielen. Zu dieser Kontrolle benötigt man den Wareneinsatz (Aufwendungen für Waren) und den Lagerbestand. Da die Höhe des Lagerbestandes im Laufe des Jahres stark schwankt, geht man von einem Durchschnittswert aus.

Anfangsbestand 1. Jan. 131.000,00 DM
Endbestand 31. Dez. 97.000,00 DM
                       ─────────────
                       228.000,00 DM

$$\text{durchschnittlicher Lagerbestand} = \frac{228.000,00}{2} = 114.000,00 \text{ DM}$$

Diese Rechnung ist sehr grob, da sie nur zwei Bestände berücksichtigt. Zu einem genaueren Ergebnis gelangt man, wenn man dem Anfangsbestand die 12 Monatsendbestände hinzurechnet und aus der Summe einen Durchschnittswert ermittelt.

Anfangsbestand 1. Jan. 131.000,00 DM
Endbestände Jan.–Dez. 1.702.000,00 DM
                       ───────────────
                       1.833.000,00 DM

$$\text{durchschnittlicher Lagerbestand} = \frac{1.833.000,00}{13} = 141.000,00 \text{ DM}$$

$$\text{durchschnittlicher Lagerbestand} = \frac{AB + 12 \text{ Monatsendbestände}}{13}$$

Beträgt der Wareneinsatz 1.128.000,00 DM, so ist der durchschnittliche Lagerbestand im Laufe des Jahres achtmal umgesetzt worden: 1.128.000,00 DM : 141.000,00 DM = 8. Diese Zahl bezeichnet man als **Umsatzhäufigkeit.**

$$\text{Umsatzhäufigkeit} = \frac{\text{Wareneinsatz}}{\text{durchschnittlicher Lagerbestand}}$$

Aus der Umsatzhäufigkeit lässt sich eine weitere Kennzahl ableiten. Rechnet man das Geschäftsjahr mit 360 Tagen, so lässt sich die **durchschnittliche Lagerdauer** ermitteln: 360 Tage : 8 = 45 Tage. Die Ware befand sich also durchschnittlich 45 Tage auf Lager.

$$\text{durchschnittliche Lagerdauer} = \frac{360 \text{ Tage}}{\text{Umsatzhäufigkeit}}$$

6560218

12 Berechnen Sie: durchschnittlichen Lagerbestand, Umsatzhäufigkeit und durchschnittliche Lagerdauer aus den folgenden Angaben:

Lagerbestände:			
	31. März 65.900,00 DM	31. Aug. 68.400,00 DM
	30. April 69.800,00 DM	30. Sept. 72.000,00 DM
1. Jan. 58.000,00 DM	31. Mai 52.100,00 DM	31. Okt. 70.900,00 DM
31. Jan. 62.700,00 DM	30. Juni 55.100,00 DM	30. Nov. 73.200,00 DM
28. Febr. 54.200,00 DM	31. Juli 49.000,00 DM	31. Dez. 61.200,00 DM

Der Wareneinsatz (Aufwendungen für Waren) beträgt 625.000,00 DM.

31.3.3 Rentabilitätsberechnungen

Die **Rentabilität** zeigt das Ergebnis der betrieblichen Tätigkeit, sie **ist der Maßstab für den Erfolg eines Unternehmens.** Die Rentabilität wird berechnet aus dem Verhältnis des Reingewinns zum eingesetzten Kapital (Eigenkapital bzw. Gesamtkapital) oder zum Umsatz. Man unterscheidet demnach die **Kapital**rentabilität von der **Umsatz**rentabilität.

31.3.3.1 Rentabilität des Eigenkapitals (Unternehmerrentabilität)

Die **Unternehmer**rentabilität vergleicht den Unternehmergewinn mit dem Eigenkapital zu Anfang des Geschäftsjahres. Der Gewinn des Unternehmens muss ein Entgelt für den Arbeitseinsatz des Unternehmers, eine angemessene Verzinsung des Eigenkapitals und darüber hinaus noch eine Prämie für das allgemeine Unternehmerrisiko abwerfen.

Wegen der Vergleichbarkeit mit der Rentabilität von Kapitalgesellschaften, bei denen für die leitenden Angestellten Personalaufwendungen anfallen, muss in einem Einzelunternehmen oder in einer Personengesellschaft der Jahresgewinn um einen angemessenen Unternehmerlohn bereinigt werden.

> **Unternehmerlohn** ist das Entgelt für die Arbeit des Unternehmers.
>
> Der **Unternehmergewinn** ergibt sich aus der Differenz zwischen Reingewinn und Unternehmerlohn. Dem Unternehmerlohn legt man das Gehalt eines leitenden Angestellten in vergleichbarer Position zugrunde.

Aus der Buchhaltung ergeben sich folgende Zahlen: Eigenkapital (Anfangskapital) 425.000,00 DM, Reingewinn 118.000,00 DM. Monatlicher Unternehmerlohn 7.000,00 DM.

Berechnung des Unternehmergewinns:

Reingewinn	118.000,00 DM
– Unternehmerlohn	84.000,00 DM
= Unternehmergewinn	34.000,00 DM

$$\text{Unternehmerrentabilität} = \frac{\text{Unternehmergewinn} \cdot 100}{\text{Eigenkapital}} = \frac{34\,000,00 \cdot 100}{425.000,00} = 8\,\%$$

Die Unternehmerrentabilität zeigt, mit welchem Erfolg das Eigenkapital eingesetzt wurde. Die Rendite sollte über dem Zinssatz für langfristig angelegte Gelder liegen, damit sie neben dem Unternehmerlohn und den Zinsen für das Eigenkapital noch eine Prämie für das übernommene Risiko (Unternehmerwagnis) enthält.

13 Berechnen Sie die Unternehmerrentabilität für die folgenden Jahre.

	1. Jahr	2. Jahr	3. Jahr
Eigenkapital	240.000,00	288.000,00	333.200,00
Aufwendungen	632.000,00	674.800,00	743.340,00
Erträge	730.000,00	770.000,00	850.000,00
verrechneter Unternehmerlohn ..	86.000,00	88.000,00	90.000,00

31.3.3.2 Rentabilität des Gesamtkapitals (Unternehmungsrentabilität)

Der Reingewinn wurde mit dem Gesamtkapital (Eigen- und Fremdkapital) erzielt. Für das Fremdkapital mussten Zinsen gezahlt werden, die bei der Gewinnberechnung als Aufwand abgesetzt wurden. Bei der Berechnung der Unternehmungsrentabilität müssen diese Zinsen deshalb dem Unternehmergewinn wieder zugezählt werden.

Aus der Buchhaltung ergeben sich: Eigenkapital 475.000,00 DM, Fremdkapital 150.000,00 DM, Zinsaufwendungen 9.000,00 DM. Unternehmergewinn 34.000,00 DM.

$$\text{Unternehmungsrentabilität} = \frac{(\text{Unternehmergewinn} + \text{Zinsen}) \cdot 100}{\text{Gesamtkapital}} = \frac{(34.000 + 9.000) \cdot 100}{625.000} = 6,88\,\%$$

Die Unternehmungsrentabilität zeigt, ob der Fremdkapitaleinsatz günstig war. Er ist dann rentabel, wenn die Unternehmungsrentabilität kleiner ist als die Unternehmerrentabilität.

14

Aktiva	Schlussbilanz		Passiva
Anlagevermögen	500.000,00	**Eigenkapital**	400.000,00
Umlaufvermögen:		**Fremdkapital:**	
Waren	100.000,00	Hypothekenschuld	180.000,00
Forderungen a. LL	15.000,00	Bankschulden	127.000,00
Flüssige Mittel	185.000,00	Verbindlichkeiten a. LL	90.000,00
		Umsatzsteuer	3.000,00
	800.000,00		800.000,00

Aufwendungen	Gewinn- und Verlustkonto		Erträge
Aufwendungen für Waren	1.440.000,00	Umsatzerlöse	1.800.000,00
Personalkosten	192.500,00		
Abschreibungen	25.000,00		
Mieten, Pachten	14.500,00		
Aufwendungen für Komm.	9.400,00		
Betriebliche Steuern	28.600,00		
Zinsaufwendungen	24.000,00		
Reingewinn	66.000,00		
	1.800.000,00		1.800.000,00

Was kann man über Finanzierung, Vermögensaufbau, Kapitalinvestierung, Zahlungsbereitschaft aussagen? Wie hoch war die durchschnittliche Lagerdauer der Waren, durchschnittlicher Lagerbestand 80.000,00 DM? Ermitteln Sie die Rentabilität des Eigenkapitals und des Gesamtkapitals (Unternehmerlohn 54.000,00 DM).

31.3.3.3 Umsatzrentabilität

Die Umsatzrentabilität gibt Aufschluss über den prozentualen Anteil des Unternehmergewinns zum Umsatz.

$$\text{Umsatzrentabilität} = \frac{\text{Unternehmergewinn} \cdot 100}{\text{Umsatz zu Verkaufspreisen}} = \frac{34.000,00 \cdot 100}{850.000,00} = 4\,\%$$

Je günstiger dieses Verhältnis ausfällt, desto größer war der Erfolg. Der Einzelhändler bemüht sich dieses Verhältnis möglichst zu seinen Gunsten zu beeinflussen. Da die Verkaufspreise durch die Konkurrenz annähernd festliegen, kann er seinen Gewinn steigern, wenn es ihm gelingt, die Kosten zu senken. Vergleicht man die Umsatzrentabilität mehrerer Jahre, so ergeben sich wertvolle Erkenntnisse über die Unternehmensentwicklung.

---

15 Die Buchhaltung weist aus:

	1. Jahr	2. Jahr	3. Jahr
Eigenkapital	230.000,00	250.000,00	280.000,00
Fremdkapital	160.000,00	200.000,00	190.000,00
Reingewinn	92.000,00	106.000,00	112.000,00
Zinsen für Fremdkapital	8.000,00	12.000,00	13.300,00
Umsatzerlöse	680.000,00	740.000,00	780.000,00
Verrechneter Unternehmerlohn	74.000,00	80.000,00	83.000,00

1. Berechnen Sie die Unternehmer-, Unternehmungs- und Umsatzrentabilität.
2. Welche Aussagen lassen sich über die Unternehmensentwicklung machen?

---

16 Der Jahresabschluss eines Einzelhandelsunternehmens weist folgende Werte auf:

Aktiva	**Schlussbilanz**		Passiva
Anlagevermögen 400.000,00		**Eigenkapital** 450.000,00	
Umlaufvermögen:		**Fremdkapital:**	
Waren 120.000,00		Hypothekenschuld 150.000,00	
Forderungen a. LL 20.000,00		Verbindlichkeiten a. LL 96.000,00	
Flüssige Mittel 160.000,00		Umsatzsteuer 4.000,00	
700.000,00		700.000,00	

Aufwendungen	**Gewinn- und Verlustkonto**		Erträge
Aufwendungen für Waren . 720.000,00		Umsatzerlöse 960.000,00	
Personalkosten 108.700,00			
Abschreibungen 20.000,00			
Mieten, Pachten 7.300,00			
Aufwendungen f. Komm. ,. 4.000,00			
Betriebliche Steuern 17.800,00			
Zinsaufwendungen 15.000,00			
Reingewinn 67.200,00			
960.000,00		960.000,00	

Was kann man über Finanzierung, Vermögensaufbau, Kapitalinvestierung und Zahlungsbereitschaft aussagen? Wie hoch war die durchschnittliche Lagerdauer der Waren (durchschnittl. Lagerbestand 60.000,00 DM)? Ermitteln Sie die Rentabilität des Eigen- und des Gesamtkapitals (Unternehmerlohn 48.000,00 DM)?

31.4 Wirtschaftlichkeits- und Produktivitätskennzahlen

Bei der Wirtschaftlichkeit handelt es sich um das Verhältnis von Aufwand zu Ertrag, bei der Produktivität um das Verhältnis von Umsatz zur Beschäftigtenzahl, Raumgröße oder Kundenzahl. Grundsätzlich spielt es keine Rolle, auf welche Zeit sich die Zahlen beziehen. Für einen Vergleich muss aber auf Zeitgleichheit geachtet werden.

Beispiel: Aufwand 730.000,00, Gesamtertrag 850.000,00, Umsatz 800.000,00, beschäftigte Personen 32, Größe der Verkaufsfläche 250 m², Kundenzahl 4 500.

Allgemeine Wirtschaftlichkeit

Lösung: $\dfrac{\text{Aufwand} \cdot 100}{\text{Ertrag}}$ $\quad \dfrac{730.000,00 \cdot 100}{850.000,00} = 85,88\,\%$

Die Wirtschaftlichkeit wird mitunter auch als absolute Zahl angegeben, nämlich als

Quotient aus $\dfrac{\text{Ertrag}}{\text{Aufwand}}$. Dann lautet die Lösung: $\dfrac{850.000,00}{730.000,00} = 1,16$.

Kontrolle: $\dfrac{85,88}{100} \cdot 1,16 = 1$

Personalproduktivität

Lösung: $\dfrac{\text{Umsatz}}{\text{Beschäftigte}}$ $\quad \dfrac{800.000,00}{32} = 25.000,00 \text{ DM}$

Raumproduktivität

Lösung: $\dfrac{\text{Umsatz}}{\text{Fläche}}$ $\quad \dfrac{800.000,00}{250} = 3.200,00 \text{ DM}$

Kundenproduktivität

Lösung: $\dfrac{\text{Umsatz}}{\text{Kundenzahl}}$ $\quad \dfrac{800.000,00}{4\,500} = 177,78 \text{ DM}$

---

17 Berechnen Sie die Wirtschaftlichkeit absolut und in Prozent.

	a)	b)	c)	d)
Aufwand	240.000,00	18.000,00	5.000,00	82.375,00 DM
Ertrag	375.000,00	14.000,00	6.200,00	96.580,00 DM

18 Berechnen Sie die Personal-, Raum- und Kundenproduktivität.

Umsatz	Zahl der beschäftigten Personen	Fläche in m²	Zahl der bedienten Kunden
a) 180.000,00 DM	140	65	820
b) 75.000,00 DM	95	48	575

Wertpapierrendite

Grundsätzlich gilt auch hier die Rentabilitätsformel. Als Kapital muss das sog. angelegte Kapital oder die Anschaffungskosten, d. h. die Summe aus **Kurs**wert der Wertpapiere und deren Ankaufskosten, berücksichtigt werden. Der Ertrag sind die Dividenden, z. B. bei Aktien, oder die Zinsen bei festverzinslichen Wertpapieren, z. B. bei Anleihen oder Pfandbriefen.

$\dfrac{\text{tatsächlicher Ertrag} \cdot 100}{\text{tatsächlicher Kapitaleinsatz}}$

6560222

Sachwortverzeichnis

	Kontenklasse 7	Kontenklasse 8

GEN

7 Weitere Aufwendungen

8 Ergebnisrechnungen

ERGEBNISRECHNUNGEN

70 Betriebliche Steuern
700 Gewerbekapitalsteuer
701 Vermögensteuer
702 Grundsteuer
703 Kraftfahrzeugsteuer
709 Sonstige betriebliche
    Steuern

71 Frei

72 Frei

73 Frei

**74 Abschreibungen auf Finanz-
anlagen und auf Wertpapiere
des Umlaufvermögens**
742 Abschreibungen auf Wertpapiere des Umlaufvermögens

**75 Zinsen und ähnliche
Aufwendungen**
751 Zinsaufwendungen
753 Diskontaufwendungen

**76 Außerordentliche
Aufwendungen**
760 Außerordentliche
Aufwendungen

**77 Steuern vom Einkommen und
Ertrag**
770 Gewerbeertragsteuer
771 Körperschaftsteuer
772 Kapitalertragsteuer

78 Frei

79 Frei

80 Eröffnung/Abschluß
800 Eröffnungsbilanzkonto
801 Schlußbilanzkonto
802 Gewinn- und Verlustkonto

Kontenklasse 9

KOSTEN- UND
LEISTUNGSRECHNUNG

9 Kosten- und Leistungsrechnung

In der Praxis wird die Kosten-
und Leistungsrechnung gewöhnlich
tabellarisch durchgeführt.

einzelnen Positionen

ngruppen entsprechen den ausweispflichtigen **Bilanz- und GuV-Positionen** gem. §§ 266

t sofort als Aufwand auf dem Konto 600 „Aufwendungen für Waren" zu buchen.
Anschaffungsnebenkosten (Bezugskosten) und Anschaffungspreisminderungen = Nachlässe
Unterkonten" 6001 und 6002 zu erfassen.
erlöse für Waren" – mit dem entsprechenden „Unterkonto" 5001 „Erlösberichtigungen"
t für den Verkauf von Waren vorgesehen.
o (200) wird während der Abrechnungsperiode nicht angesprochen. Die Gegenbuchung von
ehr- und Minderbestände an Waren) ist auf dem Konto 600 „Aufwendungen für Waren"

öse"
Erfassung von Erlösen aus Anlagenverkäufen.
stige betriebliche Erträge"
senüberschüsse und Anlagenverkäufe über Buchwert.
tliche Erträge"
4 HGB.
ngen für sonstiges Material"
aufwendungen, die z. B. im Zusammenhang mit der Erbringung von Dienstleistungen

stige betriebliche Aufwendungen"
senmanko und Anlagenverkäufe unter Buchwert.
tliche Aufwendungen"
77 Abs. 4 HGB.